ESSAIS
DE CRITIQUE
ET D'HISTOIRE

AUTRES OUVRAGES DU MÊME AUTEUR

PUBLIÉS PAR LA MÊME L[IBRAIRIE]

VOYAGE EN ITALIE. Deux parties qui se vendent séparément.
   1re partie : *Naples et Rome*. 1 vol. 6 fr.
   2e partie : *Florence et Venise*, (sous presse). 1 vol. 6 fr.

NOUVEAUX ESSAIS DE CRITIQUE ET D'HISTOIRE. 2e édit. In-18 jésus. 3 fr. 50 c.

HISTOIRE DE LA LITTÉRATURE ANGLAISE. 4 vol. in-8°. 30 fr.

ESSAI SUR TITE LIVE. Ouvrage couronné par l'Académie française. 2e édit. In-18 jésus. 3 fr. 50 c.

LA FONTAINE ET SES FABLES. 4e édit. In-18 jésus. 3 fr. 50 c.

LES PHILOSOPHES FRANÇAIS AU XIXe SIÈCLE. 2e édit. In-18 jésus. 3 fr. 50 c.

VOYAGE AUX PYRÉNÉES. 4e édit. In-18 jésus. 3 fr. 50 c.
   Le même ouvrage, avec des illustrations par G. Doré. Grand in-8°. 10 fr.

PHILOSOPHIE DE L'ART. In-18. 2 fr. 50. (Chez Germer-Baillière.)

Imprimerie générale de Ch. Lahure, rue de Fleurus, 9, à Paris.

ESSAIS

DE CRITIQUE

ET D'HISTOIRE

PAR H. TAINE

DEUXIÈME ÉDITION

PARIS
LIBRAIRIE DE L. HACHETTE ET Cie
BOULEVARD SAINT-GERMAIN, N° 77

1866
Tous droits réservés

PRÉFACE.

Plusieurs critiques m'ont fait l'honneur tantôt de combattre, tantôt d'approuver ce qu'ils veulent bien appeler mon système. Je n'ai point tant de prétention que d'avoir un système; j'essaye tout au plus de suivre une méthode. Un système est une explication de l'ensemble, et indique une œuvre faite; une méthode est une manière de travailler et indique une œuvre à faire. J'ai voulu travailler dans un certain sens et d'une certaine façon, rien de plus. La question est de savoir si cette façon est bonne. Pour cela il faut la pratiquer; si le lecteur veut en faire l'essai, il pourra juger. Au lieu de réfuter des réfutations, je vais esquisser le procédé qui est en cause; ceux qui l'auront répété sauront par eux-mêmes s'il conduit à des vérités.

I

Il est tout entier compris dans cette remarque que les choses morales ont, comme les choses physiques, *des dépendances et des conditions*.

Je suppose qu'on veuille vérifier cette maxime et en mesurer la portée. Le lecteur prendra par exemple quelque artiste, savant, ou écrivain notable, tel poëte, tel romancier, et lira ses œuvres, la plume à la main. Pour les bien lire, il les classera en groupes naturels, et dans chaque groupe, il distinguera ces trois choses distinctes qu'on appelle les personnages ou caractères, l'action ou intrigue, le style ou façon d'écrire. Dans chacune de ces provinces, il notera, suivant l'habitude de tout critique, par quelques mots brefs et vifs, les particularités saillantes, les traits dominants, les qualités propres de son auteur.

Arrivé au terme de sa première course, s'il a quelque pratique de ce travail, il verra venir au bout de sa plume une phrase involontaire, singulièrement forte et significative, qui résumera toute son opération, et mettra devant ses yeux un certain genre de goût et de talent, une certaine disposition d'esprit ou d'âme, un certain cortége de préférences et de répugnances, de facultés et d'insuffisances, bref, un certain *état psychologique*, dominateur et persistant, qui est celui de son auteur. — Qu'il répète maintenant la même opération sur les autres portions du même sujet; qu'il compare ensuite les trois ou quatre résumés auxquels chacun de ces analyses partielles l'aura conduit; qu'il ajoute alors aux écrits de son auteur sa vie, j'entends sa conduite avec les hommes, sa philosophie, c'est-à-dire sa façon d'envisager le monde, sa morale et son esthétique, c'est-à-dire ses vues d'ensemble sur le bien et sur le beau; qu'il rapproche toutes les petites phrases abréviatives qui sont l'essence concentrée des milliers de remarques qu'il aura faites et des centaines de jugements qu'il aura portés. Si ses notations sont précises, s'il a l'habitude d'apercevoir les sentiments et les facultés sous les mots qui les désignent, si cet œil intérieur par lequel nous démêlons et définissons à l'instant les diversités de l'être moral est suffisamment exercé et pénétrant, il verra que ses sept ou huit formules *dépendent* les unes des autres, que la première étant donnée, les autres ne pouvaient être différentes, que par conséquent les qualités qu'elles représentent sont enchaînées entre elles, que si l'une variait, les autres varieraient d'une façon proportionnelle, et que partant elles font un système comme un corps organisé. Non-seulement il aura le sentiment vague de cet accord mutuel qui harmonise les diverses facultés d'un esprit, mais encore il en aura la perception distincte; il pourra prouver par voie logique que telle qualité, la violence ou la sobriété d'imagination, l'aptitude oratoire ou lyrique, constatée sur un point, doit étendre son ascendant sur le reste. Par un raisonnement continu, il reliera ainsi les divers penchants de l'homme qu'il examine sous un petit nombre d'inclinations gouvernantes, dont ils se déduisent et qui les expliquent, et il se donnera le spectacle des admirables nécessités qui rattachent entre eux les fils innombrables, nuancés, embrouillés de chaque être humain.

Ceci est le cas le plus simple. Je suppose maintenant que le lecteur veuille faire l'expérience sur un cas plus large et plus compliqué, sur une grande école, comme celle des dramatistes anglais ou espagnols, des peintres florentins ou vénitiens, sur une civilisation entière comme celle de l'ancienne Rome, sur une race comme les Sémites, même sur un groupe distinct de races comme les peuples aryens, et pour prendre un exemple, sur une époque historique bien déterminée, le siècle de Louis XIV. Pour cela il a fallu d'abord lire et voir beaucoup, et probablement, de tant d'observations, il est resté dans l'esprit du lecteur quelque impression d'ensemble, je veux dire le sentiment vague d'une concordance mal définie entre les multitudes d'œuvres et de pensées qui ont passé sous ses yeux. Mais je lui demande d'aller plus loin, et par des voies plus sûres Ici comme dans le cas précédent et comme en toute recherche exacte, il faut en premier lieu classer les faits, et considérer chaque classe de faits à part, d'un côté les trois grandes œuvres de l'intelligence humaine, la religion, l'art, et la philosophie, de l'autre les deux grandes œuvres de l'association humaine, la famille et l'État, de l'autre enfin les trois grandes œuvres matérielles du labeur humain, l'industrie, le commerce et l'agriculture, et dans chacun de ces groupes généraux les groupes secondaires en lesquels il se subdivise. N'en prenons qu'un, la philosophie; quand le lecteur aura étudié la doctrine régnante de Descartes à Malebranche, quand après avoir noté la méthode, la théorie de l'étendue et de la pensée, la définition de Dieu, la morale et le reste, il se sera figuré nettement le point de départ et le genre d'esprit qui ont déterminé l'œuvre entière, quand il aura précisé son idée en mettant en regard la philosophie imaginative et tumultueuse du siècle précédent, la philosophie destructive et comprimante de l'Angleterre contemporaine, la philosophie expérimentale et sceptique du siècle suivant, il arrivera à démêler dans la philosophie française du dix-septième siècle une certaine tendance distincte d'où dérivent comme d'une source sa soumission et son indépendance, sa pauvreté théologique et sa lucidité logique, sa noblesse morale et sa sécheresse spéculative, son penchant pour les mathématiques et son dédain de l'expérience, d'une part ce mélange de compromis et de roideurs, qui annonce une race plus propre au pur raisonnement qu'aux vues d'ensemble, d'autre part ce mélange d'élévation et de froideur qui annonce un âge moins enthousiaste que correct. Que l'on fasse maintenant une opération semblable sur les autres portions contemporaines de l'intelligence et de l'action humaine; que l'on compare entre eux les résumés dans lesquels sous forme maniable et portative on aura déposé pareillement la substance de l'œuvre observée; si, par cette sorte de chimie qu'on nomme l'analyse psychologique, on prend soin de reconnaître les ingrédients de chaque extrait, on découvrira que des éléments semblables se rencontrent dans les différentes fioles, que les mêmes facultés et les mêmes besoins qui ont produit la philosophie ont produit la religion et l'art, que l'homme auquel cet art, cette philosophie, cette religion, s'adressaient, était préparé par la société monarchique et par les bienséances du salon à les goûter et à les comprendre ; que le théâtre, la conversation, les jardins, les mœurs de famille, la hiérarchie de l'État, la docilité du sujet, la domesticité noble des grands, la domesticité humble des petits, tous les détails de la vie privée ou publique s'accordaient pour fortifier les sentiments et les facultés régnantes, et que non-seulement les diverses parties de cette civilisation si large et si complexe étaient jointes ensemble par des *dépendances* mutuelles, mais encore que ces dépendances avaient pour cause la présence universelle de certaines aptitudes et de certaines inclinations, toujours les mêmes, répandues sous des figures diverses dans les divers compartiments où s'était moulé le métal humain. Entre une charmille de Versailles, un raisonnement philosophique et théologique de Malebranche, un précepte de versification chez Boileau, une loi de Colbert sur les hypothèques, un compliment d'antichambre à Marly, une sentence de Bossuet sur la royauté de Dieu, la distance semble infinie et infranchissable; nulle liaison apparente. Les faits sont si dissemblables qu'au premier aspect on les juge tels qu'ils se présentent, c'est-à-dire isolés et séparés. Mais les *faits communiquent entre eux par les définitions des groupes où ils sont compris*, comme les eaux d'un bassin par les sommets du versant d'où elles découlent. Chacun d'eux est une action de cet homme idéal et général autour duquel se rassemblent toutes les inventions et toutes les particularités de l'époque; chacun d'eux a pour cause quelque aptitude ou inclination du modèle régnant. Les diverses inclinations ou aptitudes du personnage central s'équilibrent, s'harmonisent, se tempèrent les unes les autres sous quelque penchant ou faculté dominante, parce que c'est le même esprit et le même cœur qui a pensé, prié, imaginé et agi, parce que c'est la même situation générale et le même naturel inné qui ont façonné et régi les œuvres séparées et diverses, parce que c'est le même sceau qui s'est imprimé différemment en différentes matières. Aucune des empreintes ne peut changer sans entraîner le changement des autres, parce que si l'une d'elles change, c'est par le changement du sceau.

Il reste un pas à faire. Jusqu'à présent, il ne s'agissait que de la liaison des choses *simultanées;* il s'agit maintenant de la liaison des choses *successives.* Le lecteur a pu vérifier que les choses morales comme les choses physiques ont des *dépendances;* à présent il doit vérifier que comme les choses physiques, elles ont des *conditions.*

Vous avez cherché et trouvé la définition d'un groupe, j'entends cette petite phrase exacte et expressive qui enferme dans son enceinte étroite les caractères essentiels d'où les autres peuvent être déduits. Supposons ici qu'elle désigne ceux de notre dix-septième siècle ; comparez-la à celles par lesquelles vous avez désigné l'époque précédente et les autres plus anciennes de la même histoire dans le même pays ; cherchez maintenant si les termes divers de cette série ne contiennent pas quelque élément commun. Il s'en trouve un, le caractère et l'esprit propres à la race, transmis de génération en génération, les mêmes à travers les changements de la culture, les diversités de l'organisation et la variété des produits. Ce caractère et cet esprit, une fois constitués, se trouvent plus ou moins enclins à la discipline ou à l'indépendance personnelle, plus ou moins propres au raisonnement fin ou à l'émotion poétique, plus ou moins disposés à la religion de la conscience, ou de la logique, ou de l'habitude, ou des yeux. A un moment donné, pendant une période, ils font une œuvre, et leur nature, jointe à celle de leur œuvre est la *condition* de l'œuvre qui suit, comme dans un corps organisé le tempérament primitif, joint à l'état antérieur, est la condition de l'état suivant. Ici comme dans le monde physique, la condition est suffisante et nécessaire; si elle est présente, l'œuvre ne peut manquer; si elle est absente, l'œuvre ne peut apparaître. Du caractère anglais et du despotisme légué aux Stuarts par les Tudors est sortie la révolution d'Angleterre. Du caractère français et de l'anarchie nobiliaire léguée par les guerres civiles aux Bourbons est sortie la monarchie de Louis XIV. Pour produire sous Léon X cette superbe floraison des arts du dessin, il a fallu le précoce et pittoresque génie italien avec le règne prolongé des mœurs énergiques et des instincts corporels du moyen âge. Pour produire aux premiers siècles de notre ère cette étonnante végétation de philosophies et de religions mystiques, il a fallu l'aptitude spéculative de nos races aryennes, en même temps que l'écrasement du monde enfermé sous un despotisme sans issue et l'élargissement de l'esprit agrandi par la ruine des nationalités. Que le lecteur veuille bien faire l'expérience sur une période quelconque; s'il part des textes, s'il lit et juge par lui-même, s'il épuise méthodiquement son sujet, s'il s'élève par degrés des caractères qui gouvernent les groupes moindres jusqu'à ceux qui gouvernent les groupes plus vastes, s'il est attentif à rectifier et préciser incessamment ses résumés, s'il s'habitue à voir clairement ces qualités et ces situations générales qui étendent leur empire sur des siècles et des nations entières, il se convaincra qu'elles dépendent de qualités et de situations antérieures aussi générales qu'elles-même, que les secondes étant données, les premières doivent suivre, qu'elles jouent entre elles le grand jeu de l'histoire, qu'elles font ou défont les civilisations par leur désaccord ou leur harmonie, que notre petite vie éphémère n'est qu'un flot dans leur courant, que nous avons en elles et par elles l'action et l'être. Au bout d'un peu de temps, il embrassera d'un regard l'ensemble qu'elles gouvernent; il ne les verra plus comme des formules abstraites, mais comme des forces vivantes mêlées aux choses, partout présentes, toujours agissantes, véritables divinités du monde humain, qui donnent la main au-dessous d'elles à d'autres puissances maîtresses de la matière comme elles-mêmes le sont de l'esprit, pour former toutes ensemble le chœur invisible dont parlent les vieux poëtes, qui circule à travers les choses et par qui palpite l'univers éternel.

II

On voit qu'il s'agit ici d'une expérience pareille à celles que les savants font en physiologie ou en chimie. Dans l'un comme dans l'autre cas, un homme vous dit : « Prenez telle matière, divisez-la de telle façon, pratiquez sur elle telles et telles opérations et dans tel ordre ; vous arriverez à constater telles dépendances et à dégager tel principe. J'y suis arrivé dans trente ou quarante cas en choisissant des circonstances diverses. » On ne peut accepter ou rejeter son idée qu'après contre-épreuve. Ce n'est pas le réfuter que de lui dire : « Votre méthode est mauvaise, car elle rend le style rigide et désagréable. » Il vous répondra tout haut : « Tant pis pour moi. » — Ce n'est pas non plus le réfuter que lui dire : « Je repousse vos procédés; car la doctrine à laquelle ils conduisent dérange mes convictions morales. » Il vous répondra tout bas : « Tant pis pour vous. » L'expérience seule détruit l'expérience; car les objections théologiques ou sentimentales n'ont pas de prise sur un fait. Que ce fait soit une formation de tissus observés au microscope, un chiffre d'équivalent constaté par la balance, une concordance de facultés et de sentiments démêlés par la critique; sa valeur est la même; il n'y a pas d'autorité supérieure qui puisse le rejeter de prime abord et sans contrôle préalable; on est obligé, pour le démentir, de répéter l'opération qui l'a obtenu. Quand un physiologiste vous dit que les éléments anatomiques se forment par génération spontanée dans l'individu vivant, et que l'individu vivant est une agrégation d'individus élémentaires doués chacun d'une vie propre et distincte, vous croyez-vous en droit de protester au nom du dogme théologique de la création ou du dogme moral de la personnalité humaine? Ces sortes d'objections qui pouvaient se faire au moyen âge ne peuvent se faire aujourd'hui dans aucune science, en histoire non plus qu'en physiologie ou en chimie, depuis que le droit de régler les croyances humaines est passé tout entier du côté de l'expérience, et que les préceptes ou doctrines, au lieu d'autoriser l'observation, reçoivent d'elle tout leur crédit. D'ailleurs il est aisé de voir que les objections de cette espèce proviennent toutes d'une méprise, et que l'adversaire, sans s'en douter, est la dupe des mots. Il vous reproche de considérer les caractères nationaux et les situations générales comme les seules grandes forces en histoire, et il part de là pour décider que vous supprimez l'individu. Il oublie que ces grandes forces ne sont que la somme des penchants et des aptitudes des individus, que nos termes généraux sont des expressions collectives par lesquelles nous réunissons sous un de nos regards vingt ou trente millions d'âmes inclinées et agissantes dans le même sens, que lorsque cent hommes poussent une roue, la force totale qui déplace la roue n'est que l'assemblage des forces de ces cent hommes, et que les individus existent et opèrent aussi bien dans un peuple, un siècle ou une race que les unités composantes dans une addition dont on n'écrit que le chiffre final. — Pareillement encore il vous reproche de transformer l'homme en machine, de l'assujettir à quelques rouages intérieurs, de l'asservir aux grandes pressions environnantes, de nier la personne indépendante et libre, de décourager nos efforts en nous apprenant que nous sommes contraints et conduits au dehors et au dedans par des forces que nous n'avons pas faites et que nous devons subir. Il oublie ce qu'est une âme individuelle, comme tout à l'heure il oubliait ce qu'est une force historique; il sépare le mot de la chose; il le vide et le pose à part, comme un être efficace et distinct. Il cesse de voir dans l'âme individuelle comme tout à l'heure dans la force historique les éléments qui la composent, tout à l'heure les individus dont la force historique n'est que la somme, à présent les facultés et les penchants dont l'âme individuelle n'est que l'ensemble. Il ne remarque pas que les aptitudes et les penchants fondamentaux d'une âme lui appartiennent, que ceux qu'elle prend dans la situation générale ou dans le caractère national lui sont ou lui deviennent personnels au premier chef, que lorsqu'elle agit par eux, c'est d'après elle-même, par sa force propre, spontanément, avec une initiative complète, avec une responsabilité entière, et que l'artifice d'analyse par lequel on distingue ses principaux moteurs, ses engrenages successifs et les distributions de son mouvement primitif n'empêche pas le tout, qui est elle-même, de tirer de soi son élan et sa direction, c'est-à-dire son énergie et son effort. Il ne remarque pas non plus que des recherches de ce genre, bien loin de décourager l'homme en lui représentant son esclavage, ont pour effet d'accroître ses espérances en augmentant son pouvoir; qu'elles aboutissent comme les sciences physiques à établir des dépendances constantes entre les faits; que la découverte de ces dépendances dans les sciences physiques a donné aux hommes le moyen de prévoir et de modifier jusqu'à un certain point les événements de la nature; qu'une découverte analogue dans les sciences morales doit fournir aux hommes le moyen de prévoir et de modifier jusqu'à un certain degré les événements de l'histoire. Car nous devenons d'autant plus maîtres de notre destinée que nous démêlons plus exactement les attaches mutuelles des choses. Lorsque nous sommes parvenus à connaître la condition suffisante et nécessaire d'un fait, la condition de cette condition, et ainsi de suite, nous avons sous les yeux une chaîne de données dans laquelle il suffit de déplacer un anneau pour déplacer ceux qui suivent; en sorte que les derniers, même situés au delà de notre action, s'y soumettent par contre-coup, dès que l'un des précédents tombe sous nos prises. Tout le secret de nos progrès pratiques, depuis trois cents ans, est enfermé là [1]; nous avons dégagé et défini des couples de faits tellement liés que le premier apparaissant, le second ne manque jamais de suivre, d'où il arrive qu'en opérant directement sur le premier, nous pouvons agir indirectement sur le second. C'est de cette façon que la connaissance accrue accroît la puissance, et la conséquence manifeste est que dans les

---

1. Voir l'admirable *Logique* de Stuart Mill, surtout sa *Théorie de l'Induction*.

sciences morales comme dans les sciences physiques, la recherche fructueuse est celle qui, démêlant les couples, c'est-à-dire les *conditions* et les *dépendances* des choses, permet parfois à la main de l'homme de s'interposer dans le grand mécanisme pour déranger ou redresser quelque petit rouage, un rouage assez léger pour être remué par une main d'homme, mais tellement important que son déplacement ou son raccord puisse amener un changement énorme dans le jeu de la machine, et l'employer tout entière, à quelque endroit qu'elle joue, ici dans la nature, là-bas dans l'histoire, au profit de l'insecte intelligent par lequel l'économie de sa structure aura été pénétrée.

C'est avec ce but et dans ce sens qu'aujourd'hui l'histoire se transforme; c'est par ce travail que d'un simple récit elle peut devenir une science, et constater des lois après avoir exposé des faits. Nous apercevons déjà plusieurs de ces lois, toutes très-précises et très-générales, et qui correspondent à celles qu'on a trouvées dans la science des corps vivants. En cela la philosophie de l'histoire humaine répète comme une fidèle image la philosophie de l'histoire naturelle. — Les naturalistes ont remarqué que les divers organes d'un animal dépendent les uns des autres, que, par exemple les dents, l'estomac, les pieds, les instincts et beaucoup d'autres données varient ensemble suivant une liaison fixe, si bien, que l'une d'elles transformée entraîne dans le reste une transformation correspondante[1]. De même les historiens peuvent remarquer que les diverses aptitudes et inclinations d'un individu, d'une race, d'une époque sont attachées les unes aux autres de telle façon que l'altération d'une de ces données observée dans un individu voisin, dans un groupe rapproché, dans une époque précédente ou suivante détermine en eux une altération proportionnée de tout le système. — Les naturalistes ont constaté que le développement exagéré d'un organe dans un animal, comme le kangourou ou la chauve-souris, amenait l'appauvrissement ou la réduction des or-

---

1. La connexion des caractères, loi de Cuvier. Voir les développements donnés par Richard Owen.

ganes correspondants[1]. Pareillement, les historiens peuvent constater que le développement extraordinaire d'une faculté, comme l'aptitude morale dans les races germaniques, ou l'aptitude métaphysique et religieuse chez les Indous, amène dans les mêmes races l'affaiblissement des facultés inverses. — Les naturalistes ont prouvé que parmi les caractères d'un groupe animal ou végétal, les uns sont subordonnés, variables, parfois affaiblis, quelquefois absents; les autres, au contraire, comme la structure en couches concentriques dans une plante, ou l'organisation autour d'une chaîne de vertèbres, dans un animal, sont prépondérants et déterminent tout le plan de son économie. De la même façon les historiens peuvent prouver, que parmi les caractères d'un groupe ou d'un individu humain, les uns sont subordonnés et accessoires, les autres comme la présence prépondérante des images ou des idées, ou bien encore l'aptitude plus ou moins grande aux conceptions plus ou moins générales, sont domina-

---

[1]. Le balancement organique, loi de G. Saint-Hilaire.

teurs et fixent d'avance la direction de sa vie et l'espèce de ses inventions¹. — Les naturalistes montrent que dans une classe ou même dans un embranchement du règne animal, le même plan d'organisation se retrouve chez toutes les espèces: que la patte du chien, la jambe du cheval, l'aile de la chauve-souris, le bras de l'homme, la nageoire de la baleine, sont une même donnée anatomique appropriée par quelques contractions ou allongements partiels aux emplois les plus différents. Par une méthode semblable les historiens peuvent montrer que chez un même artiste, dans une même école, dans un même siècle, dans une même race, les personnages les plus opposés de condition, de sexe, d'éducation, de caractère, présentent tous un type commun, c'est-à-dire un noyau de facultés et d'aptitudes primitives qui, diversement raccourcies, combinées, agrandies, fournissent aux innombrables diversités du groupe². — Les naturalistes établissent, que

---

1. Règle de la subordination des caractères qui est le principe des classifications en botanique et en zoologie.
2. Théorie des analogues et de l'unité de composition, de G. Saint-Hilaire. Voir les développements donnés par Richard Owen.

dans une espèce vivante les individus qui se développent le mieux et se reproduisent le plus sûrement sont ceux qu'une particularité de structure adapte le mieux aux circonstances ambiantes ; que dans les autres les qualités inverses produisent des effets inverses ; que le cours naturel des choses amène ainsi des éliminations incessantes et des perfectionnements graduels ; que cette préférence et cette défaveur aveugles agissent comme un triage volontaire, et qu'ainsi la nature choisit dans chaque milieu pour leur donner l'être et l'empire les espèces les mieux appropriées à ce milieu. — Par des observations et un raisonnement analogues, les historiens peuvent établir que dans un groupe humain quelconque, les individus qui atteignent la plus haute autorité et le plus large développement sont ceux dont les aptitudes et les inclinations correspondent le mieux à celles de leur groupe ; que le milieu moral comme le milieu physique agit sur chaque individu par des excitations et des répressions continues ; qu'il fait avorter les uns et germer les autres à proportion de la concordance ou du désaccord qui se rencontre entre eux et lui ; que ce sourd travail est aussi un triage et que, par une série de formations et de déformations imperceptibles, l'ascendant du milieu amène sur la scène de l'histoire les artistes, les philosophes, les réformateurs religieux, les politiques capables d'interpréter ou d'accomplir la pensée de leur âge et de leur race, comme il amène sur la scène de la nature les espèces d'animaux et de plantes les plus capables de s'accommoder à leur climat et à leur sol [1]. — On pourrait énumérer entre l'histoire naturelle et l'histoire humaine beaucoup d'autres analogies. C'est que leurs deux matières sont semblables. Dans l'une et dans l'autre, on opère sur des groupes naturels, c'est-à-dire sur des individus construits d'après un type commun, divisibles en familles, en genres et en espèces. Dans l'une et dans l'autre, l'objet est vivant, c'est-à-dire soumis à une transformation spontanée et continue. Dans l'une et dans l'autre, la forme originelle est

---

[1]. Principe de Darwin sur la sélection naturelle.

héréditaire, et la forme acquise se transmet en partie et lentement par l'hérédité. Dans l'une et dans l'autre, la molécule organisée ne se développe que sous l'influence de son milieu. Dans l'une et dans l'autre, chaque état de l'être organisé a pour double condition l'état précédent et la tendance générale du type. Par tous ses développements, l'animal humain continue l'animal brut; car les facultés humaines ont la vie du cerveau pour racine, aussi bien les supérieures dont l'homme a le privilége, que les inférieures dont il n'a point le privilége; et par cette prise les lois organiques étendent leur empire jusque dans le domaine distinct au seuil duquel les sciences naturelles s'arrêtent pour laisser règner les sciences morales. — Il suit de là qu'une carrière semblable à celle des sciences naturelles est ouverte aux sciences morales; que l'histoire, la dernière venue, peut découvrir des lois comme ses aînées; qu'elle peut, comme elles et dans sa province, gouverner les conceptions et guider les efforts des hommes; que, par une suite de recherches bien conduites, elle finira par déterminer les conditions des grands événements humains, je veux dire les circonstances nécessaires à l'apparition, à la durée ou à la ruine des diverses formes d'association, de pensée et d'action. Tel est le champ qui lui est ouvert; il n'a pas de limites; dans un pareil domaine, tous les efforts d'un homme ne peuvent le porter en avant que d'un ou deux pas; il observe un petit coin, puis un autre; de temps en temps il s'arrête pour indiquer la voie qui lui semble la plus courte et la plus sûre. C'est tout ce que j'essaye de faire: le plus vif plaisir d'un esprit qui travaille consiste dans la pensée du travail que les autres feront plus tard.

H. TAINE.

Mars 1866.

ESSAIS
DE
CRITIQUE ET D'HISTOIRE.

FLÉCHIER.

Mémoires sur les Grands Jours d'Auvergne[1].

On sait que les Grands Jours étaient des assises extraordinaires que des commissaires envoyés par le roi tenaient dans les provinces mal réglées pour y rétablir l'ordre. Fléchier, « prédicateur du roi, » solide poëte latin, agréable poëte français, homme du monde, vint en 1665 aux Grands Jours d'Auvergne avec le fils de M. de Caumartin, dont il était précepteur. Il écrivit ce récit pour les personnes de sa société, récit fort exact, très-mondain, assez fleuri, parfois un peu leste, peinture des mœurs provinciales et de la politesse parisienne, dont les

---

1. Edition Chéruel.

contrastes véridiques et involontaires indiquent une révolution qui s'achève : une aristocratie de petits tyrans, hommes d'action, devient un salon de courtisans lettrés et bien mis.

I

Fléchier vit les derniers à l'épreuve, et il faut avouer qu'ils travaillaient bien. Dans ce pays de montagnes, sans routes, garantis l'hiver par les neiges, seigneurs de villages isolés, et profitant du désordre qu'avait laissé la Fronde, ils vivaient, comme au bon temps, en rois féodaux. Il y avait contre eux « douze mille plaintes, » et ils sentaient si bien leur conscience, qu'à l'arrivée des juges « ce fut une fuite presque générale de toute la noblesse du pays. »

Le comte de Montvallat, « homme fort doux, fort bon, » resta, se considérant comme innocent, tant ses peccadilles étaient petites. « S'il arrivait que quelqu'un dans ses terres fût accusé d'assassinat, il lui promettait sûreté en justice, à condition qu'il lui ferait obligation de telle somme. Si quelque autre avait entrepris sur l'honnêteté d'une de ses sujettes, il faisait brûler les informations sur une obligation qu'on lui donnait. » Il faisait valoir « son droit de noces, » et quand on voulait le racheter,

« il en coûtait bien souvent la moitié de la dot de la mariée. »

D'autres, par exemple, le marquis de Canillac, avaient encore plus de talent pour exploiter leur bien. « On levait dans ses terres la taille de monsieur, celle de madame et celle de tous les enfants de la maison, que ses sujets étaient obligés de payer outre celle du roi. Il imposait des sommes assez considérables sur les viandes qu'on mange ordinairement, et comme on pratiquait un peu trop l'abstinence, il tournait l'imposition sur ceux qui n'en mangeaient pas. Il faisait pour la moindre chose emprisonner et juger des misérables, et les obligeait de racheter leurs peines pour de l'argent. Il les engageait souvent à de méchantes actions pour les faire tous payer après, avec beaucoup de rigueur. Il entretenait dans des tours douze scélérats qu'il appelait ses douze apôtres, et qui catéchisaient ceux qui étaient rebelles à sa loi avec l'épée ou avec le bâton. »

Ce seigneur du moins avait de l'esprit et pratiquait galamment l'art de traire les hommes. D'autres s'y prenaient plus simplement. M. le prieur de Saint-Germain, « honnête ecclésiastique, » et de qualité, ayant quelque démêlé avec une personne touchant les intérêts de ses fermes, « le fit venir à la sacristie et lui fit donner les étrivières. » C'était une façon de rendez-vous et d'arrangement à l'amiable. — Pour M. de la Mothe-Tietry, il recrutait des gens de journée avec une grâce particulière : « Il avait voulu obliger un paysan d'aller faucher son pré, et l'avait menacé, s'il refusait, de le maltraiter. » Le paysan, homme mal appris, refusa. « M. de la Mothe, l'ayant trouvé un jour endormi sous un arbre, lui tira un coup de pistolet, et, voyant qu'il ne l'avait point tué, lui donna plusieurs coups d'épée et le réduisit à l'extrémité. »

D'autres apprenaient aux indiscrets, même ecclésiastiques, à ne pas se mêler de leurs affaires de cœur. M. le marquis de Canillac fils, rencontrant un de ces importuns, « Antoine de Jusquet, prêtre revêtu de sa soutane, cria : *Tue, tue*, et lui lâcha un coup de pistolet dans l'épaule gauche : aussitôt le comte de Saint-Point lui tira un autre coup de mousqueton dans les reins, et dont Jusquet tomba à terre. S'étant relevé à genoux, il leur cria : « Mes« sieurs, la vie, ou donnez-moi du temps pour prier « mon Dieu de me pardonner avant que de m'ache« ver. » Mais l'abbé de Saint-Point lui tira encore un coup de mousqueton, et ensuite lui, le comte son frère et le jeune marquis de Canillac commandèrent à leurs valets de tirer sur ce prêtre, qui ainsi mourut sur la place. »

Ces messieurs étaient expéditifs, mais un peu prompts. Le baron de Sénégas était bien plus ingénieux et inventif. Après plusieurs pilleries, usur-

pations et deux ou trois assassinats, ayant eu
« quelque sujet de plainte contre un homme qui
était son justiciable, il le fit prendre et le renferma
dans une armoire fort humide, où il ne pouvait se
tenir ni debout ni assis, et où il recevait un peu de
nourriture pour rendre son tourment plus long;
de sorte qu'ayant passé quelques mois dans un si
terrible cachot et ne respirant qu'un peu d'air corrompu, il fut réduit à l'extrémité, ce qui fit qu'on
le retira demi-mort et tout à fait méconnaissable.
Son visage n'avait presque aucune forme et ses habits étaient couverts d'une mousse que l'humidité
et la corruption du lieu avaient attachée. » Malheu-
reusement la langue française a perdu une partie
de sa richesse, et je ne puis pas raconter le traite-
ment que M. d'Espinchal fit à son page et à sa
femme. Les plus beaux usages de l'ancien temps
subsistaient. Les chanoines réguliers de Saint-Au-
gustin avaient des « sujets-esclaves » et réclamaient
le croît de leurs esclaves femelles alors même que
le père était homme libre. Fléchier trouvait en Auvergne un précieux et dernier abrégé du gouvernement paternel.

Ces excellents seigneurs n'étaient pas d'accord.
Ils s'assassinaient entre eux, à l'occasion, comme
en Italie au seizième siècle. Les petits despotismes
privés engendrent les petites guerres privées, et
ces rois de clocher se traitaient comme ils traitaient

leurs paysans. Fléchier ne cite que rencontres, soldats embauchés, affaires de grandes routes et guet-apens. Le vicomte de la Mothe-Canillac, ne pouvant ravoir 5000 livres qu'il avait prêtées à M. d'Orsonnette, envoya plusieurs fois « des cavaliers pour l'attendre à la sortie de sa maison et l'assassiner; » puis, ayant appris que ce débiteur récalcitrant devait passer tel jour en tel lieu, il alla l'attendre « avec quatorze ou quinze de ses gens bien montés et bien armés, » et le laissa pour mort sur la place [1].

Parfois, à la vérité, le duel réglait les injures. Mais d'ordinaire on prenait l'accommodement que voici : M. de Beaufort-Canillac, étant à une fête de village, se prit de paroles avec un gentilhomme qui regardait par la fenêtre. « Transporté de colère, il entra dans la maison, accompagné de quelques-uns de ses amis et de ses compagnons de débauche, attaqua l'autre qui se défendit fort vigoureusement et parut fort homme de cœur. Mais il fut accablé par le nombre et tué. » C'était promptitude et habitude de ne point différer dans les bonnes entreprises. A San-Francisco, le soir au café, quand on joue aux dominos, si l'on est contredit par son adversaire, on lui lâche un coup de revolver dans

---

[1]. Plusieurs de ces citations sont tirées du journal de Dangois, greffier des Grands Jours.

la tête et tout est dit. De même à Montferrand. « M. de Beauverger ayant eu, dans la chaleur du vin, quelque querelle avec un de ses plus intimes amis, lui tira un coup de pistolet dans le corps et le tua sur place. »

Après avoir tué pour soi, on tuait pour les autres. Un meurtre était un petit service qu'on ne pouvait s'empêcher de rendre à ses amis, à charge de retour. « Les messieurs Combaliboeuf, deux jeunes hommes qui avaient du coeur et qui passaient pour braves dans la province, » furent employés pour cette raison à tuer un M. Dufour et son frère. « M. Dufour fut blessé à mort d'un coup de pistolet, et, de peur que le coup ne fût pas mortel, il fut percé de sept ou huit coups d'épée. » On faisait une partie de meurtre comme on fait une partie de chasse, et l'on allait par compagnie attendre un homme comme on va guetter un lapin.

Certains juges essayaient de faire justice; les seigneurs traitaient ces insolents comme ils le méritaient. Un notaire fit informer contre M. de Veyrac. « Cela parut si étrange à cet honnête homme qui n'était pas accoutumé à souffrir de ces procédures, qu'il assembla quelques-uns de ses amis et quelques traîneurs d'épée des villages voisins, et alla assiéger la maison du notaire. » Le notaire se défendit si bien que, pour entrer, M. de Veyrac fut contraint « de traiter avec lui et de lui promettre la vie. » Une fois entré, « il ne se crut pas obligé de tenir la parole qu'il avait donnée, lui tira un coup de pistolet, et donna ensuite sa maison au pillage. » Quant aux huissiers, ils naissaient prédestinés aux coups de mousquet; c'était pain bénit quand ils ne recevaient que les étrivières. Cinq d'entre eux étaient venus donner une assignation à M. du Palais, coupable d'un meurtre. On leur fit peur, et ils se sauvèrent à grande hâte. Ils dormaient tranquillement à six lieues de là, « quand deux troupes de gens à cheval arrivèrent du Palais, entrèrent avec violence dans l'hôtellerie, et, tirant plus de vingt coups de pistolet, en tuèrent deux et cassèrent l'épaule au troisième. » Pour les autres, « on les laissa vivre, mais on leur fit souffrir des peines extrêmes; on les mena jusqu'au Palais tout nus, dans la plus grande rigueur de la saison; on leur donna mille coups de fouet durant le chemin, et on les renvoya presque aussi morts que leurs compagnons, avec défense de regarder derrière eux sous peine de vie. »

Cette spoliation et ces meurtres des faibles, ce commerce de guet-apens et d'assassinats entre les forts, cette habitude d'outrager et d'égorger la loi et la justice, composent presque dans tout le moyen âge les mœurs féodales, et, après avoir pesé attentivement les bienfaits et les félicités de cet âge vanté, je trouve que j'aimerais autant vivre au fond d'un bois dans une bande de loups.

II

Nos loups féodaux s'amendent. La hache de Richelieu y a travaillé; la hache de Louis XIV achève l'œuvre. M. le président des Grands Jours rase les châteaux, envoie les maîtres en exil, en prison, aux galères, roue les roturiers complices, abolit les droits de justice, confisque les biens, tranche la tête aux seigneurs saisis, décapite les fuyards en effigie. L'ordre s'établit; le roi devient maître, et dans cette monarchie absolue, les grands n'ont plus de place qu'à la cour.

Ils laissent leurs tours noircies, percées de meurtrières grillées, plantées sur la crête des basaltes, entourées de fondrières, où les torrents neigeux bouillonnent entre des rocs calcinés. Ils jettent le vieux justaucorps de buffle, moisi par la pluie, usé par la cuirasse; ils mettent à l'écurie le solide courtaut limousin; dont l'échine durcie porte le maître et son équipement à travers les ravins et sur les pentes, douze heures durant, d'un pas soutenu et lourd. Ils accourent à Paris, demandent à Colbert une pension, assistent au lever du roi, se dégourdissent aux académies, achètent des perruques, des rubans, des manchettes, font visite chez leur ancienne amie, Mme de Longueville, la belle frondeuse, puis par elle chez quelque dévote lettrée, Mme de Sablé, afin d'étudier les nouvelles façons et le bel air des choses. S'ils n'y parviennent point, leurs enfants y atteignent. A père balourd fils galant. Les yeux, fatigués par la simplicité irrégulière de la campagne, se reposent sur les jardins alignés de le Nôtre, sur les ifs coniques, sur les ormes quadrilatéraux. Au sortir des routes fangeuses, des bois pluvieux, des tavernes villageoises, des sombres manoirs antiques, on jouit des aises et de l'élégance récentes, des appartements chauffés et parés, des plafonds dorés et embellis de peintures, des lambris rehaussés d'arabesques, des argenteries sculptées, des glaces resplendissantes. Après les longs mois d'hiver et de solitude maussade, à peine interrompus par la chasse brutale et par la grossière bombance provinciale, ils trouvent les fêtes de l'Ile enchantée, des illuminations, des ballets, le chatoiement de la soie et des diamants, l'étalage du velours et des dentelles, la magnificence mesurée du goût nouveau, la profusion choisie de l'industrie nouvelle. Ils s'asseyent et se mettent à causer.

Leur conversation se sert un peu des mœurs qu'ils viennent de quitter. La sympathie pour tout le monde, inventée par Voltaire, la sympathie pour les pauvres, inventée par Rousseau, n'y paraissent guère. Fléchier conte d'horribles histoires avec un sourire tout aimable : par exemple celle du curé de Saint-Babel, qui fit tuer à coups de bâton un paysan son ennemi. Le pauvre homme, « se voyant réduit à la mort, » demanda au curé la vie ou l'absolution, sur quoi celui-ci « lui déchargea le dernier coup. Vit-on jamais une absolution plus forte que celle-là, et l'Église, qui craint le sang et la violence, a-t-elle jamais des sacrements qui fassent mourir? » Les gens du temps riaient encore assez volontiers de la pendaison, très-volontiers des coups de bâton, comme au seizième siècle [1]. Un peu plus loin, le gracieux abbé rapporte que Mme de Vieuxpont appela son mari en duel. « La belle-mère, qui ne lui cédait pas en hardiesse, pour conserver avec l'avantage de l'âge celui d'être aussi violente qu'elle, lui tira un jour un coup de pistolet dont elle la blessa, et lui fit connaître qu'il ne fallait jamais s'en prendre aux belles-mères. » Plus loin, c'est une fille incendiaire et de mauvaise vie qu'on fouette et qu'on marque. Fléchier ajoute agréablement « qu'elle fut exilée au hasard de brûler encore quelque maison et d'avoir encore quelques enfants loin de

---

1. Mme de Sévigné à sa fille, sur les paysans bretons. — Molière, *passim*.

son pays. » Vous voyez d'avance les tirades philosophiques, sociales et humanitaires que nous ne manquerions pas de lâcher en pareilles circonstances. Au dix-septième siècle, on compatit aux malheurs des gens de sa société; quant aux autres, Fénelon seul, je crois, y pense. La province est bien loin, et le peuple n'est pas de la même espèce que les seigneurs.

Les mêmes mœurs qui expliquent les sentiments durs, expliquent le style libre. Si Molière, ses comédies à la main, frappait aujourd'hui à la porte du Théâtre-Français, la pruderie moderne le repousserait comme grossier et scandaleux[1]; de son temps, les dames les plus délicates couraient à ses pièces. Mme de Sévigné conte à sa fille des aventures singulières, avec détails précis, qu'on se donnerait aujourd'hui entre jeunes gens, mais qu'on n'oserait plus se donner entre hommes. Le sage et modeste Fléchier, quoique futur évêque, a le ton de tout le monde. Il orne de gentillesses mythologiques des viols, des incestes, des accouchements, des infanticides, et expose avec un geste élégant et un son de voix charmant d'abominables aventures médicales et conjugales qu'on n'écouterait guère aujourd'hui que dans le greffe d'un procureur du roi ou dans le laboratoire d'un médecin. Il est très-

---

1. *Amphitryon*, *le Médecin malgré lui*, etc.

léger en matière religieuse, plaisante fort bien les ultra-dévots, n'est respectueux ni pour les théologiens, ni pour les moines, ni pour les anges gardiens, ni pour les légendes locales. Il développe avec une complaisance d'orateur des histoires de curés et de servantes, et, sans penser à mal, donne une main fraternelle à la Fontaine. « On accusait ce curé d'avoir instruit ses paroissiennes d'une manière toute nouvelle, de leur avoir inspiré quelque autre amour que celui de Dieu, et de leur avoir fait des exhortations particulières fort différentes des prônes qu'il leur faisait en public. » Je laisse le reste dans le livre ; qui voudra, lira ; je ne fais que commenter. Fléchier n'en était pas moins un prêtre fort régulier, et regardé comme tel. C'est que le clergé autorisé, vénéré, sans ennemis, sans rivaux, avait alors le droit de causer et même de rire. Aujourd'hui, il est obligé d'endosser l'air grave, la sévérité, la pureté parfaite ; c'est sa cuirasse, et la faute ou le mérite en est aux balles laïques qui le contraignent de la porter.

Cette sécurité est un des traits dominants du dix-septième siècle ; de là ses fêtes et sa belle humeur. Aujourd'hui la lutte est partout, et aussi le sérieux triste. Chacun a sa « position » à faire. Dans une société d'égaux il n'y a plus d'ancêtres ni de fortunes : tous ceux qui ont un nom ou de l'argent l'ont gagné ; et on ne gagne rien qu'après un combat obstiné, par la contention d'esprit, par le travail incessant, par le calcul morose. La vie n'est plus une fête dont on jouit, mais un concours où l'on rivalise. Joignez à cela que nous sommes obligés de nous faire nos opinions. En religion, en philosophie, en politique, dans l'art, dans la morale, chacun de nous doit s'inventer ou se choisir un système : invention laborieuse, choix douloureux, bien différent de l'heureuse insouciance qui jadis installait chacun dans la soumission à l'Église et dans la fidélité au roi. La vie n'est plus un salon où l'on cause, mais un laboratoire où l'on pense. Croyez-vous qu'un laboratoire ou un concours soient des endroits gais ? Les traits y sont contractés, les yeux fatigués, le front soucieux, les joues pâles. Jugez par contraste de la bonne humeur et de la joie qu'on avait jadis. Le voyage de Fléchier, comme ceux de Chapelle et de la Fontaine, n'est qu'une suite de fêtes. Quand les juges sont à Clermont, c'est un gala perpétuel ; on festine, on se rue en cuisine. Tel donne à dîner tous les jours. Celui-ci, sortant de la question, va faire jouer la comédie. Un autre quitte les arrêts de mort pour aller danser de tout son cœur. La journée se passe en visites, en promenades de plaisir, en conversations agréables ; la soirée, en bals et en concerts.

« M. de Novion, le président, ou pour se délasser un peu de ses grandes occupations, ou pour complaire à mesdames ses filles, desquelles il fait tantôt le père et l'amant, va lui-même aux assemblées et donne lui-même le bouquet, ainsi qu'un jeune galant. » On regarde danser la *goignade*, danse fort tortillée et fort risquée, qui probablement ferait rougir aujourd'hui les pudiques sergents de ville, mais dont Fléchier ne détourne pas les yeux, et que Mme de Sévigné « aime à la folie. » Rien de plus naturel et de plus sage. On ne pense plus à résister au roi; on n'a point à résister au peuple, on n'a point à défendre ni à combattre le clergé; on n'a point à conquérir son opinion ni son rang. Dans cette oisiveté et dans cette liberté d'esprit, que peut faire un homme riche et noble? Se divertir; il se divertit.

Le premier amusement est la galanterie. En tout temps et en tout pays, dès qu'un homme et une femme sont ensemble, il arrive de trois choses l'une : ou ils se tournent le dos, ou ils bâillent intérieurement, ou ils causent d'amour. Ici, comme on ne veut pas bâiller et comme on ne peut pas se tourner le dos, on cause d'amour. D'ailleurs rien de plus convenable aux mœurs guerrières qui viennent de finir et au goût espagnol qui règne. Au dix-septième siècle, il faut être un peu galant pour être tout à fait honnête homme, et l'urbanité ne va point sans l'art de dire : « des douceurs. » Notre prédicateur Fléchier eut une Iris,

Mlle de la Vigne, lui écrivit beaucoup de lettres et fit pour elle beaucoup de vers. Il composa son propre portrait pour lui plaire, et lui dit en style mesuré et délicat : « Ce cœur, mademoiselle, n'est pas indigne de vous.... Quand on fait tant que de le toucher, il n'y en a pas de plus sensible.... La douceur, l'honnêteté, la bonne conduite sont les premiers agréments qu'il recherche ; il faut pourtant que la personne soit agréable, et, bien que la raison soit maîtresse, il faut que les yeux puissent être contents.... Quand l'affaire est une fois conclue et qu'il s'est donné, c'est pour toujours et sans réserve ; aussi il veut qu'on se donne de même, et croit qu'un cœur qui se partage ne vaut pas le sien tout entier. Il est capable de jalousie, et, quoi qu'il arrive, il veut être distingué et préféré.... Il est délicat et difficile sur ce qu'on se doit quand on s'aime ; il veut qu'on s'entende à demi-mot, qu'on se prévienne, qu'on devine ce qui peut plaire ; mais il n'exige rien d'autrui qu'il ne s'impose à lui-même. » Ce joli morceau donne une idée de la galanterie élégante et platonique qui occupait alors les salons ; et les longues amours que Fléchier raconte[1] achèvent d'en peindre la grâce un peu fade, les douceurs respectueuses et le cérémonial infini. Cette galanterie n'avait rien

---

1. Histoire de M. Fayel, 17.

de l'ardeur sensuelle qu'on avait vue au seizième siècle en France, ni de l'ardeur exaltée qu'on avait vue au seizième siècle en Espagne. On aimait la beauté des dames à peu près comme on aime une fleur ou une parure. Fléchier évite les religieuses « voilées qui ont je ne sais quoi de triste et de contraire à son inclination; » les visages laids « lui font peur; » il a *l'Art d'aimer* sur sa table; il le prête aux provinciales, et « voudrait leur donner encore celui d'être aimables; » il prend plaisir à regarder des mains blanches, un teint uni, des yeux riants. Chacun regardait comme lui; là-dessus, une demi-émotion naissait; avec un sourire on glissait dans une oreille complaisante quelque sonnet exagéré et calme, ou la fine analyse d'un sentiment délicat; et l'on finissait par une révérence. Nul amour ne raffinait mieux la politesse et ne convenait mieux à la vie des salons [1].

Cette politesse faisait le style le devoir, prescrivait d'être toujours en parlant agréable et jamais rude; au lieu d'exagérer la sensation comme aujourd'hui, on l'atténuait; au lieu de poursuivre l'originalité et la force, on recherchait la douceur et la grâce; au lieu de heurter des contrastes, on

---

1. Voir les *Amoureux de Racine*, notamment le farouche Hippolyte, si peu farouche.

notait des nuances. Fléchier cause à voix presque basse, d'un ton toujours égal, sans gestes, le sourire aux lèvres, comme il convient lorsqu'on est sur un beau fauteuil, parmi vingt personnes choisies, sachant fort bien qu'en un tel lieu les émotions fortes donnent des ridicules, et que les éclats de voix indiquent un malotru. En raillant, il effleure; l'âpreté et la vivacité blessante seraient ici de mauvais ton; le style mesuré est de mode, pratiqué et universel au même titre que l'art de bien attacher ses canons et son rabat. Voyez ces moqueries à peine indiquées dans son portrait de Mme Talon, vieille pédante qui se croit une mère de l'Église, et régente impérieusement les couvents: « Le premier abus qu'elle trouve, c'est que les Ursulines se lèvent à quatre heures et demie en été et à cinq heures en hiver; elle tient que c'est trop dormir pour des religieuses; que c'est faire comme les vierges folles de l'Évangile qui s'endormirent lorsqu'il fallait recevoir l'Époux, et qu'il ne faut point tant de repos dans les cloîtres. Elle veut donc qu'en tout temps elles se lèvent à quatre heures, et trouble ainsi le sommeil de ces pauvres filles. Sa seconde imagination est qu'il faut qu'elles disent le grand office les fêtes, et qu'elles fassent chanter une messe haute avec diacre et sous-diacre, quelques exemptions qu'elles en aient à cause qu'elles instruisent des jeunes filles, parce que cela excite à la dévotion et donne une plus grande idée de la religion par les cérémonies extérieures; et le dernier désordre qu'elle trouve fort important et qu'elle veut réformer à tout prix que ce soit, c'est qu'elles portent une ceinture de laine au lieu qu'elles en devraient porter une en cuir selon leur statut. Voilà ce qu'elle entreprend avec beaucoup de chaleur. » Toutes ces moqueries sont émoussées, presque caressantes. Les louanges, quoique extrêmes, sont aussi peu émues. Quand on essaye de se représenter les sentiments de cette littérature, il semble que l'on respire le faible et le suave parfum d'une rose-thé flétrie et conservée depuis cent ans.

Le grand style oratoire l'évapore encore davantage; tout se délaye et s'efface dans la longue phrase périodique; le talent consiste à développer; on analyse et on explique à l'infini tout ce que l'on touche. Voiture avait besoin d'une énorme période pour lancer un mot. Fléchier a besoin d'une énorme période pour hasarder une déclaration galante : « Si je n'avais appréhendé que ma confidence fût mal reçue, il y a longtemps, madame, que vous sauriez tout le secret de mon cœur, et je ne serais plus dans l'embarras où je me trouve de vous déclarer une passion qui ne vous devrait pas être tout à fait inconnue; mais puisque vous avez la bonté et de m'ordonner que je vous en fasse confidence et de me promettre même le secret, je vous avouerai, madame, que j'aime, et que j'aime passionnément, mais avec tout le respect possible, la personne du monde la plus aimable. » Les harangueurs de Tite-Live débutaient par des phrases semblables, quand ils se drapaient dans leurs toges pour sauver l'État. Naturellement ce goût oratoire enseignait tous les effets oratoires ; Fléchier use et abuse de la symétrie et de l'antithèse, et raconte ainsi le discours que les Pères de l'Oratoire firent aux magistrats : « Il fallut haranguer devant les premiers orateurs du Parlement, et prêcher la justice à ceux qui la rendent ; il fallut leur prononcer les maximes de l'Évangile avec autant de gravité qu'ils prononcent leurs arrêts ; faire le juge des juges mêmes, et leur parler de la chaire avec autant d'autorité qu'ils parlent de leur tribunal. » Ces oppositions prolongées plaisaient au dix-septième siècle, comme un mot piquant au dix-huitième siècle, comme une image imprévue aujourd'hui. Par la même raison, on voulait de l'ordre en toute chose, une disposition calculée et des proportions équilibrées dans les diverses parties du discours, des exordes, des transitions, une conclusion. Fléchier compose son journal avec autant de soin qu'un sermon ou une tragédie. On avait l'amour de la règle. Ayant fait un poëme latin sur les Grands Jours, il le justifiait en ces termes : « Ce poëme a trois parties : la préparation, la narration, la conclusion. La préparation contient dix-sept vers. Voici les démarches que j'y fais : premièrement je dis que le crime règne encore au milieu de la paix; ensuite j'en cherche les causes; après je fais espérer la vengeance; enfin je l'annonce, etc. » Le plan d'un madrigal était alors aussi étudié et aussi parfait que le plan d'un rapport au conseil d'État.

Ne voilà-t-il pas nos seigneurs féodaux bien adoucis et bien polis? Dans les hauts appartements, près du lit à baldaquin, le long d'une ruelle précieuse, ils causent. *Clélie*, de Mlle de Scudéry, est sur la table; Voiture développe une plaisanterie; M. de la Rochefoucauld compose une maxime; le chevalier de Méré établit la définition de l'honnête homme; Mme de Sablé impose aux hommes la théorie de l'adoration respectueuse et de la fidélité espagnole; Fléchier écoute, et quelquefois parle. Délivrée de soucis humanitaires, de discussions politiques et de controverses religieuses, libre d'inquiétude, de passion et de révoltes, la conversation se déploie sur la galanterie, sur les sentiments et les amusements de société, avec une aisance, un agrément, une sécurité et des ménagements inconnus et bientôt perdus. C'est dans ces salons que s'épanouit pour la première et la dernière fois la frêle fleur de la politesse; elle commençait à se faner dès la fin du siècle; Saint-Simon et la Bruyère trouvaient déjà les jeunes gens grossiers.

Novembre 1857.

STENDHAL.

(HENRI BEYLE.)

Je cherche un mot pour exprimer le genre d'esprit de Beyle; et ce mot, il me semble, est *esprit supérieur*. Expression vague au premier aspect, louange banale qu'on jette à tous les hommes de talent ou sans talent, mais d'un sens très-fort et très-distinct; car elle désigne un esprit élevé au-dessus des autres, et toutes les conséquences d'une pareille place. Un tel esprit est peu accessible, car il faut monter pour l'atteindre. La foule ne vient pas à lui, car elle hait la fatigue. Il ne cherche point à être loué d'elle ou à la conduire; car elle est en bas, et il faudrait descendre. Du reste, il vit fort bien solitaire, ou en petite compagnie; à cette hauteur, il voit mieux, plus loin et plus à fond; dominant les objets, il ne choisit que les plus dignes d'intérêt, pour les observer et les peindre. Les visiteurs qui parcourent son domaine, voyant tout d'un point de vue nouveau, sont d'abord surpris; quelques-uns ne reconnaissent point le paysage; d'autres descendent au plus vite, criant que la perspective est menteuse. Ceux qui resteront, et y regarderont à plusieurs fois, étonnés par la multitude des idées nouvelles et par l'étendue des aspects, voudront demeurer encore, et demanderont au maître du logis la permission de lui rendre visite tous les jours. C'est ce que j'ai fait pendant cinq ou six ans, et ce que je compte faire longtemps encore. Essayons maintenant, *Rouge et Noir* en main, de dire pourquoi. Balzac a révélé *la Chartreuse* au public; l'autre roman mériterait la critique d'un aussi illustre maître. Tous deux se valent; peut-être même *Rouge et Noir* a-t-il plus d'intérêt, car il peint des Français, et les visages de connaissance sont toujours les portraits les plus piquants; nos souvenirs nous servent alors de contrôle; la satire y fait scandale, scandale permis, contre le voisin, ce qui est toujours agréable, parfois contre nous-même, ce qui nous empêche de nous endormir.

I

Chaque écrivain, volontairement ou non, choisit dans la nature et dans la vie humaine un trait principal qu'il représente; le reste lui échappe ou lui déplaît. Qu'est-ce que Rousseau a cherché dans l'amour de Saint-Preux? Une occasion pour des tirades sentimentales et des dissertations philosophiques. Qu'est-ce que Victor Hugo a vu dans *Notre-Dame de Paris?* Les angoisses physiques de la passion, la figure extérieure des rues et du peuple, la poésie des couleurs et des formes. Qu'est-ce que Balzac apercevait dans sa *Comédie humaine?* Toutes choses, direz-vous; oui, mais en savant, en physiologiste du monde moral, « en docteur ès sciences sociales, » comme il s'appelait lui-même; d'où il arrive que ses récits sont des théories, que le lecteur entre deux pages de roman trouve une leçon de Sorbonne, que la dissertation et le commentaire sont la peste de son style. — Chaque talent est donc comme un œil qui ne serait sensible qu'à une couleur. Dans le monde infini, l'artiste se choisit son monde. Celui de Beyle ne comprend que les sentiments, les traits de caractère, les vicissitudes de passion, bref, la vie de l'âme. A la vérité, il voit souvent les habits, les maisons, le paysage, et il serait capable de construire une intrigue: *la Chartreuse* l'a prouvé; mais il n'y songe pas. Il n'aperçoit que les choses intérieures, la suite des pensées et des émotions; il est psychologue; ses livres ne sont que l'histoire du cœur. Il évite de raconter dramatiquement les événements dramatiques. « Il ne veut point, dit-il lui-même, par des moyens factices fasciner l'âme du lecteur. » Personne n'ignore qu'un duel, une exécution, une évasion, sont ordinairement pour les auteurs une bonne fortune. On sait comme ils ont soin de suspendre et de prolonger notre attente, comme ils s'appliquent à rendre l'événement bien noir et bien terrible. Nous nous rappelons toutes les fins de feuilletons et de volumes, dans lesquels nous nous disons, le cou tendu, la poitrine oppressée : Bon Dieu, que va-t-il arriver ? C'est là que triomphent les « tout d'un coup, » et autres conjonctions menaçantes qui tombent sur nous avec un cortége d'événements tragiques, pendant que nous tournons fiévreusement les feuilles, l'œil allumé et le cou tendu. Voici dans Beyle le récit d'un événement de ce genre :

Le duel fut fini en un instant. Julien eut une balle dans le bras. On le lui serra avec des mouchoirs, on le mouilla avec de l'eau-de-vie, et le chevalier de Beauvoisis pria Julien très-poliment de lui permettre de le reconduire chez lui dans la même voiture qui l'avait amené.

Le roman est l'histoire de Julien, et Julien finit guillotiné ; mais Beyle aurait horreur d'écrire en auteur de mélodrame ; il est homme de trop bonne compagnie pour nous mener au pied de l'échafaud et nous montrer le sang qui coule ; ce spectacle, selon lui, est fait pour les bouchers. Il ne note dans cette affaire que trois ou quatre mouvements du cœur.

Le mauvais air du cachot devenait insupportable à Julien ; par bonheur, le jour où on lui annonça qu'il fallait mourir, un beau soleil réjouissait la nature, et Julien était en veine de courage. Marcher au grand air fut pour lui une sensation délicieuse, comme la promenade à terre pour le navigateur qui a longtemps été à la mer. Allons, tout va bien, se dit-il, je ne manque pas de courage. — Jamais cette tête n'avait été si poétique qu'au moment où elle allait tomber. Les doux instants qu'il avait trouvés jadis dans les bois de Vergy revenaient en foule à sa pensée et avec une extrême énergie. Tout se passa simplement, convenablement, et de sa part sans aucune affectation.

Rien de plus. Voilà le principal événement, et les cinq cents pages du roman ne sont pas plus dramatiques. Julien est un petit paysan qui, ayant appris le latin chez son curé, entre comme précepteur chez un noble de Franche-Comté, M. de Rénal, et devient l'amant de sa femme. Quand les soupçons éclatent, il quitte la maison pour le séminaire. Le directeur le place en qualité de secrétaire chez le marquis de la Mole, à Paris. Il est bientôt homme du monde, il a pour maîtresse Mlle de la Mole qui veut l'épouser. Une lettre de Mme de Rénal le dépeint comme un intrigant hypocrite. Julien, furieux, tire deux coups de pistolet sur Mme de Rénal; il est condamné et exécuté. — On voit que l'analyse des faits tient en six lignes; l'histoire est presque vraie, c'est celle d'un séminariste de Besançon, nommé Berthet; l'auteur ne s'occupe qu'à noter les sentiments de ce jeune ambitieux, et à peindre les mœurs des sociétés où il se trouve; il y a mille faits vrais plus romanesques que ce roman.

Maintenant demandons-nous si ce point de vue de Beyle n'est pas le plus élevé, si les événements du cœur ne sont pas les plus beaux à peindre; et pour cela, que chacun de nous se dégage de ses habitudes d'esprit personnelles. Il est clair qu'une imagination de peintre mettra au-dessus de tout une imagination de peintre, par exemple *Notre-Dame de Paris*. Rien de plus amusant pour une cuisinière que les histoires de Paul de Kock. J'ai connu un chasseur qui préférait à tout Cooper, parce qu'il y trouvait des chasses, des dîners froids sur l'herbe et des bosses de bison cuites à point. Ne soyons ni chasseur, ni peintre, ni cuisinière; oublions ce qui nous plaît le plus, et cherchons ce qui est le meilleur. Les objets ont des rangs, quoi qu'on dise, et le cœur de l'homme est au premier. Certainement une pensée, une passion, une action de l'âme est chose plus importante qu'un habit, une maison, une aventure; car nos sentiments sont la cause de notre conduite, de nos œuvres et de nos dehors; et dans la description d'une machine, ce qu'il y a de capital, c'est le moteur. Ajoutez que l'histoire de notre être intérieur nous touche de plus près que toutes les autres. Il s'agit alors de notre fond le plus personnel, et il nous semble que c'est de nous que parle l'auteur.

Enfin, la description, même pittoresque et réussie, est de sa nature insuffisante, parce que l'écriture n'est pas la peinture, et qu'avec des griffonnages noirs, alignés sur du papier blanc, on ne peut jamais donner qu'une idée grossière et vague des formes et des couleurs; c'est pourquoi l'écrivain fait bien de ne pas sortir de son domaine, de laisser les tableaux aux peintres, de s'attacher à la matière propre de son art, j'entends aux faits, aux idées et aux sentiments, toutes choses que la peinture ne peut atteindre, et que la parole atteint naturellement. En effet, en quoi nous intéressent, dans un roman, les paysages et le détail des apparences extérieures ou de la vie physique, si ce n'est parce qu'ils portent l'empreinte de la vie morale? Une chambre dans Balzac, un visage, un costume dans Walter Scott, sont des manières de peindre un caractère. La maison du père Grandet lui convient et le représente, comme une coquille son limaçon. Sans cela, souffrirait-on ce style de commissaire-priseur, et voudrait-on se faire avec l'écrivain tapissier, brocanteur, épicier, argousin ou marchande à la toilette? Beyle a donc choisi la plus belle part, et son monde est le plus digne d'intérêt et d'étude. Premier avantage de cette place supérieure qu'occupait naturellement son esprit, et qui nous a servi pour le distinguer entre tous.

II

Une seconde conséquence, c'est que ses personnages sont des êtres supérieurs. On devine bien qu'un esprit comme le sien ne pouvait se résigner à vivre pendant quatre cents pages avec les petites pensées égoïstes et vaniteuses d'âmes vulgaires. Il choisit ses gens à son niveau, et veut avoir sur son bureau bonne compagnie. Non qu'il peigne des héros. D'abord, il n'y a pas de héros, et Beyle ne copie aucun écrivain, pas même Corneille. Ses personnages sont très-réels, très-originaux, très-éloignés de la foule, comme l'auteur lui-même. Ce sont des hommes remarquables, et non de grands hommes, des personnages dont on se souvient, et non des modèles qu'on veuille imiter. Cette originalité, dira-t-on, va presque jusqu'à l'invraisemblance. Bien des lecteurs trouveront les caractères impossibles. Ils penseront que la singularité devient ici bizarrerie et contradiction. Pour moi, je retiendrais volontiers mon jugement, surtout après avoir lu ces mots de Beyle à Balzac. La lettre était confidentielle, ce qui adoucit l'impertinence :

Je parle, dit-il, de ce qui se passe au fond de l'âme de Mosca, de la duchesse, de Clélia. C'est un pays où ne pénètre guère le regard des enrichis, comme ce latiniste directeur de la Monnaie, M. le comte Roy, etc., le regard des épiciers, des bons pères de famille.

Dans *Rouge et Noir*, Mlle de la Molé, Mme de Rénal, le marquis, Julien, sont de grands caractères. Tâchons d'en expliquer un seul, le principal et le plus étrange, celui de Julien. A la fois timide et téméraire, généreux, puis égoïste, hypocrite et cauteleux, et un peu plus loin rompant l'effet de toutes ses ruses par des accès imprévus de sensibilité et d'enthousiasme, naïf comme un enfant, et au même instant calculateur comme un diplomate, il semble composé de disparates. On ne peut guère s'empêcher de le trouver ridicule et affecté. Il est odieux à presque tous les lecteurs, et fort justement, du moins au premier aspect. Parfaitement incrédule et parfaitement hypocrite, il annonce le projet d'être prêtre, et va au séminaire par ambition. Il hait ceux avec qui il vit, parce qu'ils sont riches et nobles. Dans les maisons où il reçoit hospitalité et protection, il devient l'amant de la femme ou de la fille, laisse le malheur partout derrière lui, et finit par assassiner une femme qui l'adorait. Quel monstre et quel paradoxe ! Voilà de quoi dérouter tout le monde ; Beyle jette ainsi sous nos pieds des épines, pour nous arrêter en chemin ; il aime la solitude, et écrit pour n'être pas lu. Lisons-le pourtant, et et nous verrons bientôt ces contradictions disparaître. Car à quels signes doit-on reconnaître un caractère naturel? Faut-il que nous en ayons rencontré de semblables? Point du tout, car notre expérience est toujours étroite, et il y a bien des espèces d'âmes que nous n'avons point remarquées ou que nous n'avons point comprises; et tel est Julien, puisque l'auteur le donne pour un caractère original et d'élite. Un caractère est naturel quand il est d'accord avec lui-même, et que toutes ses oppositions dérivent de certaines qualités fondamentales, comme les mouvements divers d'une machine partent tous d'un moteur unique. Les actions et les sentiments ne sont vrais que parce qu'ils sont conséquents, et l'on obtient la vraisemblance dès qu'on applique la logique du cœur. Rien de mieux composé que le caractère de Julien. Il a pour ressort un orgueil excessif, passionné, ombrageux, sans cesse blessé, irrité contre les autres, implacable à lui-même, et une imagination inventive et ardente, c'est-à-dire la faculté de produire au choc du moindre événement des idées en foule et de s'y absorber. De là une concentration habituelle, un retour perpétuel sur soi-même, une attention incessamment repliée et occupée à s'interroger, à s'examiner, à se bâtir un modèle idéal auquel il se compare, et d'après lequel il se juge et se conduit. Se conformer à ce modèle, bon ou mauvais, est ce que Julien appelle le *devoir*, et ce qui gouverne sa vie. Les yeux fixés sur lui-même, occupé à se violenter, à se soupçonner de faiblesse, à se reprocher ses émotions, il est téméraire pour ne pas manquer de courage, il se jette dans les pires dangers de peur d'avoir peur. Ce modèle, Julien ne l'emprunte pas, il le crée, et telle est la cause de son originalité, de ses bizarreries et de sa force ; en cela, il est supérieur, puisqu'il *invente* sa conduite, et il choque la foule moutonnière, qui ne sait qu'imiter. Maintenant, mettez cette âme dans les circonstances où Beyle la place, et vous verrez quel modèle elle doit imaginer, et quelle nécessité admirable enchaîne et amène ses sentiments et ses actions. Julien, délicat, joli garçon, est maltraité par son père et ses frères, despotes brutaux, qui, selon l'usage, haïssent ce qui diffère d'eux. Un vieux chirurgien-major, son cousin, lui conte les batailles de Napoléon, et le souvenir du sous-lieutenant, devenu empereur, exalte ses dégoûts et ses espérances ; car nos premiers besoins façonnent nos premières idées, et nous composons le modèle admirable et désirable, en le comblant des biens dont le manque nous a d'abord fait souffrir. A chaque heure du jour, il entend ce cri intérieur : Parvenir ! Non qu'il souhaite étaler du luxe et jouir ; mais il veut sortir de l'humiliation et de la dépendance où sa pauvreté l'enfonce, et cesser de voir les objets grossiers et les sentiments bas parmi lesquels sa condition le retient. Parvenir, comment? Songeons que notre éducation nous fait notre morale, que nous jugeons la société d'après les trente personnes qui nous entourent, et que nous la traitons comme on nous a traités. Vous avez été dès l'enfance aimé par de bons parents : ils ont songé pour vous à votre subsistance, ils vous ont caché toutes les vilenies de la vie ; à vingt ans, entrant dans le monde, vous l'avez cru juste, et vous regardiez la société comme une paix. Donc Julien devait la regarder comme une guerre. Haï, maltraité, spectateur perpétuel de manœuvres avides, obligé, pour vivre, de dissimuler, de souffrir et de mentir, il arrive dans le monde en ennemi. Il a tort, soit. Il vaut mieux être opprimé qu'oppresseur, et toujours volé qu'un jour voleur; cela est clair. Je ne veux point l'excuser; je veux seulement montrer qu'il peut être au fond très-généreux, très-reconnaissant, bon, disposé à la tendresse et à toutes les délicatesses du désintéressement, et cependant agir en égoïste, exploiter les hommes, et chercher son plaisir et sa grandeur à travers les misères des autres. Un général d'armée peut être le meilleur des hommes et dévaster une province ennemie: Turenne a incendié le Palatinat.

Julien fait donc la guerre, et voici sa tactique. Il comprend par divers petits événements de sa petite ville (on est en 1820) que l'avenir est aux prêtres.

Une idée s'empara de lui avec toute la puissance de la première idée qu'une âme passionnée croit avoir inventée. — Quand Bonaparte fit parler de lui, la France avait peur d'être envahie ; le mérite militaire était alors nécessaire et à la mode. Aujourd'hui on voit des prêtres de quarante ans avoir cent mille francs d'appointements, c'est-à-dire trois fois plus que les fameux généraux de division de Napoléon. Il leur faut des gens qui les secondent. Voilà ce juge de paix, si honnête jusqu'ici, si bonne tête, si vieux, qui se déshonore par crainte de déplaire à un jeune vicaire de trente ans. Il faut être prêtre.

Là dessus, Julien fait la cour au curé, apprend le latin, et devient hypocrite. Le lecteur se récrie ici, et déclare que l'hypocrisie en tout cas est exécrable. Très-bien, mais ici elle est naturelle; elle est « l'art de la faiblesse. » Julien fera la guerre en faible, c'est-à-dire en trompant. Pareillement, le sauvage rampe à terre et se tient en embuscade pour surprendre et saisir son ennemi. Les stratagèmes de l'un ne sont pas plus singuliers que l'hypocrisie de l'autre; des circonstances semblables ont appris à tous deux des ruses semblables ; et Julien, aussi bien qu'un héros de Cooper, pourra être franc, loyal, fier, intrépide, et passer sa vie à déguiser et à trahir ses sentiments. Bien plus, tous deux mettront leur point d'honneur à mentir, et la grimace parfaite deviendra pour Julien la gloire suprême, comme la dissimulation impénétrable est pour le sauvage la plus haute vertu. On devine maintenant quels récits un pareil caractère offre à l'analyse, quelle singularité et quel naturel, quels combats, quels éclats de passion et quels exploits de volonté, quelles longues chaînes d'efforts pénibles et combinés tout d'un coup brisées par l'irruption inattendue de la sensibilité victorieuse, quelle multitude, quelle vivacité d'idées et d'émotions jetées à pleines mains par cette imagination féconde aux prises avec des caractères aussi grands et aussi originaux que le sien.

Chez cet être singulier, c'était presque tous les jours tempête.

Cette âme profonde, atteinte par sa première éducation d'une incurable méfiance, sans cesse en garde contre des ennemis qu'elle a ou qu'elle imagine, inventant des dangers qu'elle brave, se punissant des faiblesses qu'elle se suppose, mais soulevée à chaque instant au-dessus de toutes ses misères par les élans du plus juste et du plus puissant orgueil, donne une magnifique idée de la vigueur inventive et agissante de l'homme. — A peine ai-je besoin maintenant d'expliquer ses contradictions apparentes. Julien est résolu jusqu'à l'héroïsme, et sa force de volonté monte à chaque instant au sublime; c'est que le modèle idéal, non enseigné par un autre, mais découvert par lui-même, obsède sa pensée, et qu'intérêt, plaisir, amour, justice, tous les biens disparaissent en un moment, dès qu'il aperçoit son idole. Mais il est timide et embarrassé presque jusqu'à la gaucherie et au ridicule, parce que l'imagination passionnée, inquiète lui grandit les objets, et multiplie devant lui, à la moindre affaire, les dangers et les espérances. — Il déshonore deux familles, parce que son éducation lui fait voir des ennemis dans les riches et les nobles, et parce que l'amour conquis de deux grandes dames le tire à ses propres yeux de la basse condition dans laquelle il est emprisonné. Mais quand il se voit aimé par Fouqué, par le bon curé Chélan, par l'abbé Pirard, il est attendri jusqu'aux larmes, il ne peut supporter l'idée du plus petit manque de délicatesse à leur égard, les sacrifices ne lui coûtent rien, il revient à lui-même, son cœur s'ouvre et révèle toute sa puissance d'aimer. — Il exécute pendant longtemps, avec un empire étonnant sur lui-même, de savants et pénibles plans de conduite, parce qu'il se les impose au nom de ce devoir et de cet orgueil, et qu'habitué à se replier et à se concentrer en lui-même, il a pu prendre le gouvernement de ses actions. Mais lorsqu'un événement subit accumule à l'improviste les causes d'émotion, toutes les barrières cèdent, il détruit en un moment son propre ouvrage, parce que l'imagination enthousiaste a pris feu et produit la passion irrésistible. Deux mots encore pour montrer la force de ce caractère, on me les pardonnera, parce que ce sont des citations :

Le premier jour, les examinateurs nommés par le fameux grand-vicaire de Frilair furent très-contrariés de devoir toujours porter le premier ou tout au plus le second sur leur liste ce Julien Sorel qui leur était signalé comme le Benjamin de l'abbé Pirard. Il y eut des paris au séminaire que dans la liste de l'examen général Julien aurait le numéro premier, ce qui emportait l'honneur de dîner chez Monseigneur l'évêque. Mais à la fin d'une séance où il avait été question des Pères de l'Église, un examinateur adroit, après avoir interrogé Julien sur saint Jérôme et sa passion pour Cicéron, vint à parler d'Horace, de Virgile et des autres auteurs profanes. A l'insu de ses camarades, Julien avait appris par cœur un grand nombre de passages de ces auteurs. Entraîné par ses succès, il oublia le lieu où il était, et, sur la demande réitérée de l'examinateur, récita et paraphrasa avec feu plusieurs odes d'Horace. Après l'avoir laissé s'enferrer pendant vingt minutes, tout à coup l'examinateur changea de visage, et lui reprocha avec aigreur le temps qu'il avait perdu à ces études profanes, et les idées inutiles ou criminelles qu'il s'était mises dans la tête.

« Je suis un sot, Monsieur, et vous avez raison, » dit Julien, d'un air modeste.

Un homme de dix-neuf ans, qui au lieu de se cabrer se tient si fort et tout de suite en bride, doit devenir un homme de premier ordre et maîtriser un jour la fortune et les événements.

Quant à l'esprit, Beyle lui a donné le sien, c'est tout dire. Condamné à mort, Julien repasse dans sa mémoire ses espérances détruites, et plaisante involontairement, dans ce style pittoresque et vif dont il a l'habitude, de la même façon qu'on met son chapeau et ses gants, sans la moindre affectation ni le moindre effort.

« Colonel de hussards, si nous avions la guerre ; secrétaire de légation pendant la paix, ensuite ambassadeur ; car j'aurais bientôt su les affaires, et, quand je n'aurais été qu'un sot, le gendre du marquis de la Mole a-t-il quelque rivalité à craindre? Toutes mes sottises eussent été pardonnées, ou plutôt comptées pour des mérites. Homme de mérite, et jouissant de la plus grande existence à Vienne ou à Londres.... »

— « Pas précisément, Monsieur, guillotiné dans trois jours. » — Julien rit de bon cœur de cette saillie de son esprit. « En vérité, se dit-il, l'homme a deux êtres en lui. Qui diable songeait à cette réflexion maligne? Eh bien! oui, mon ami, guillotiné dans trois jours, » répondit-il à l'interrupteur. « M. de Cholin louera une fenêtre, de compte à demi avec l'abbé Maslon. Pour le prix de cette location, lequel des deux dignes personnages volera l'autre?

Après-demain matin, je me bats en duel contre un homme connu par son sang-froid et d'une adresse remarquable. — Fort remarquable, dit le parti Méphistophélès, il ne manque jamais son coup. »

Ce passage du *Venceslas* de Rotrou lui revint subitement :

LADISLAS.
.....Mon âme est toute prête.
LE ROI.
L'échafaud l'est aussi; portez-y votre tête.

« Belle réponse, » pensa-t-il, et il s'endormit.

De pareils caractères sont les seuls qui méritent de nous intéresser aujourd'hui. Ils s'opposent à la fois aux passions générales et aux idées habillées en hommes qui peuplent la littérature du dix-septième siècle, et aux copies trop littérales que nous faisons aujourd'hui de nos contemporains. Ils sont réels, car ils sont complexes, multiples, particuliers et originaux comme ceux des êtres vivants; à ce titre ils sont naturels et animés, et contentent le besoin que nous avons de vérité et d'émotion. Mais, d'autre part, ils sont hors du commun, ils nous tirent loin de nos habitudes plates, de notre vie machinale, de la sottise et de la vulgarité qui nous entourent. Ils nous montrent de grandes actions, des pensées profondes, des sentiments puissants ou délicats. C'est le spectacle de la force, et la force est la source de la véritable beauté. Corneille nous donnera des modèles, tel contemporain des portraits; l'un nous enseignera la morale, l'autre la vie. Au contraire, nous n'imiterons, ni nous ne rencontrerons les héros de Beyle; mais ils rempliront et ils remueront notre entendement et notre curiosité de fond en comble, et il n'y a plus de but plus élevé dans l'art.

III

Un esprit supérieur se porte naturellement vers les idées les plus hautes qui sont les plus générales ; pour lui, observer tel caractère, c'est étudier l'homme ; il ne s'occupe des individus que pour peindre l'espèce ; aussi le livre de Beyle est-il une psychologie en action. On pourrait en extraire une théorie des passions, tant il renferme de petits faits nouveaux, que chacun reconnaît et que personne n'avait remarqués. Beyle fut l'élève des idéologues, l'ami de M. de Tracy, et ces maîtres de l'analyse lui ont enseigné la science de l'âme. On loue beaucoup dans Racine la connaissance des mouvements du cœur, de ses contradictions, de sa folie ; et l'on ne remarque pas que l'éloquence et l'élégance soutenues, l'art de développer, l'explication savante et détaillée que chaque personnage donne de ses émotions, leur enlève une partie de leur vérité. Ses discours et ses dissertations sont entraînants, touchants, admirables, mais tel que les ferait un spectateur ému qui commenterait la pièce ; nos tragiques ne sont que de grands orateurs. Ils sont bien plus rhétoriciens qu'observateurs ; ils savent mieux mettre en relief des vérités connues que trouver des vérités nouvelles. Beyle n'a point ce défaut, et le genre qu'il choisit aide à l'en préserver. Car un roman est bien plus propre qu'un drame à montrer la variété et la rapidité des sentiments, leurs causes et leurs altérations imprévues. L'auteur explique son héros mieux que ne ferait le héros lui-même, parce que celui-ci cesse de sentir dès qu'il commence à se juger. Je noterai quelques-uns de ces détails frappants, que Beyle jette à profusion sans jamais s'y arrêter, laissant au lecteur le soin de les comprendre. Une lettre anonyme apprend à M. Rênal les amours de sa femme et de Julien; cet homme, vraiment malheureux, passe la nuit à réfléchir, à douter, à parcourir tous les moyens d'espérance, de vengeance ou de consolation.

Il passa en revue ses amis, estimant à mesure le degré de consolation qu'il pouvait tirer de chacun. « A tous, à tous, s'écriait-il avec rage, mon affreuse aventure fera le plus extrême plaisir. » Par bonheur, il se croyait fort envié, non sans raison. Outre sa superbe maison de ville que le roi de... venait d'honorer à jamais en y couchant, il avait fort bien arrangé son château de Vergy. La façade était peinte en blanc, et les fenêtres garnies de beaux volets verts. *Il fut un instant consolé par l'idée de cette magnificence.*

Telle est l'intervention des idées involontaires qui rompent le mouvement de la passion et lui ôtent l'éloquence pour lui donner le naturel. Ruy-Blas, dans le désespoir et dans l'extrême angoisse, dit de même, mais avec l'accent de folie et d'imbécilité d'un homme anéanti :

Les meubles sont rangés, les clefs sont aux armoires.

L'âme cesse de penser, les lèvres disent machinalement ce que les yeux aperçoivent. Le poëte des angoisses physiques conduit son héros à la stupeur. Beyle, peintre ironique de la nature humaine, mène le sien au ridicule. Cet excès de vérité est la perfection de l'art.

Comme la passion n'est qu'une idée douloureuse sans cesse traversée par d'autres, les mots associés aux idées doivent surgir aussi à l'improviste et jeter la maladie morale dans des accès inattendus.

Mme de Rênal ne pouvait fermer l'œil. Il lui semblait n'avoir pas vécu jusqu'à ce moment. Elle ne pouvait distraire sa pensée du bonheur de sentir Julien couvrir sa main de baisers enflammés.

Tout à coup l'affreuse parole : « adultère, » lui apparut. Tout ce que la plus vile débauche peut imprimer de dégoûtant à l'idée de l'amour des sens se présenta à son imagination.

Ici le disciple de Condillac a senti que les mots nous gouvernent. Mme de Rênal ne se reprochait pas sa conduite en pensant à la chose, le mot se présente et lui fait horreur. Les mots sont des dépôts d'idées, où s'amassent lentement nos impressions et nos jugements. Toute notre vie passée s'y renferme et se lève avec eux devant nous.

Beyle continue ainsi :

Ces idées voulaient tâcher de ternir l'image tendre et divine qu'elle se faisait de Julien et du bonheur de l'aimer.

Quelle phrase que celle-ci pour ceux qui savent regarder en eux-mêmes! Spinosa, après l'avoir lue, eût serré les mains de Beyle. Le philosophe et l'homme du monde se rencontrent ici pour constater tous deux que c'est dans la région des idées que se livrent les combats des passions. Désirer et souffrir, c'est avoir tour à tour deux pensées contraires, faire effort pour retenir la première, et sentir l'arrivée inattendue et violente de l'autre. L'âme est comme un enfant, qui, devant un spectacle horrible, chercherait à dégager ses mains liées pour se cacher les yeux.

Encore un trait. Quand nous passons d'un sentiment à un autre, ordinairement c'est sans savoir pourquoi, et par les causes les plus légères; l'âme est changeante, et le même homme dix fois par jour se dément et ne se reconnaît plus. On a tort de se figurer un héros comme toujours héroïque, ou un poltron comme toujours lâche. Nos qualités et nos défauts ne sont point des états de l'âme continuels, mais très-fréquents; et notre caractère est ce que nous sommes la plupart du temps. Ces alternatives accidentelles et involontaires sont marquées dans Beyle avec une justesse singulière.

Il n'a pas peur de dégrader ses personnages. Il suit les mouvements du cœur, un à un, comme un machiniste ceux d'une montre, pour le seul plaisir d'en sentir la nécessité et de nous faire dire : « En effet, cela est ainsi. »

Le bon curé Chélan, si vif, si énergique autrefois, maintenant décrépit et apathique, est venu voir Julien quelques jours avant l'exécution.

Cette apparition laissa Julien plongé dans un malheur cruel et qui éloignait les larmes. Cet instant fut le plus cruel qu'il eût éprouvé depuis le crime. Il venait de voir la mort dans toute sa laideur. Toutes ses illusions de grandeur d'âme et de générosité s'étaient dispersées comme un nuage devant la tempête. Cette affreuse situation dura plusieurs heures. Après l'empoisonnement moral, il faut des remèdes physiques, et du vin de Champagne.

Il se fait en vain des raisonnements :

Précisément, une mort rapide et à la fleur des ans me met à l'abri de cette triste décrépitude.

Mais son cœur reste amolli et faible ; Beyle ne nous en dit pas la raison ; c'est à nous de comprendre que, dans une imagination vive comme celle de Julien, la sensation imprimée par un objet présent anéantit tous les syllogismes. Les idées abstraites en vain appelées et combinées ne peuvent chasser le souvenir vivant. L'image de ce pauvre corps courbé, de ces yeux ternes et fixes revient toute puissante, et obsède le cerveau, jusqu'à ce que le temps l'ait usée, ou qu'une autre sensation forte l'ait remplacée.

Ce sera là mon thermomètre, se dit-il. Ce soir, je suis à dix degrés au-dessous du courage qui me conduit de niveau à la guillotine. Ce matin, je l'avais ce courage. Au reste, qu'importe, pourvu qu'il me revienne au moment nécessaire ? — Cette idée de thermomètre l'amusa et parvint enfin à le distraire.

Enfin survient Fouqué qui veut vendre tout son bien pour séduire le geôlier et sauver son ami.

Toutes les fautes de français, tous les gestes communs de Fouqué disparurent. Julien se jeta dans ses bras... Cette vue du *sublime* lui rendit toute la force que l'apparition de M. Chélan lui avait fait perdre.

Les ébranlements acquis durent ; nous ne nous donnons pas notre élan ; nous le recevons des rencontres : telle est la part que les accidents ont dans nos faiblesses et dans nos redressements.

Maintenant comptons que le livre est tout entier composé d'observations pareilles; on en rencontre à chaque ligne, accumulées en petites phrases perçantes et serrées. Ordinairement un auteur ramasse un certain nombre de ces vérités, et en compose son livre en ajoutant du remplissage, comme lorsqu'avec quelques pierres on bâtit un mur, en comblant de plâtras les intervalles. Il n'y a pas dans tout l'ouvrage de Beyle un seul mot qui ne soit nécessaire, et qui n'exprime un fait ou une idée nouvelle digne d'être méditée. Jugez de ce qu'il contient! Or ce sont ces traits qui marquent à un esprit sa place. Car à quoi mesure-t-on sa valeur, sinon aux vues originales et nouvelles qu'il a de la vie et des hommes? Toutes les autres connaissances sont spéciales; elles classent leur possesseur entre les gens de son métier. Un chimiste peut exceller dans sa science, un administrateur fera parfaitement son office, et tous deux peut-être seront fort médiocres. On les estimera comme des outils très-utiles, mais point autrement. Chacun de nous a son atelier où il expédie une besogne laide et ennuyeuse. Le soir, nous quittons l'habit de travail, nous nous réunissons, nous mettons ensemble nos idées générales; celui qui en a le plus est au premier rang; c'est dire le rang de Beyle.

IV

Reste un point capital. Car, pour obtenir le premier rang, il faut non-seulement avoir des idées, mais les dire d'une certaine manière. C'est peu de les posséder, il faut s'en servir avec grâce. Elles sont comme l'argent, il est beau d'en avoir, et plus beau de savoir le dépenser. Supposez un homme qui les présente avec affectation, en s'extasiant sur leur importance, en racontant tout ce qu'elles lui ont coûté de peine, en cherchant par des exagérations ou des tours d'adresse à surprendre l'admiration de ses auditeurs ; on dira peut-être : voilà un penseur. Mais on ajoutera certainement : voilà un homme de mauvais goût ; ce riche ne sait pas porter ses richesses ; elles l'accablent, et le rabaissent au niveau d'autres plus pauvres que lui. Tel est, par exemple, le défaut de Balzac : il prévient à chaque pas les lecteurs que ses personnages sont grandioses, que telle action qu'il va raconter est sublime, que telle intrigue qu'il combine est extraordinaire. Il appelle son Vautrin le Cromwell du bagne. Il nous avertit que les artifices de Mme de Cadignan laissent bien loin en arrière l'hypocrisie de Tartufe. Dans un mouvement de colère généreuse, un vieux colonel, Chabert, casse sa pipe bien-aimée. « Les anges eussent ramassé les morceaux de la pipe. » N'est-ce pas dire au lecteur en paroles bien claires : Avouez que je suis un génie sublime ? Faire soi-même son panégyrique, c'est empêcher les autres de le faire ; il faut laisser aux petits le travail de se guinder sur des échasses ; Balzac avait assez de talent pour se passer de charlatanisme, et il serait plus grand, s'il avait moins voulu paraître grand. — D'autres, sans prétention, mais à force de verve et de sympathie, se passionnent et souffrent avec leurs personnages. Tel est George Sand. Il ressent l'émotion qu'il excite; lorsqu'il raconte, il devient acteur; l'accent de sa voix se trouble, et son drame se joue tout entier dans son cœur. Cette faculté si noble est d'un artiste. Mais prendre part aux misères et aux émotions humaines, c'est descendre jusqu'à elles; celui-là semble bien plus haut placé, qui remue les passions des autres sans se troubler lui-même, qui, entouré de personnages et d'auditeurs transportés, reste calme, debout en pleine lumière, sur une hauteur, pendant qu'au-dessous de lui s'agite la bataille des désirs déchaînés. Certainement rien ne va plus droit au cœur, ni ne touche plus profondément que les peintures de Beyle; mais il raconte sans se commenter; il laisse les faits parler eux-mêmes; il loue les gens par leurs actions. Une fois ou deux, je crois, il juge son héros; voyez de quel ton :

Ses combats étaient bien plus pénibles que le matin. *Son âme avait eu le temps de s'émouvoir.* Ivre d'amour et de volupté, il prit sur lui de ne pas parler. — C'est, selon moi, l'un des plus beaux traits de son caractère. Un être capable d'un pareil effort sur lui-même peut aller loin, si *fata sinant.*

Beyle fuit l'enthousiasme, ou plutôt il évite de le montrer; c'est un homme du monde, qui se comporte devant ses lecteurs comme dans un salon, qui croirait tomber au rang d'acteur, si son geste ou sa voix trahissaient une grande émotion intérieure. — Sur ce point, bien des gens lui donnent raison. Prendre le public pour confident, c'est mettre son logis dans la rue; on a tort de se donner en spectacle, de pleurer sur la scène. S'il est de bon goût de se contenir devant vingt personnes, il est de bon goût de se contenir devant vingt mille lecteurs. Nos idées sont à tout le monde, nos sentiments doivent n'être qu'à nous seuls.— Un autre motif de cette réserve est qu'il se soucie peu du public; il écrit beaucoup plus pour se faire plaisir que pour être lu; il ne se donne pas la peine de développer ses idées et de les mettre à notre portée par des dissertations. La supériorité est dédaigneuse, et ne s'occupe pas volontiers à plaire aux hommes ni à les instruire; Beyle nous impose les allures de son esprit, et ne se laisse pas conduire par le nôtre. Ses livres sont écrits « comme le Code civil, » chaque détail amené et justifié, l'ensemble soutenu par une raison et une logique inflexible; mais il y a place entre chaque article pour plusieurs pages de commentaires. Il faut le lire lentement ou plutôt le relire, et l'on trouvera que nulle manière n'est plus piquante, et ne donne un plaisir plus solide. Avouons-le, le style à développements, celui de Rousseau, de Buffon, de Bourdaloue, de tous les orateurs, a quelque chose d'ennuyeux. Ces écrivains savent à merveille prouver, expliquer, faire entrer de force une conviction dans des esprits inattentifs, étroits ou rebelles. Mais ils plaisent à ceux-là plutôt qu'aux autres. Leur art consiste à répéter cinq ou six fois de suite la même idée avec des expressions toujours nouvelles et plus fortes, si bien que leur pensée, sous une forme ou sous une autre, finit par trouver une entrée, et pénétrer dans l'esprit le moins ouvert, ou le mieux fermé. Cette méthode convient fort bien à la chaire et à la tribune, parce que dans une assemblée, l'auditeur sot, distrait ou hostile n'écoute pas ou ne comprend pas. Mais un homme qui est de bonne foi, qui a l'habitude de penser et qui lit tranquillement un livre dans son cabinet, entend et juge votre pensée tout d'abord et dès sa première forme. Son opinion est faite à l'instant. S'il achève la longue période, c'est pour voir un tour d'habileté littéraire, pour apprécier la dextérité de l'auteur, et son talent de piétiner sans avancer. Au bout d'une page, cette sorte de curiosité est satisfaite; on trouve que l'auteur marche trop lentement, on lui demande moins de phrases et plus d'idées. Au lieu de poser si régulièrement et si paisiblement un pied devant l'autre, on voudrait qu'il fît de grandes enjambées. Beyle est, pour aller vite, le meilleur guide que je connaisse. Il ne vous dit jamais ce qu'il vous a déjà appris, ni ce que vous savez d'avance. En ce siècle, où chacun a tant lu, la nouveauté incessante et la vérité toujours imprévue donnent le plaisir le plus relevé et le moins connu.

V

Il y a pourtant un accent dans cette voix indifférente, celui de la supériorité, c'est-à-dire l'ironie, mais délicate et souvent imperceptible. C'est le sang-froid railleur d'un diplomate parfaitement poli, maître de ses sentiments et même de son mépris, qui hait le sarcasme grossier, et plaisante les gens sans qu'ils s'en doutent. Il y a beaucoup de grâce dans la mesure, et le sourire est toujours plus aimable que le rire. De grosses couleurs crues sont d'un effet puissant, mais lourd; un esprit fin peut seul attraper les nuances. La raillerie dans Beyle est perpétuelle, mais elle n'est point blessante; il se garde de la colère aussi soigneusement que du mauvais goût. Il se moque de ses héros, de Julien lui-même, avec une discrétion charmante. Julien, en homme d'imagination, voit dans tous les gens du séminaire des génies profonds, de savants hypocrites; il admire entre autres l'abbé Chas Bernard, directeur des cérémonies, qui lui parle pendant des heures entières des ornements gardés en dépôt dans le trésor de la cathédrale :

Le déjeuner de dix heures fut très-gai ; jamais l'abbé Chas n'avait vu son église plus belle.

Cher disciple, disait-il à Julien, ma mère était loueuse de chaises dans cette vénérable basilique; de sorte que j'ai été nourri dans ce grand édifice. — Depuis le rétablissement du culte par Napoléon, j'ai le bonheur de tout y diriger. Cinq fois par an, mes yeux la voient parée de ces ornements si beaux ; mais jamais elle n'a été si resplendissante, jamais les lés de damas n'ont été si bien attachés qu'aujourd'hui, aussi collants aux piliers.

— Enfin il va me dire son secret, pensa Julien, le voilà qui me parle de lui. — Mais rien d'imprudent ne fut dit par cet homme, évidemment exalté. — Et pourtant il a beaucoup travaillé, il est heureux, se dit Julien; le bon vin n'a pas été épargné. Quel homme ! quel exemple pour moi !

Julien ne devine pas encore que le meilleur moyen de cacher sa pensée est de n'en point avoir. On voit comment les faits sans commentaire se chargent de critiquer les personnages. Parfois la moquerie est jetée en passant; on ne sait si Beyle y a songé, tant elle est naturelle et ressemble au pur récit :

Quoi, ma fille ne sera pas duchesse ! quoi, ma fille s'appellera Mme Sorel ! — Toutes les fois que ces deux idées se présentaient aussi nettement à M. de la Mole, les mouvements de son âme n'étaient plus volontaires.

Si parfois Beyle raille avec intention meurtrière, il assomme les gens avec une élégance parfaite. C'est le ton d'un grand seigneur, qui garde les plus belles manières, tout en goûtant le plaisir de rosser un plat coquin.

Julien remarqua quelque chose de singulier dans le salon; c'était un mouvement de tous les yeux vers la porte, et un demi-silence subit. Le laquais annonçait le fameux baron de Tolly, sur lequel les élections venaient de fixer tous les regards. Julien s'avança et le vit fort bien. Le baron présidait un collége. Il eut l'idée lumineuse d'escamoter les petits carrés de papier portant les votes d'un des partis. Mais, pour qu'il y eût compensation, il les remplaçait à mesure par d'autres petits carrés de papier portant un nom qui lui était agréable. Cette manœuvre décisive fut aperçue par quelques électeurs, qui s'empressèrent de faire compliment au baron Tolly. Le bonhomme était encore pâle de cette grande affaire. Des esprits mal faits avaient prononcé le nom de galères. M. de la Mole le reçut froidement. Le pauvre baron s'échappa. — S'il nous quitte si vite, c'est pour aller chez M. Comte[1], dit M. Chalvet. — Et l'on rit.

Le salon de M. de la Mole et celui de M. de Rênal fournissent vingt portraits dignes de la Bruyère, mais plus fins, plus vrais, plus différents des figures de fantaisie, plus brefs, excellents surtout, parce qu'ils sont de la main d'un homme du monde observateur, et non d'un moraliste, et qu'on n'y sent pas, comme dans les *Caractères*, l'amateur de phrases parfaites et frappantes, le littérateur jaloux de sa gloire, l'écrivain de profession.

1. Célèbre prestidigitateur.

Ce dernier trait achève de peindre Beyle.

La part de la forme, disait-il, devient moindre de jour en jour. Bien des pages de mon livre ont été imprimées sur la dictée originale. Je cherche à raconter avec vérité et clarté ce qui se passe dans mon cœur. Je ne vois qu'une règle : être clair. Si je ne suis pas clair, tout mon monde est anéanti.

Au fond, la suppression du style est la perfection du style. Quand le lecteur cesse d'apercevoir les phrases et voit les idées en elles-mêmes, l'art est achevé. Un style étudié et qu'on remarque est une toilette qu'on fait par sottise ou par vanité. Au contraire, un esprit supérieur est si amoureux des idées, si heureux de les suivre, si uniquement préoccupé de leur vérité et de leur liaison, qu'il refuse de s'en détourner un seul instant pour choisir les mots élégants, éviter les consonnances, arrondir les périodes. Cela sent le rhéteur, et l'on sait mauvais gré à Rousseau d'avoir « tourné souvent une phrase trois ou quatre nuits dans sa tête, » pour la mieux polir. Cette négligence voulue donne aux ouvrages de Beyle un naturel charmant. On dirait, en le lisant, qu'on cause avec lui. « On croyait trouver un auteur, dit Pascal, et l'on est tout étonné et ravi de rencontrer un homme. » Supposez-vous dans votre chambre, avec quelques amis, gens d'esprit, et obligé de leur raconter un événement de votre vie; l'affectation vous ferait horreur : les mots sublimes et les antithèses sonores n'oseraient vous apparaître. Vous diriez la chose comme elle est, sans l'agrandir, sans chercher à briller, sans apprêt. Tel est le récit de Beyle. Il écrit sans se figurer qu'un public l'écoute, sans vouloir être applaudi, face à face avec ses idées qui l'assiégent, et « qu'il a besoin de *noter*. » De là plusieurs qualités singulières, que certaines écoles littéraires lui reprocheront, par exemple, la nudité du style, la haine de la métaphore et des phrases imagées. Il est plaisant de voir Balzac prétendre « que le côté faible de Beyle est le style, » supposant sans doute que le bon goût consiste à mettre des enluminures aux idées. Il croyait lui-même enrichir la langue, lorsque, « dans une des assises les plus travaillées de son édifice littéraire, » il commençait ainsi :

A quel talent devrons-nous un jour la plus émouvante élégie, la peinture des tourments subis en silence par les âmes dont les racines, tendres encore, ne rencontrent que de durs cailloux dans le sol domestique, dont les premières frondaisons sont déchirées par des mains haineuses, dont les fleurs sont atteintes par la gelée au moment où elles s'ouvrent?

Il s'estimait grand coloriste, parce qu'il inventait des métaphores ichthyologiques, et parlait « des avortements inconnus où le frai du génie encombre une grève aride. » Ces images prolongées sont comme des robes écarlates à longues queues traînantes, où l'idée trébuche ou disparaît. Beyle, à cet égard, est tout classique, ou plutôt simple élève des idéologues et du sens commun; car il faut dire hardiment que le style métaphorique est le style inexact, et qu'il n'est ni raisonnable ni français. Quand votre idée, faute de réflexion, est encore imparfaite et obscure, ne pouvant la montrer elle-même, vous indiquez les objets auxquels elle ressemble; vous sortez de l'expression courte et directe, pour vous jeter à droite et à gauche dans les comparaisons. C'est donc par impuissance que vous accumulez les images; faute de pouvoir marquer nettement dès la première fois votre pensée, vous la répétez vaguement plusieurs fois, et le lecteur, qui veut vous comprendre, doit suppléer à votre faiblesse ou à votre paresse, en vous traduisant vous-même à vous-même, en vous expliquant ce que vous vouliez dire et ce que vous n'avez pas dit. A ceux qui prétendent que les couleurs éclairent, on répond que dans la lumière pure il n'y a pas de couleurs. Beyle est aussi net que les Grecs et nos classiques, purs esprits, qui ont porté l'exactitude des sciences dans la peinture du monde moral, et grâce auxquels parfois on se sait bon gré d'être homme. Entre ceux-ci, Beyle est au premier rang, de la même façon et par la même raison que Montesquieu et Voltaire; car il a comme eux ces mots incisifs et ces phrases perçantes qui forcent l'attention, s'enfoncent dans la mémoire et conquièrent la croyance. Tels sont ces résumés d'idées contenus dans une image vive ou dans un paradoxe apparent, d'autant plus forts qu'ils sont plus brefs, et qui d'un coup éclairent à fond une situation ou un caractère. Julien, au séminaire, finit par comprendre la nécessité de la démarche humble, des yeux baissés, de toute la tenue ecclésiastique.

Au séminaire, il est une façon de manger un œuf à la coque qui annonce les progrès faits dans la vie dévote. — Que ferai-je toute ma vie? se disait Julien. Je vendrai aux fidèles une place dans le ciel. *Comment cette place leur sera-t-elle rendue visible?* Par la différence de mon extérieur et de celui d'un laïque....

Et ailleurs :

L'opinion publique est terrible dans un pays qui a la charte. — Je vais chercher la solitude et la paix champêtres au seul lieu où elles existent en France, dans un quatrième étage donnant sur les Champs-Élysées.

Les mots sur Paris sont charmants et abondent. En voici un, par exemple :

Toute vraie passion ne songe qu'à elle; c'est pourquoi, ce me semble, les passions sont si ridicules à Paris, où le voisin prétend toujours qu'on pense beaucoup à lui. Je me garderai bien de raconter les transports de Julien à la

Malmaison. Il pleura. Quoi! malgré les vilains murs blancs construits cette année, qui coupent le parc en morceaux? Oui, Monsieur. *Pour Julien, comme pour la postérité, il n'y avait rien entre Arcole, Sainte-Hélène et la Malmaison.*

J'ai achevé la citation pour montrer comment les idées profondes arrivent coup sur coup, en fusillade. Elles échappent à la première lecture, parce qu'elles sont partout et jamais en saillie. A la deuxième elles fourmillent, et on aura beau relire, on en trouvera toujours de nouvelles. Beyle les jette en forme de transitions, de dialogues, de petits événements; c'est là son *remplissage* : vous diriez un prodigue qui bouche les trous de ses murailles avec des lingots d'or. Et ce style piquant n'est jamais tendu comme parfois celui de Montesquieu, ni bouffon, comme parfois celui de Voltaire; il est toujours aisé et noble, jamais il ne se contraint ou ne s'emporte; c'est l'œuvre d'une verve qui se maîtrise, et d'un art qui ne se montre point.

Est-ce un écrivain qu'on puisse ou qu'on doive imiter? Il ne faut imiter personne; on a toujours tort de prendre ou de demander aux autres, et en littérature c'est se ruiner qu'emprunter. D'ailleurs la place d'un homme comme lui est à part; si tout le monde était, ainsi que Beyle, supérieur, personne ne serait supérieur, et pour qu'il y ait des gens en haut il faut qu'il y ait des gens en bas. — Est-ce un écrivain qu'il faille lire ? J'ai tâché de e prouver. S'il nous choque au premier coup d'œil, nous devons, avant de le condamner, méditer cette définition de l'esprit qu'il met dans la bouche de Mlle de la Mole. Beyle avait l'original en lui, c'est pourquoi, sans doute, il peignait si bien.

Mon esprit, j'y crois ; car je leur fais peur évidemment à tous. S'ils osent aborder un sujet sérieux, au bout de cinq minutes de conversation ils arrivent, tout hors d'haleine et comme faisant une grande découverte, à une chose que je leur répète depuis une heure.

M. GUIZOT.

Histoire de la révolution d'Angleterre.

Il y a deux avis sur le talent de M. Guizot ; voici le premier ; nous sommes du second.

I

M. Guizot, disent les adversaires, n'est pas curieux. Il n'a pas de goût pour le détail, pour les événements crus et petits. Il néglige les circonstances distinctives et piquantes qui donnent au récit le relief et la couleur. Il n'est point biographe, chroniqueur, peintre de mœurs, amateur d'anecdotes. S'il connaît le parlement, le champ de bataille, la place publique, il ne connaît point la cuisine, l'alcôve, la salle à manger, le boudoir. Si parfois il approche du fait précis, il n'y entre pas. Voici l'arrivée de Charles II ; comparez son récit aux documents : « Au moment où le roi mit pied à terre, Monk s'empressa vers lui avec tant d'humilité qu'il avait l'air, dit l'un de ses panégyristes, de demander pardon plutôt que de recevoir des remerciments. Charles l'embrassa avec une déférence filiale, et se répandit, de façon à être bien entendu des assistants, en témoignages de la plus affectueuse reconnaissance. » — « Le roi, dit M. de Bordeaux, témoin oculaire, débarqua le 4 de ce mois à Douvres. Le général le reçut sur la côte, à *genoux* et avec toute l'armée. Le roi lui *fit toutes les caresses* qui se peuvent imaginer, l'appela *son père*, et après qu'il eut reçu le salut de la noblesse sous un *dais* qui lui avait été dressé, monta en carrosse, ayant à ses côtés les ducs d'York et de Glocester, qui reçurent les mêmes respects en même temps et *couverts*. » On voit la scène dans M. de Bordeaux, on ne la voit pas dans M. Guizot. C'est peu de parler de « l'humilité » de Monk; mettez-le à genoux, par terre, sur la grève, sous les yeux de ses soldats. C'est peu de parler de la « déférence filiale » du roi. Qu'il dise le mot vrai et bas ; qu'il appelle *mon père* l'ami intime du meurtrier de son père. Cette jolie expression du temps, *les caresses du roi*, ce dais, machine monarchique où le prince s'étale comme dans une châsse, ces ducs qui restent couverts, tous ces traits du cérémonial nous transportent au dix-septième siècle; M. Guizot ne nous y transporte pas. — Un peu plus loin il ajoute : « Les deux orateurs, le comte de Manchester et sir Harbottle Grimstone, adressèrent au roi des discours à la fois pompeux et sincères, où respiraient également, à travers une éloquence un peu lourde, l'enthousiasme monarchique et l'attachement à la religion et aux libertés du pays. » Donnez-nous quelques lambeaux de leurs phrases. Nous rirons et nous ferons attention en apprenant qu'il fut appelé « grand roi, souverain redouté, fils des sages, » les orateurs prophétisant « qu'il serait l'exemple de tous les rois par sa piété, sa justice, sa prudence, sa puissance, le plus grand des rois qui eussent jamais porté le nom de Charles, qu'il était à juste titre le roi des cœurs, qu'il recevrait de son peuple une couronne de cœurs, qu'il ne pouvait manquer d'être le plus heureux et le plus glorieux des rois du plus heureux des peuples. » Cette platitude, héritage de plusieurs siècles monarchiques, se sent des mœurs monarchiques et rappelle la littérature contemporaine, fille emphatique et dégénérée du dernier siècle. M. Guizot, évitant de marquer cette platitude, évite de marquer la vérité.

C'est pourquoi ses puritains manquent de vie. Nulle part il ne nous fait voir ces troupeaux de fanatiques, Bedlams déchaînés qui firent la faiblesse, le ridicule et la force de la révolution. Comparons un de ses récits phrase à phrase avec le journal de sir Thomas Burton : « Un sectaire, dit M. Guizot, James

Nayler, d'abord soldat, puis quaker, et insensé parmi des insensés, prétendait que le Christ, descendu de nouveau sur la terre, s'était incarné en lui, et, à ce titre, il se livrait à toutes sortes de manifestations et d'actes extravagants ou licencieux; des femmes, des vagabonds fanatiques le suivaient partout, chantant ses louanges et presque l'adorant. Il fut arrêté à Bristol et conduit à Londres, où la Chambre, au lieu de le renvoyer devant ses juges ordinaires, se fit faire sur ce qui le concernait un long rapport, le manda à sa barre et décida qu'elle le jugerait. » — Voyez quels précieux détails il supprime; c'est négliger de gaieté de cœur la pathologie de la révolution : « James Nayler, disent les rapporteurs du Parlement, se tient ordinairement assis sur une chaise, et sa compagnie, hommes et femmes, se mettent de temps en temps à genoux. Et quand ils sont fatigués d'être à genoux, ils s'asseyent par terre devant lui, chantant ces paroles et diverses autres du même sens : Saint! saint! au Tout-Puissant! au grand Dieu! au vrai Dieu! et gloire au Tout-Puissant! Voilà ce qu'ils font habituellement tout le long du jour; mais le témoin n'a jamais entendu Nayler chanter comme ci-dessus. Il dit aussi qu'il y a un grand concours de gens auprès de Nayler, lesquels, pour la plupart, s'agenouillent devant lui à la manière susdite. Et Martha Simons, dans la posture susdite, chanta :

Voilà le jour heureux! regardez, le roi de justice
est venu!... Et un membre de la Chambre étant
dernièrement dans l'endroit où maintenant Nayler
est prisonnier, informe la commission qu'il vit
Nayler et sa compagnie dans la posture susdite, et
entendit John Stranger et une des femmes chanter :
Saint, saint, saint, Seigneur Dieu! Et : Saint, saint,
à toi, toi, toi, Seigneur Dieu ! Et pendant que John
Stranger chantait ces paroles, il regardait parfois
en haut, parfois James Nayler. Et au dernier inter-
rogatoire de Nayler, une Sarah Blackbury vint à
lui et le prit par la main et lui dit : Lève-toi, mon
amour, ma colombe, ma beauté, et viens-t'en.
Pourquoi restes-tu assis de cette façon entre les
pots ? — Et au même moment, elle posa sa bouche
sur la main de Nayler et se prosterna par terre devant lui. » Une de ses fidèles, Dorcas Erbury, qui
jeta ses habits devant lui lorsqu'il traversa le Som-
mersetshire, affirma qu'elle était restée morte
deux jours dans les prisons d'Exeter, et que Nayler,
en lui imposant les mains, l'avait ressuscitée. —
Nayler fut fouetté, mis au pilori, marqué au front.
Il souffrit en martyr, tendit la langue de lui-
même quand le bourreau prit son fer rouge pour
la percer. Ses disciples étaient autour de lui, pleurant, chantant, frappant leur visage, baisant ses
pieds, léchant ses plaies. — Ces fous n'étaient pas
les seuls. Les hommes de la cinquième monarchie

croyaient que le Christ allait descendre en personne sur la terre, pour y régner mille ans avec les saints comme ministres. Les Muggletoniens professaient que les « deux derniers prophètes et messagers de Dieu étaient John Reeve et Ludovic Muggleton. » Fox courait avec ses culottes de cuir, et prêchait à Cromwell la lumière intérieure. Une femme entra dans la chapelle de White-Hall complétement nue, le lord protecteur présent. Un autre vint à la porte du Parlement avec une épée tirée et blessa plusieurs des assistants, disant que le Saint-Esprit lui avait inspiré de tuer tous ceux qui siégeaient dans la Chambre. Faut-il parler des soldats chanteurs de psaumes, docteurs improvisés qui chassaient le prédicateur de sa chaire, et, l'épée au côté, dissertaient sur la justification en poussant des éjaculations «, savoureuses? » Ces accès sont les symptômes extrêmes de la grande maladie mentale qui fit et perdit la révolution d'Angleterre. M. Guizot évite ces menus détails de vérité scandaleuse. Ce sont eux pourtant qui distinguent une époque des autres, qui marquent l'espèce et le degré des passions dominantes, qui, par leur familiarité, produisent l'illusion, qui, par leur force, excitent l'intérêt. La sottise, le fanatisme, la violence, toutes les qualités morales sont des *grandeurs*. Nul jugement, nulle louange, nul blâme, nulle phrase générale ne les mesure. Les faits circonstanciés et nus expriment seuls la quantité; si on les omet, on ne présente que des approximations vagues. Mais dans la nature, les grandeurs sont déterminées, et les œuvres d'art ne peuvent nous toucher qu'en ressemblant à la nature. M. Guizot s'ôte ainsi la puissance avec l'exactitude; ses récits ne sont pas assez précis ni assez frappants; son histoire n'est ni assez historique ni assez populaire. Chez lui on ne se croit pas en Angleterre; une fois dans son Angleterre, l'on ne se trouve pas forcé d'y rester.

Avec la curiosité, il a supprimé en lui la passion. Il n'a qu'un ton et qu'un style. Toujours froid et grave, il semble s'être retiré au-dessus de l'histoire, et regarder les événements sans les ressentir. Point de mots vifs, de réquisitoires violents, d'éloges empressés, de railleries perçantes. Il ne descend pas dans les âmes, il ne participe pas aux joies, aux douleurs, aux haines acharnées, aux dévouements enthousiastes, aux mouvements du cœur; il ne se livre point, il n'est point artiste; quand Cromwell passe en Irlande, il marque le nombre et la qualité des gens massacrés, et puis c'est tout. Et cependant quels beaux massacres! Quelle occasion pour pénétrer le lecteur de la froide fureur qui poussait les épées des fanatiques! Deux mille hommes égorgés en une nuit à Drógheda, tous les prêtres passés par les armes, les femmes et les enfants tués avec le reste, les officiers partout fusillés de sangfroid, l'évêque de Ross pendu en habits pontificaux : le sang monte aux yeux quand on lit ces meurtres ; on respire l'odeur et l'enivrement de la boucherie ; on entend la sourde acclamation qui, au moment de l'assaut, sortait des poitrines puritaines ; on revoit les sombres piquiers de Cromwell, préparés la veille par le jeûne, par les psaumes, par la lecture meurtrière de l'Ancien Testament. A peine leurs officiers pouvaient-ils les retenir, quand en Angleterre ils apercevaient un reste de catholicisme, un surplis, une image de la Vierge. Ici, en pays catholique, contre les papistes idolâtres, adorateurs de la grande bête, ennemis du Seigneur, ils lâchaient leurs mains et triomphaient dans le sang, à l'exemple de Josué et de Moïse, qui avaient exterminé les peuples de la Palestine, hommes, femmes, enfants, jusqu'aux bêtes ; à l'exemple d'Ahod qui avait fendu les entrailles du roi moabite ; à l'exemple de Samuel qui avait coupé Agag en morceaux ; à l'exemple de David qui avait brûlé ses ennemis dans des fours à briques et déchiré ses vaincus sous des râteaux de fer. A travers trente siècles, le même livre armait le même fanatisme du même couteau. M. Guizot néglige ce superbe spectacle ; il n'ose ressentir ces passions sauvages ; il analyse pour le politique la lettre de Cromwell, et refuse au peintre et au psychologue le tableau qu'ils demandaient. — Consent-il du moins à ressentir les émotions pacifiques et humaines ? Me fera-t-il éprouver l'ardent désir et la joie folle avec laquelle le peuple anglais rappela et reçut les Stuarts ? Je transcris son morceau le plus animé, et je n'y trouve que les détails extérieurs d'une cérémonie. « Sa route, de Saint-George's-Fields à White-Hall, fut une ovation continue. Il marchait, précédé et suivi par de nombreux escadrons de cavalerie municipale et volontaire magnifiquement harnachés. Les milices de la Cité et de Westminster, et les diverses corporations avec leurs bannières, formaient partout une haie sur son passage. Les shériffs, les aldermen, et tous les officiers municipaux de la Cité, avec une multitude de serviteurs en grande livrée, se pressaient autour de lui. Le lord-maire, ayant à ses côtés Monk et le duc de Buckingham, portait devant lui l'épée. Cinq régiments de cavalerie de l'armée formaient le cortége. Les rues étaient jonchées de verdure, les maisons pavoisées de drapeaux, les fenêtres, les balcons et les toits garnis d'innombrables spectateurs, hommes et femmes, nobles et bourgeois, dans leur plus belles parures ; les canons de la Tour, les cloches des églises, la musique des régiments, les acclamations de la foule, remplissaient l'air d'un bruit immense et joyeux. « J'étais dans le Strand, dit un témoin oculaire, et je contemplais ce spectacle, et j'en bénissais Dieu. Tout cela s'était fait sans une goutte de sang versée, et par cette même armée naguère révoltée contre le roi. C'était bien l'œuvre du Seigneur, car depuis le retour des Juifs de la captivité de Babylone, aucune histoire, ancienne ou moderne, n'avait eu à raconter une restauration semblable, et jamais cette nation n'avait vu briller un jour d'un si grand bonheur, d'un bonheur qu'aucune politique humaine ne pouvait accomplir ni espérer. » Où sont les sentiments de cette foule ? Qui me montrera les causes de leur joie ? Je veux voir la passion qui a amené ces événements, qui a renversé dix gouvernements, qui a vaincu les vainqueurs, qui est allée chercher un fugitif, un mendiant, un proscrit, le fils d'un décapité, pour l'asseoir au-dessus de toutes les têtes, et pour lui livrer les libertés publiques, parmi les respects enthousiastes de trois nations. Qu'on me montre les souvenirs qui agitaient les cœurs : vingt ans de guerres civiles, la loi détruite par ses restaurateurs, le Parlement mutilé, chassé, rétabli, disloqué, puis rétabli encore ; l'ancienne Constitution inutilement brisée et inutilement remplacée par des tyrannies passagères ; le despotisme au centre, la révolte aux extrémités, la justice violentée, la force souveraine ; la propriété, la liberté, la vie des citoyens soumise aux caprices privés et publics d'une armée fanatique ; la perspective de révolutions incessantes, nul espoir dans la résistance, nulle sûreté dans l'obéissance : le peuple qui accourait sur les routes, qui couvrait les rues, qui pavoisait les maisons, qui buvait autour des feux de joie, voyait rentrer l'ordre, la loi, la sécurité et la paix, et les cavaliers, ruinés par les confiscations, emprisonnés par les majors généraux, taxés au dixième de leur revenu, soumis à l'arbitraire des fils de leurs fermiers, se pressaient en triomphe autour de leur jeune roi, fils du roi martyr, sous qui ils avaient combattu, avec qui ils avaient souffert, pour qui, depuis douze ans, ils priaient tous les soirs, qui leur rapportait leurs honneurs, par qui ils remontaient au pouvoir, par les mains duquel ils allaient trouver leur vengeance. Mettez ces faits aux mains d'un orateur, de Macaulay par exemple ; qu'il plaide l'enthousiasme public. Au bout d'une page, vous participerez à l'ivresse nationale, et vous comprendrez la révolution, parce que vous l'aurez sentie. M. Guizot oublie que le talent le plus efficace est la sympathie, que les grands événements ne sont pas les actions extérieures de l'homme, mais les mouvements intérieurs de l'âme, que la lucidité en psychologie c'est l'émotion, que le lecteur n'aperçoit les secousses morales qu'en les éprouvant lui-même, que l'historien doit se faire tour à tour puritain et royaliste pour peindre les puritains et les royalistes, que le cœur, aussi bien que l'intelligence, est un ouvrier de l'histoire, et que pour représenter la vie humaine, si variée et si complexe, il faut imposer à son talent toutes les allures et tous les tons. Ce n'est pas assez d'être grave et solide. Les trois quarts des faits échappent à cette façon de raconter. Il y a dans l'histoire des aventures bouffonnes, des événements de cuisine, des scènes d'abattoir et de cabanon, des comédies, des farces, des odes, des drames, des tragédies. Il faut donc que l'historien soit tour à tour plaisant, sublime, trivial, terrible. Il doit renfermer en lui cinq ou six poëtes. Il n'y a qu'un seul écrivain dans M. Guizot. Tout à l'heure nous lui reprochions d'omettre les mœurs et la diversité des faits caractéristiques; maintenant nous lui reprochons de supprimer la passion et la diversité des émotions intéressantes. Nous trouvions qu'il manquait de curiosité; nous trouvons qu'il manque de sympathie. Nous concluons que par le retranchement des mœurs et par le manque de curiosité, il amoindrit l'histoire; que par le retranchement des passions et par le manque de sympathie, il amoindrit son talent.

II

La réponse est aisée et la voici :

Quel est l'objet du livre? La révolution d'Angleterre, c'est-à-dire la chute de cinq ou six gouvernements successifs et l'établissement définitif de la liberté politique. C'est donc une histoire politique, et, pour la bien faire, il ne faut faire que celle-là. Un esprit exact ne mêle point les genres. Quand il se propose un but, il y va droit, sans s'arrêter, ni se détourner en chemin ; s'il explique la succession des gouvernements, il ne songe point à expliquer autre chose. Pourquoi Charles Ier a-t-il été détrôné? Comment Cromwell est-il devenu maître? Pourquoi le protectorat n'a-t-il pu se changer en royauté? Pourquoi la république n'a-t-elle pu subsister? C'est à ces questions qu'il s'attache et non à d'autres. S'il touche aux autres, c'est pour résoudre celles-là. S'il cite des traits de mœurs, ce sont des traits de mœurs politiques. S'il expose la naissance et les dogmes des sectes, c'est parce que de religieuses elles sont devenues politiques. Il ne prend dans chaque matière que ce qui se rapporte à son sujet. Il ne prend dans chaque histoire que ce qui fait partie de son histoire. Tout à l'heure vous lui reprochiez de n'être pas curieux; c'est qu'il est conséquent. Vous le blâmiez d'éviter les anecdotes frappantes ; c'est qu'il aime l'unité rigoureuse. Vous l'accusiez d'avoir supprimé dans le procès de James Nayler les détails scandaleux et lumineux qui peignent les fanatiques; c'est qu'il ne fait point l'histoire des fanatiques. S'il conte cette aventure, c'est pour montrer une faute du Parlement, qui se rend odieux en usurpant le pouvoir judiciaire, et une ruse de Cromwell, qui rend cette usurpation visible pour discréditer le Parlement. Comprenez que le premier plaisir et le premier soin d'un grand logicien est de se proposer un but unique, de l'avoir présent à chaque page et à chaque ligne, de s'y porter de tout son effort et par chaque effort. Vous venez vous jeter à sa traverse; vous voulez l'entraîner dans l'histoire amusante, dans le roman vrai, dans l'imitation de Walter Scott; vous lui demandez de vous peindre un camp puritain, une assemblée de quakers, une taverne de cavaliers. Il repousse de la main les importuns et les inconsidérés qui veulent le guider sans connaître la route, et qui le font sortir de sa voie sous prétexte de l'y faire entrer.

Considérons-le donc dans sa voie, c'est-à-dire dans l'histoire politique. Il y a mis précisément ce que vous demandez, les circonstances frappantes, les paroles crues, les mots authentiques. Il n'est point resté comme Hume et Robertson dans les explications générales et dans la narration indirecte. Il a fait des scènes de roman, austères si l'on veut, mais aussi intéressantes qu'une séance du Parlement ou du Conseil. Rien de plus curieux dans le genre grave que la comédie sérieuse par laquelle Cromwell demande et refuse la couronne. Jour par jour on écoute les discours des personnages. Les lettres de Thurloe donnent le soir les impressions du matin. Henri Cromwell répond; on assiste aux conjectures, aux doutes, aux conversations du public. Les officiers viennent pétitionner contre le rétablissement de la royauté. Cromwell s'étonne de les voir « rechigner » et déclare avec la sincérité d'un grand politique, qu'il se soucie peu du titre. « C'est une plume à un chapeau. » Un peu après, survient l'orateur du Parlement avec la pétition attendue, semblable, dit-il lui-même, « à un jardinier qui cueille des fleurs dans le jardin de son maître, et en compose un bouquet, offrant à son Altesse ce qu'il a cueilli dans le jardin du Parlement. » Cromwell, en recevant ce bouquet parlementaire, leur fait la harangue la plus obscure, la plus embarrassée, la plus inintelligible, la plus habile qui fut jamais, tellement que personne n'y put trouver le moindre indice de sa décision future. Le Parlement revient à la charge, lui envoie et lui renvoie son bouquet; Cromwell ne cesse pas d'avoir des scrupules. On institue des conférences. Les commissaires du Parlement se relayent pour le convaincre. Le grand homme d'État épanche son cœur en récits, en confidences, en allusions, coupant brusquement ses idées, les reliant, découvrant et cachant tour à tour ce qu'il ne pense pas et ce qu'il pense, véritable Tibère, plus hypocrite et plus trivial que l'autre, mais si clairvoyant et si maître de lui-même qu'au moment de monter sur le trône, il s'arrête, et se rassied sur sa chaise de Protecteur. Ces allées, ces venues, cette main si avidement tendue vers le sceptre, et tant de fois retirée, ces débats du Parlement excités ou apaisés en cachette, ces manœuvres infatigables, et par-dessus tout les enroulements de ces dialogues entortillés à dessein, composent un petit drame qui paraît froid au lecteur ordinaire et qui semble vivant au lecteur attentif : c'est la diplomatie en action. — Avec l'art, M. Guizot y porte la science. A l'intérêt il ajoute la vérité. Là-dessus il est spécial, et on s'en aperçoit. Pour faire l'histoire de la chimie, il faut avoir manié les substances chimiques. Pour écrire l'histoire de la politique, il faut avoir manié les affaires d'État. Ce sont matières distinctes qui exigent une pratique distincte. Un littérateur, un psychologue, un artiste se trouve hors de chez lui quand il juge un traité, une ambassade, une manœuvre parlementaire, l'opportunité d'une convocation, les effets d'une loi. Il ne peut décider qu'à tâtons, par improvisation téméraire, ou sur l'avis des autres; si son jugement est original, il ne peut être accrédité; s'il est accrédité, il ne peut être original. Ici nous avons confiance, et nous sentons vite que nous devons avoir confiance. Rien de mieux exposé et de mieux jugé par exemple que les relations de Mazarin et de Cromwell. M. Guizot a pris plaisir à recueillir tous les détails de cette correspondance. En grand joueur d'échecs, il explique et admire la partie de deux fameux joueurs d'échecs. Les voilà qui s'observent, qui s'épient, qui s'inquiètent, qui rusent l'un contre l'autre, et qui, à force d'estime l'un pour l'autre, finissent par agir à découvert. « C'est l'art suprême des grands politiques de traiter les affaires simplement et avec franchise, quand ils se savent en présence de rivaux qui ne se laisseront ni intimider ni tromper. Mazarin en était capable et Cromwell le réduisait presque toujours à cette nécessité. C'était, entre ces deux hommes, un échange continuel de concessions et de résistances, de services et de refus, dans lequel ils risquaient peu de se brouiller; car ils se comprenaient mutuellement, et n'exigeaient pas l'un de l'autre ce qu'ils n'auraient pu s'accorder sans se nuire plus que leur accord ne leur aurait servi. » — Par-dessus ces exposés d'affaires, il y a l'exposé des causes.

Par-dessus les négociations de cabinets, il y a les révolutions morales. Par-dessus les fautes ou l'habileté des chefs, il y a les inclinations et les volontés des nations. M. Guizot, à chaque grande affaire, tourne ses regards vers le public, et, les documents à la main, montre les vicissitudes de l'opinion. C'est la même solidité et la même expérience, et, au bout de son livre, il n'est personne qui ne trouve nécessaires la Révolution et la Restauration.

Ce goût et ce talent pour l'histoire politique lui imposent un ton dominant et un style unique. Car remarquez qu'on ne se donne pas son style; on le reçoit des faits avec qui l'on est en commerce. Il est grave, s'ils sont graves. On subit leur contre-coup et on répète leur accent. Vous voici peintre de mœurs; vous vous intéressez aux variations des sentiments; vous courez les auberges, les corps de garde et les églises; vous étudiez et vous mesurez les passions de l'an 1648. Involontairement vous perdez la gravité, et vous éprouvez l'émotion. Devenu curieux et psychologue, vous notez avec moquerie ou avec colère les bizarreries, la folie, l'énergie des sentiments. Vous vous livrez à la verve. Vous pouvez rire de Cromwell ou trembler avec Bunyan. Nul souci pressant ne ride votre front et ne charge votre cervelle. Vous êtes au théâtre. Cromwell est pour vous un acteur chargé par le hasard ou la nature de mettre sous vos yeux le jeu de la machine humaine. Vous sympathisez avec lui ou vous le sifflez, peu importe ; la mort vient, qui le tire par les pieds hors de la scène, faisant la place nette pour d'autres tragédies et d'autres comédiens. Devenez historien politique ; à l'instant tout est changé. Vous voilà politique et sérieux. Vous ne regardez dans les événements que les suites générales, contre-coups énormes qui ébranlent ou affermissent la prospérité et la liberté de toute une nation. Vous êtes avec Cromwell à la tête des affaires, et en ce poste, on n'a point la permission de s'émouvoir, ni l'occasion de rire. Vous êtes obligé sans cesse de juger les événements, de peser les hommes ; et vous avez besoin, pour une telle œuvre, de tout votre sang-froid et de toute votre attention. Vous sentez, à chaque instant, que l'Angleterre vous revient ou vous échappe, et vous n'êtes point disposé à écrire un drame, ni une comédie, ni un roman. Que James Nayler se dise le Christ ou que le chapelain de Cromwell fasse la cour à la fille de Cromwell ; ces accidents bouffons de la vie privée et du fanatisme national n'altéreront pas la contention soutenue de l'esprit calculateur qui en ce moment examine les chances de la Révolution qui s'arrête et de la Restauration qui arrive. Ainsi fait M. Guizot. Toujours maître de lui-même, il avance d'un pas égal, mesuré et ferme, appropriant son style à son sujet, politique dans la construction des phrases comme dans le choix des événements, et partout austère. Macaulay écrit les affaires en orateur, comme on les plaide. M. Guizot écrit les affaires en homme d'État, comme on les fait.

Cromwell aussi était homme d'État. A son style pourtant, je doute qu'il eût su écrire l'histoire. Si M. Guizot l'a fait, c'est qu'il possède un autre talent. Il est philosophe. La philosophie de l'histoire a été son premier goût et son premier emploi. Il porte aujourd'hui dans l'histoire narrative le talent qu'il avait porté dans l'histoire spéculative. Ce talent ne consistait pas, à l'allemande, dans l'improvisation risquée de théories sublimes, mais dans la collection lente et complète de détails innombrables, dans la classification prudente et perpétuelle, dans le dégagement méthodique de hautes idées prouvées, dans la vérification assidue de toutes les vues d'ensemble; cet art de grouper les faits et d'en tirer les idées générales après avoir construit l'*Histoire de la Civilisation en France et en Europe*, a construit l'*Histoire de la Révolution d'Angleterre*. Il a donné au style une vigueur étonnante, et quand l'occasion s'en est présentée, dans le récit du despotisme de Charles Ier, dans le procès de Strafford, du roi, de lord Hamilton, de lord Cappel, il a produit des morceaux d'une éloquence admirable, d'autant plus entraînante qu'elle est contenue, et que l'historien s'efface pour laisser parler les événements. Car c'est l'ordre qui donne la force. Lorsque des faits tous semblables viennent, sans interruption et d'un mouvement croissant, frapper tous au même endroit de notre âme, nous fléchissons sous leur continuité et sous leur véhémence, et nous sommes emportés dans le courant qu'ils ont formé. Un ordre inviolable soutient toutes les parties de cette histoire. Chaque page aboutit à son idée générale; chaque chapitre ou demi-chapitre réunit ses pages en une conclusion unique; chaque volume laisse son impression distincte, et l'on a le plaisir très-noble et très-pur de sentir les faits épars se changer, sans contrainte et par le seul effet de leurs affinités mutuelles, en un tissu continu de solides raisonnements.

L'esprit philosophique qui apprend à grouper les idées apprend aussi à les manier. Le philosophe est chez lui dans les idées générales. Il les assemble et les oppose à l'instant et sans peine. Il n'est point comme le vulgaire qui ne les soulève que pour plier sous leur poids. Il a la force, et il en use. Je connais peu de phrases aussi fortes que ce passage sur l'état du parti presbytérien (1643); et il y a beaucoup de phrases semblables : « Le moment approchait où les vices intérieurs du parti jusque-là dominant, l'incohérence de sa composition, de ses principes, de ses desseins, devaient infailliblement éclater. Chaque jour il était forcé de marcher dans des voies opposées, de tenter des efforts contraires. Ce qu'il sollicitait dans l'Église, il le repoussait dans l'État; il fallait que, changeant sans cesse de position et de langage, il invoquât tour à tour les principes et les passions démocratiques contre les évêques, les maximes et les influences monarchiques ou aristocratiques contre les républicains naissants. C'était un spectacle étrange de voir les mêmes hommes démolir d'une main et construire de l'autre, tantôt prêcher les innovations, tantôt maudire les novateurs; alternativement téméraires et timides, rebelles et despotes à la fois; persécutant les épiscopaux au nom des droits de la liberté, les indépendants au nom des droits du pouvoir; s'arrogeant enfin le privilége de l'insurrection et de la tyrannie en déclamant chaque jour contre la tyrannie et l'insurrection. » Il y a dans cette vigueur une sorte de luxe; c'est une force qui triomphe de se déployer. A mesure qu'il avance, M. Guizot se contient davantage. Dans les derniers volumes, écrits trente ans après les autres, il a diminué la couleur pour préciser le dessin. Il a condensé ses idées générales en résumés brefs, dont chaque mot est tout un chapitre. Lisez dix fois cette phrase, vous la trouverez chaque fois plus belle, et à la dixième vous n'aurez pas épuisé ce qu'elle contient : « Loin de la cour, dans les villes au sein d'une bourgeoisie laborieuse, dans les campagnes chez des familles de propriétaires, de fermiers, de laboureurs, se réfugièrent le protestantisme ardent et rigide, les mœurs sévères et ce rude esprit de liberté qui ne s'inquiète ni des obstacles ni des conséquences, endurcit les hommes pour eux-mêmes comme envers leurs ennemis, et leur fait dédaigner les maux qu'ils subissent ou qu'ils infligent, pourvu qu'ils accomplissent leur devoir, et satisfassent leur passion en maintenant leur droit. La Restauration laissait à peine entrevoir ses tendances, et déjà les puritains se roidissaient contre elle, méprisés en attendant qu'ils fussent proscrits, mais passionnément dévoués, n'importe à quels risques et avec quelle issue, au service de leur foi et de leur cause ; sectaires farouches et souvent factieux, mais défenseurs et martyrs indomptables de la religion protestante, de l'austérité morale et des libertés de leur pays. » Il n'y a plus aujourd'hui de style ni d'esprit de cette trempe. Pour lui trouver des pareils, il faudrait remonter jusqu'à Thucydide ou Machiavel.

Le dernier effet de l'esprit philosophique est la grandeur. Les idées générales sont comme un trône où, d'un œil tranquille, le philosophe, assis au-dessus des autres hommes, regarde défiler le cortége des événements. Il leur impose des lois ; il semble leur maître. Il fait plus. Sortant de l'histoire particulière qu'il raconte, il embrasse l'histoire universelle qu'il ne raconte pas. Il trouve des leçons pour tous les hommes, et devient moraliste entre deux événements. « Quand les révolutions penchent vers leur déclin, c'est un triste mais grand enseignement que le spectacle des mécomptes et des angoisses de leurs chefs longtemps puissants et triomphants, mais enfin arrivés au jour où, par un juste retour de leurs fautes, leur empire s'évanouit, sans que leur obstination soit éclairée ou vaincue : divisés entre eux comme des complices devenus des rivaux, détestés comme des oppresseurs, décriés comme des rêveurs, frappés à la fois d'impuissance et d'une amère surprise, s'indignant contre leur pays qu'ils accusent de lâcheté et d'ingratitude, et se débattant sous la main de Dieu sans comprendre ses coups. » Ce ton est celui d'un Bossuet protestant. M. Guizot y revient naturellement et sans effort. Quelques-uns s'en choqueront peut-être, trouvant que les axiomes tranchants ne sont vrais qu'en mathématiques, et qu'à moins d'être prophète on ne doit pas faire intervenir Dieu dans les affaires humaines. D'autres phrases sont si grandes, qu'elles suppriment les objections et ravissent du premier coup; la critique n'a pas le temps de naître. Si, après le premier enthousiasme, elle essaye de s'y attaquer, elle se brise contre leur solidité majestueuse. Ce sont des statues de dieux taillées dans le pur granit. En voici une qui me semble sublime, par la puissance de la structure et par la hauteur de la vérité. Il s'agit du moment où naît la secte raisonneuse des indépendants, et où la nation semble glisser sur une pente inclinée, comme un navire qu'on lance et qui va s'engloutir dans la mer ou la traverser. « L'Angleterre était dans une de ces crises glorieuses et redoutables où l'homme, oubliant sa faiblesse pour ne se souvenir que de sa dignité, a cette sublime ambition de n'obéir qu'à la vérité pure, et le fol orgueil d'attribuer à son opinion tous les droits de la vérité. » Il y a ici comme un chant tendu et passionné. C'est de la poésie philosophique, il est vrai, et protestante ; n'importe : l'émotion n'en est que plus belle, quand elle a traversé, comme ici, la double cuirasse de la logique et de la foi.

Ni curieux, ni artiste, disait-on? Peut-être. Mais il est politique et philosophe, et, dans une histoire politique et philosophique, il n'y a rien au delà.

Juin 1856.

CAMILLE SELDEN.

Daniel Vlady, histoire d'un musicien.

Il y a un an à peu près, ce roman parut dans une revue. Quelques connaisseurs et deux ou trois critiques en parlèrent entre eux; un d'eux, homme habitué à juger par lui-même, et qui a le courage de ses opinions, M. Sarcey, dès les premières livraisons, en fit l'éloge; la publication achevée, il le loua davantage. Mais l'auteur était inconnu; il avait jeté son livre en l'air, au hasard, sans s'inquiéter de le soutenir; le livre ne fut apprécié que dans un petit cercle. Aujourd'hui le voilà qui paraît en volume. A mon avis, depuis plusieurs années, aucun écrivain nouveau n'a fait preuve d'un talent si fin et si original.

Ce livre est l'histoire d'un caractère, la plus difficile entre toutes les histoires. Chacun de nous a son drame intérieur. Arrivés à trente ans, nous avons fait l'apprentissage de la vie; c'est un de ces drames et un de ces apprentissages que l'auteur nous fait suivre avec une justesse de traits et une sévérité de jugement que peu de romanciers ont surpassées. Il n'a point choisi un héros sympathique; tout en faisant du sien un homme supérieur, il ne l'approuve qu'en partie; il le blâme souvent; il fait peser lourdement sur lui le poids de ses fautes; il le corrige. Il ne cherche l'intérêt que dans le développement du naturel primitif exposé au choc ou au frottement des circonstances. C'est une étude, une véritable étude, précise et sérieuse, pleine de faits, exempte de phrases, et qui porte sur le point le plus délicat : la transformation de l'homme et l'éducation du cœur.

Daniel Vlady est un petit garçon précoce et nerveux, fils d'un Hongrois, charlatan grossier, qui s'est établi sur la frontière de Hongrie dans une ville d'Autriche. Il n'y a point de femme au logis, et l'enfant, pendant que son père vit au café, passe ses journées dans la maison voisine avec la fille d'un vieux luthier, maître Gottlieb, musicien passionné et grondeur. Cette première partie ressemble à une vieille gravure allemande, consciencieuse et naïve, avec une pointe de malice; la douce petite fille candide et pieuse, le musicien fanatique et bourgeois, sont des personnages bien observés et nouveaux chez nous; et plusieurs scènes d'intérieur, un peu sèches de dessin, ont une grâce et une sincérité de sentiment singulières. Mais je passe vite pour retourner à Daniel; c'est sur lui que porte tout le faix de l'action, c'est à ce moment que se marquent les premiers traits de son caractère. La pente originelle de l'homme le montre dès l'abord et le biais que les choses lui imposent dès l'enfance le dresse ou le plie pour toute sa vie. C'est dans cette bicoque de province, parmi ces bonnes gens qui sentent la musique et font la cuisine, c'est au contact de ce père ivrogne et bourru que se forme cette âme étrange et délicate, fière par excellence, née pour les douceurs et les raffinements de la société polie, à la fois sensible et mondaine, exigeante et maladive, opprimée, puis enivrée, marquée d'une empreinte si distincte et si moderne que plusieurs personnes m'ont dit qu'il y a eu certainement un original, et que cet original est Chopin. Daniel apprend vite la musique et se trouve à dix ans un enfant-prodige. Son père l'exploite, lui met un costume hongrois, un sabre, le fait jouer dans les salons, se jette en public dans ses bras, l'inonde de ses tendresses avinées, au retour, dans la triste chambre d'auberge, sous l'odeur du tabac et de l'eau-de-vie, le tient attaché au piano parmi les gammes et les trilles. Un jour Daniel surprend des regards dédaigneux et des mots railleurs. Il comprend qu'il n'est qu'un singe entre les mains d'un bateleur; le dégoût, la colère le suffoquent; les veilles et le travail forcé l'ont usé, et on le ramène à Wetzlach inerte et malade. Singuliers commencements, et bien faits, par leurs excès et leurs contrastes, pour endolorir et raffiner une âme. Toute la partie de l'éducation qui exerce le raisonnement et équilibre les facultés lui a manqué. Il a eu tout à la fois les humiliations d'un pauvre et les félicités d'un prince. Il a tout à la fois les goûts d'un grand seigneur et les besoins d'un artiste. Il recherche d'instinct les élégances de salon, les prévenances, les jolies flatteries de la conversation polie, les délicatesses du luxe choisi, et ce parfum léger, varié, précieux qui s'exhale du beau monde comme d'une serre pleine de fleurs rares. Il trouve en lui, sans les chercher, les violents désirs, les curiosités intempérantes, les grands soulèvements d'imagination qui tourmentent et fécondent une âme inventive. Il aspire à ce qu'il y a de plus exquis dans les jouissances de la société et dans les rêveries du cœur. Il veut tout, et le mieux en tout, comme un vrai plébéien moderne. Une fois lancé sur cette pente, rien ne l'arrête. Son père est mort, lui laissant quatre ou cinq mille francs de rente; il peut vivre en fils de famille, en homme aisé, sans être discipliné par la contrainte journalière d'un métier. Il couve en silence ses révoltes, ses convoitises, ses idées naissantes, dans l'oisiveté d'une petite ville de province, dans l'insipidité d'une maigre maison bourgeoise, dans les longues contemplations d'une solitude continue. Son talent germe, un talent bizarre, tout en dehors des règles.

C'étaient le plus souvent des phrases tronquées, des mélodies étranges, suites d'accords doux, vagues, incohérents, comme les tâtonnements les plus douloureux de l'esprit; cela tenait tout à la fois du rêve et du délire. Le motif tordu en tous sens finissait par se défigurer et se noyer dans un chaos de dissonances.

Il y a eu trois sortes de musique depuis un siècle, comme aussi trois sortes de littérature : celle des gens calmes, celle des gens passionnés, celle des gens malades; avant la fièvre, pendant la fièvre, après la fièvre. Écoutez Chopin; il diffère autant de Beethoven que Beethoven diffère de Haydn. Après la destruction de la société et de la religion antiques, est venu l'élan généreux et douloureux de la recherche et de l'espérance; après cet élan, l'abattement des nerfs détraqués et lassés. On n'écrirait plus *Werther* ni *Manfred* aujourd'hui; Gœthe et Byron eux-mêmes sont allés au delà dans leurs dernières œuvres; l'esprit a fait un pas et dépassé son premier point de vue; il faut qu'il crée de nouvelles figures appropriées à l'expérience acquise et aux besoins nouveaux. Nous ne sommes plus au temps où les poëtes, maudissant la société et niant la science, appelaient de leurs déclamations et de leurs vœux le magnifique avenir qui devait réparer tout ce que leur siècle avait détruit. Nous ne voulons plus pour héros des solitaires désespérés ou des jeunes gens enthousiastes. Nous demandons qu'on nous montre des personnages moins rêveurs, moins chimériques, exempts des imaginations humanitaires, moins occupés à lever de grands bras vers l'absolu, plus prompts à comprendre le monde et à se comprendre eux-mêmes ; bref, plus positifs et plus critiques. En voici un. Celui-ci est naturellement homme du monde, contenu, maître de lui-même, habitué à s'observer, à se juger, même à se railler, décidé à ne point se surfaire, si ennemi de l'exagération et du vague, qu'il tombe souvent dans la sécheresse, et parmi les jeunes hommes qui tiennent aujourd'hui le haut du pavé dans la rue, il y en a plusieurs qui se reconnaîtront dans ce portrait.

Figurez-vous un esprit ainsi préparé et un caractère ainsi armé aux prises avec le monde. Daniel, avec une froideur un peu égoïste, a quitté ses vieux amis pour essayer de se faire un nom à Vienne. Il tombe parmi des journalistes, des cantatrices, des donneurs de concerts, voit les coulisses de la gloire, entre dans la haute société, connaît Razumoff, le plus célèbre pianiste de l'Europe, charlatan de la grande espèce, qui ne joue que pour les inondés, les incendiés, les épileptiques, et prétend que la musique, entendez sa musique, est nécessaire à l'éducation de l'humanité. Entre deux hommes faits et placés de la sorte, la rivalité et l'antipathie commencent dès l'abord. Daniel commet vingt imprudences, des imprudences d'homme fier, d'homme nerveux, de jeune homme. Il se fait des ennemis et ne se fait point d'amis. Il ne ménage point l'opinion, il se moque de Razumoff; il se fait passer pour un cœur sec et pour un esprit dangereux. Il jouit du monde, de la conversation des dames, de leur attention, de leurs sourires, en homme qui a sa gloire faite. L'autre manœuvre en dessous, lui ôte la protection des journaux, lui donne la réputation de musicien léger et de pianiste de salon. Daniel, pour se relever, fait jouer une symphonie qu'on ne comprend qu'à demi parce qu'elle est neuve, et qui est *chutée* aux meilleurs endroits par une cabale bien montée.

Le lendemain, ayant fait ses comptes, il vit que ce fiasco lui coûtait trois mille francs. Au même instant, Brandt, son meilleur ami, lui envoya son article dont les éloges étaient décents, propres et un peu usés comme des pompes funèbres de seconde classe. Daniel prit son chapeau et alla dans un magasin d'objets d'art; il choisit une paire de vases antiques de cinq à six cents francs, et les envoya à Brandt. Il les inscrivit sur son carnet, avec cette indication : Frais d'enterrement.

C'est avec cette âpre ironie qu'il prend les choses. Le malheur ne lui a rien enseigné encore; son expérience de la vie a été comme le premier coup de bistouri du chirurgien ; les muscles frémissent, mais on se roidit et on tend le bras aussi bravement que d'abord. Il tend le bras, irrité et obstiné, attendant que la douleur recommence, et c'est en Angleterre qu'il va chercher son second coup.

Ils montèrent ensemble en fiacre. La voiture traversa d'abord tout un cloaque de rues mal hantées. Les maisons étaient décrépites, d'aspect borgne. La fumée du charbon de terre les avait recouvertes d'une couche de suie. Les piétons étaient rares ; ceux qu'on voyait chancelaient en marchant ; quelques-uns de ces malheureux étaient scrofuleux et cachaient leurs plaies sous des linges sales. Des enfants se traînaient çà et là, ayant sur le corps un haillon en loques ; les femmes se croisaient sur la poitrine un reste de châle. Sur leur pâleur terreuse, la rougeur enflammée de leurs paupières avait un aspect sinistre. — Au sortir de cet hôpital, ils entrèrent dans des rues d'une longueur et d'une largeur extrême, mornes comme un désert. De chaque côté s'alignait une file de maisons en briques, d'apparence sombre. Les fenêtres sans volets s'encadraient dans la nudité des façades plates ; des stores baissés empêchaient de voir au dedans. De temps en temps la file des maisons était interrompue par un cimetière. Ceux qui habitaient en face pouvaient contempler à leur aise les pierres des tombeaux. Daniel avait regardé jusque-là sans se départir de son silence : « Des cimetières et des égouts, dit-il enfin, les deux se ressemblent.... » Au sortir de ces rues si désertes, parut la ville affairée et bruyante. Les passants allaient, venaient, couraient d'un air inquiet comme des acheteurs en retard un jour de foire. Les trottoirs, si larges, étaient encore trop étroits. La voiture se trouva arrêtée par un encombrement. Daniel se pencha au dehors. L'air immobile de la plupart des figures le frappa....

Le jour commençait à baisser. A travers le brouillard on ne distinguait plus que confusément les objets, et les passants avaient l'air d'ombres gelées et silencieuses. Daniel regarda machinalement ce spectacle singulier. Il lui sembla que le vide s'étalait devant lui et que tout ce monde était mort.

Rien de plus déplaisant à un artiste qu'une nation toute commerciale et puritaine. La description continue avec une amertume singulière et une justesse assommante. Une file d'originaux positifs et de grotesques roides passe devant les yeux avec des traits si précis, qu'on les prendrait pour des portraits copiés sur place. Il y a la maîtresse d'hôtel, « qui a l'air d'un portemanteau détaché d'une armoire, » et qui, le dimanche, l'envoie avertir de ne point jouer du piano, amusement profane en pays chrétien. Il y a Sharp, l'entrepreneur de concerts, qui fait vérifier ses programmes par un comité d'amateurs titrés, afin que son public écoute de confiance une musique patronnée et garantie. Il y a lord Drummings, amateur éclairé, qui protége les arts comme il ferait des poules cochinchinoises et des turneps perfectionnés. On voit d'ici la figure de Daniel dans un pareil monde, dans ces concerts où les dames apportent des partitions pour mieux suivre le jeu de l'exécutant, dans ces salons où le musicien n'est admis qu'à titre d'intrus et d'animal curieux. Il répond

aux impertinences par des impertinences égales.
C'est un spectacle curieux que celui de ces luttes
polies et de ces blessures de salon. Il a du sang-
froid, de la présence d'esprit, de la hauteur et du
courage. Il veut garder sa place d'homme du monde
et il la garde. Mais peu à peu il s'aigrit; son tact
si sûr lui fait défaut. Ses nerfs deviennent tout à
fait malades. Son talent se gâte, puis s'épuise : les
fantaisies malsaines et les images disparates af-
fluent dans son cerveau; il s'irrite contre tout le
monde, et se dégoûte de lui-même. Et voilà que
justement il faut qu'il rentre en lice. Razumoff est
arrivé, et la rivalité recommence. Encore une fois
Daniel est vaincu; éditeurs, musiciens, journalistes, gens du monde, tous sont pour Razumoff,
qui, « tour à tour grand seigneur, bon garçon, hu-
manitaire, sceptique et toujours homme de tact,
d'entregent et de savoir-vivre », a donné des dîners, distribué des flatteries, prêté de l'argent, pro-
voqué des réclames, ménagé les amours-propres,
et qui s'est plié aux circonstances tandis que Daniel voulait les plier. La répétition générale des
deux symphonies se fait dans la même salle; Razumoff est comblé d'applaudissements, fêté, choyé, il
met la main sur son cœur et fait un discours.
Quand vient le tour de Daniel, tout se brouille; ses
musiciens l'ont mal compris; sa mélodie est man-
quée; ses auditeurs lèvent les épaules, Razumoff

bat deux ou trois fois des mains « de l'air d'un homme qui jette une aumône. » Au même instant Daniel, qui depuis quelques mois, en homme fiévreux, jouait et perdait à la Bourse pour se distraire, apprend par un mot qu'il est ruiné. Il devient rouge, puis pâle, puis encore rouge. Les notes de sa partition vacillent devant lui, et sur ce chaos une seule idée surnage nette et claire.

C'est que le commissionnaire du coin, s'il se porte bien, est plus riche que lui. En un instant alors, et comme en raccourci, il aperçut la vie de l'artiste ruiné et à l'aumône, l'isolement, les dettes, la maladie, l'hospice, et par delà le cimetière. Des gouttes de sueur lui mouillèrent le front, et ses doigts, involontairement, serrèrent son bâton de chef d'orchestre.

Il entend autour de lui les propos douteux et voit les sourires. Alors, par un tressaillement admirable et avec une verve de combattant, il se relève. Coup sur coup, il fait pleuvoir sur les musiciens, sur l'éditeur, sur Razumoff, sur les journalistes, sur lord Drummings, une bordée de sarcasmes froids ; l'ironie est si mesurée, si appropriée et si poignante, qu'ils en restent étourdis ; il n'y a pas un mot à répondre ; du fond de sa défaite et en une minute, il les a tous transpercés et jetés par terre. Mais il n'en est pas moins tombé. Le malheur se creuse sous lui, et il y enfonce comme dans sa fosse. Il a ramassé un duel, et on le rapporte le lendemain dangereusement blessé. Il n'a plus d'argent pour payer son loyer, et huit jours après, de sa chambre, il écoute dans son salon la vente de ses meubles. Il se retire dans une maison des faubourgs avec les quelques centaines de francs qui lui restent, et là, inerte, épuisé, étendu sur une chaise longue, il subit les sermons du révérend Ésaïe Muffins qui veut le convertir, et, voyant son silence, croit que « la semence germe. » Bientôt Daniel sent que s'il laisse germer la semence, il ne sortira de la maison que pour aller au cimetière. Un matin, il rassemble toutes ses forces, monte en fiacre, puis de là dans le bateau à vapeur. « Bonne ville, belle ville, dit-il en voyant disparaître Londres ; j'y ai laissé ma fortune, ma réputation, ma santé, mon talent. Mais mon corps sera pour l'Allemagne. »

Ici commence un long morceau, d'une couleur toute nouvelle, pleine de douceur, et qui véritablement, en deux ou trois endroits, est un chef-d'œuvre. Daniel a voulu aller trop vite, forcer la réputation, arriver du premier coup aux premières places, et par sa faute il s'est brisé. Il croit n'avoir plus qu'à finir, cherche un coin tranquille pour mourir en paix, et désormais s'abandonne aux choses au lieu de les violenter. C'est justement alors que, par un redressement naturel, la santé, le bon sens, le talent lui reviennent. Il guérit et réussit sans le vouloir et sans y songer. Il s'est logé, en pauvre étudiant, chez un menuisier ; il cause avec les bonnes gens de la maison, va dans les champs, à la bibliothèque, jouit de la vie sereine et reposée qu'on trouve encore dans les studieuses et poétiques villes d'Allemagne. Comme un malade qui respire la santé dans un air sain, il se refait et se réforme au contact de ces mœurs paisibles, de lui-même et sans efforts ; il devient l'ami du bibliothécaire, aimable et excellent savant, auteur d'une mythologie interminable, et dont le portrait semble celui de Creutzer ; il devient le favori de la bonne vieille femme, qui tricote, et qui a appris le grec, afin de pouvoir causer avec son mari du futur traité des mythes. Il y a dans ces portraits et dans ces petits tableaux d'intérieur une grâce délicate, légèrement moqueuse. On sourit et on se trouve à l'aise. Tous les pas de la guérison morale sont marqués, ménagés avec un tact parfait, et sans la moindre apparence de prédication. Par-dessus tout, les peintures sont splendides. En voici une que je détache ; on jugera des autres :

Sa vie, dans les premiers temps, fut assez monotone. Dès le matin, il allait se promener dans la forêt qui n'était qu'à cent pas de sa maisonnette. L'air vif, d'abord, lui causait une sorte de secousse ; il se sentait comme suffoqué, et, pour reprendre haleine, il se laissait tomber tout épuisé sous un arbre. Peu à peu ses forces revenaient, et il jetait ses regards autour de lui. La campagne, reposée par la nuit, sortait chaude et vigoureuse de son bain de rosée. Le feuillage resplendissant rendait les ombres plus noires; des flèches de lumière glissaient entre les sapins qui montaient droits comme des piliers; ces flèches, s'abattant à terre, doraient la mousse fauve collée aux racines. La forêt ressemblait à une salle illuminée; des grappes de diamants liquides, des girandoles étincelantes pendaient aux buissons ou faisaient ployer la tige des herbes; à l'ombre des fougères, parmi les lierres compacts, la lumière semait des rubis. Les plantes peu à peu redressaient leurs tiges, les rochers se séchaient et s'inondaient de soleil; le feuillage tremblait sous un souffle de vent, et l'ombre dispersée paraissait plus molle. Une sorte de crépuscule lumineux traînant sur la verdure s'allongeait et allait mourir dans les grands creux noirs des taillis. La chaleur augmentant attiédissait le sol et endormait les insectes; le feuillage cessait de remuer, et aussi les oiseaux. Daniel se laissait gagner à ce calme, et il lui semblait que son être, dispersé dans un espace immense, se fondait peu à peu dans l'ombre moite qui l'entourait. Ses yeux se fermaient, et il dormait lourdement, comme un petit enfant qui a retrouvé les bras de sa mère.

Ce sont bien là de vraies sensations d'artiste, et c'est ainsi que peu à peu le trésor d'émotions profondes d'où sortent toutes les grandes œuvres se renouvelle en lui. En même temps, et par nécessité, il a appris son métier; il lui a fallu travailler pour vivre, arranger des partitions, faire une besogne d'harmoniste à tant la page pour un éditeur; il a vu de près la pensée et les procédés des grands hommes; il est devenu savant, sûr de lui, maître de sa main, sans le vouloir. Un dernier choc le redresse. Un soir, dans une rue du faubourg, il a rencontré une pauvre femme en deuil, Annchen, sa sœur adoptive, dont le mari vient de mourir, abandonnée, à l'aumône, avec son petit garçon qui pleure. Toutes ses affections effacées se raniment; la grande secousse du cœur est venue, et par elle l'homme définitif se relève tout d'un coup, formé et achevé. Il faut qu'il devienne chef de famille, qu'il soutienne cet enfant et cette veuve; les rêveries amollissantes disparaissent; il agit et il crée. Je n'ai pas le temps de décrire ici le caractère d'Annchen, le plus touchant du livre et le principal après celui de Daniel; c'est une sœur de la Marguerite de Gœthe et des héroïnes de Dickens, une vraie femme de la race germanique, dévouée, soumise et aimante, avec un fonds d'exaltation mystique et tendre; s'oublier soi-même, se perdre en un autre, regarder l'abnégation comme naturelle, s'y porter toujours et de soi-même comme l'eau sur sa pente, quelle étrange nature, et comme elle est inconnue parmi nous ! Elle l'aime toujours, elle l'a toujours aimé comme son enfant d'abord, puis comme son frère, puis autrement encore ; et ce dernier sentiment est peint avec une discrétion et une réserve digne du noble cœur qui le couve et qui le cachera jusqu'au bout. Le succès est arrivé : Daniel, qui a passé pour mort, est devenu célèbre en Angleterre; les dilettantes ont fait des phrases et les éditeurs ont imprimé des réclames à son endroit. Il reprend son nom, il fait jouer sa nouvelle œuvre; il est dans un pays de musiciens, et on le comprend.

Pour achever son bonheur, personne n'imagina de le porter en triomphe ni de dételer sa voiture. La nuit venue, de jeunes voix fortes et fraîches tout à coup s'élevèrent sous sa fenêtre et entonnèrent un de ses *lieder* favoris. Ces accents, dans le silence de la nuit, montèrent vers lui graves, un peu religieux. Il se leva et aperçut une cinquantaine d'étudiants rassemblés dans la rue. Quelques-uns d'entre eux portaient des torches, et Daniel, à leur clarté, put reconnaître bien des visages différents, bien des traits qui n'avaient pas dû se former sous le même ciel. Tous cependant parlaient la même langue, la sienne, celle d'Annchen, celle de maître Gottlieb. — Ce jour l'avait porté haut, il le comprenait, et il écrivit le soir même à Annchen : « Je suis le sapin des montagnes, et mes démons familiers m'ont reconnu. » — Elle pleura en lisant le premier cri de joie sorti du cœur de l'artiste heureux. « Le voilà fort, il pourra bientôt se passer de moi, » dit-elle....

En effet elle est malade et approche de sa fin; il y a une grande douleur réservée à Daniel au milieu de la joie : il y en a une pour tout homme; nous perdons tous en route la moitié de notre richesse et de notre bonheur. C'eût été mal finir que de combler Daniel; pour peindre une vraie vie d'homme, il faut le blesser en le couronnant. La place me manque pour transcrire ici cette mort d'Annchen, il faut que le lecteur la cherche dans le livre ; il y a bien longtemps qu'on n'a écrit une scène si mesurée et si passionnée. En cela consiste le talent de l'auteur : une justesse de trait très-grande et une véhémence d'impressions au moins égale ; il n'y a pas ici un seul mot exagéré, et l'émotion est violente. On dirait que, parmi des sensations extrêmes, il s'est imposé la tâche de noter et vérifier chaque sensation. Il faudrait chercher des morceaux de Dickens ou de Heine pour trouver quelque chose d'aussi poignant et d'aussi vrai ; cela fait pleurer, je l'ai vu. Du fond de ce grand désespoir, Daniel sort trempé. Il a jugé la vie à la clarté de la douleur, et sous cette lumière, la seule vraie, il a compris la vie.

Il pleure encore, mais cette fois il ne lui semble plus qu'Annchen soit absente. Dans ce flot de générosité et de courage qui le soulève, tous les événements sensibles, toutes les barrières du temps ont disparu. Il se sent transporté au-dessus de lui-même et comme à une hauteur immense. Il lui semble qu'il peut parler encore, s'il le veut, à son amie, que les maîtres de son art l'écouteront s'il le veut, qu'il y a une sorte d'assemblée où tous les êtres nobles, vivants ou morts, inconnus ou célèbres se trouvent ensemble, et qu'il n'y a qu'à élever son cœur et son courage pour s'y trouver porté. C'est bien assez que de pouvoir parler à travers l'espace à de telles âmes. Le sentiment de la générosité qu'on a et de la générosité qu'on soulève vaut tout le bonheur du monde, ou plutôt s'il y a un bonheur, c'est celui-là. Et cet enfant qui dort là sous ses yeux, quel qu'il soit, il en fera un homme ; il a dans son cœur de quoi l'aimer et lui tenir lieu de son père, de sa mère et de tout ce qu'il a perdu. Il se fera précepteur, père et servante ; il l'abritera, il le nourrira de fortes pensées, de volonté droite, il l'élèvera autrement qu'il ne l'a été lui-même : « Console-toi, ma pauvre morte, ton fils sera un homme, et nous prendrons ensemble racine dans la terre du Dieu tout-puissant. »

Ne croyez pas qu'il s'agisse ici d'une conversion ; l'auteur a trop de goût pour tomber dans le genre sermonaire. Daniel devenu maître de chapelle dans une petite cour d'Allemagne, reste homme de cour, moqueur et raffiné; nos habitudes primitives ne changent pas; l'homme de quarante ans, quel qu'il soit, va chaque matin à la chasse du bonheur par les sentiers qu'il prenait à vingt ans. Seulement il y marche mieux; il évite les pierres, il ne se choque pas contre les jambes du voisin, et il donne la main, comme Daniel, à quelque enfant, à quelque ami préféré, à quelques chers compagnons de route. La conclusion du livre est aussi vraie que le livre lui-même. Si maintenant on en cherche les défauts, on trouvera, je pense, une partialité visible pour l'Allemagne et une antipathie trop visible pour l'Angleterre, une étude trop minutieuse de plusieurs détails, un manque d'élan, parfois une sorte de gêne, les traces d'un travail trop attentif et trop prolongé, en un mot, la défiance de soi qu'un auteur apporte toujours dans sa première œuvre, mais surtout un dédain trop grand pour les procédés ordinaires des romanciers, j'entends pour les effets dramatiques, les surprises, les attentes et tout ce qui réveille l'attention. L'auteur, en ceci, semble un disciple de Stendhal, qui exposait les choses toutes nues et rejetait, de parti pris, toute espèce d'ornement. Sans doute ce dédain est une preuve de force ; car on s'oblige par là à ne fournir au lecteur que de petits faits vrais ; on n'a plus aucun moyen de le tromper ; on le paye argent comptant ; il faut lui apprendre sur la vie, sur les sentiments, sur les caractères des choses qu'il ne sait pas ; on est contraint d'écrire un morceau de psychologie. Néanmoins il vaut mieux ajouter à l'exacte exposition des choses les ressources et les embellissements de l'art ; cela donne prise sur le public ; on a tort de n'écrire que pour une élite d'esprits cultivés, et l'on pourrait dire à l'auteur ce qu'il dit lui-même à son Daniel : « Si vous voulez être un artiste, ne soyez point un raffiné. »

Août 1862.

II

L'esprit des femmes de notre temps, études sur Eugénie de Guérin, Charlotte Brontë et Rahel de Varnhagen.

Voici le second ouvrage d'un écrivain nouveau qui est digne de devenir un écrivain célèbre. Il y a deux ans, nous rendions compte de son premier livre, un roman intitulé *Daniel Vlady*, dont les rares qualités, l'originalité complète, le style toujours mesuré et toujours sincère nous avaient singulièrement frappés. Nous avions trouvé là un personnage principal entièrement neuf et tout à fait moderne, arrière-petit-fils de René et de Werther, mais séparé de ses deux grands-pères par tout le chemin que nous avons fait depuis quarante ans, à la fois artiste et positiviste, d'une délicatesse raffinée, incapable de s'accommoder à la vie vulgaire, précoce d'ambition, portant dans la bataille de la vie des fiertés de grand seigneur, des dégoûts de sceptique, des exigences de femme nerveuse et des façons d'homme du monde; mais supérieur à ses pareils, accessible aux suggestions réfléchies de la raison et aux dures leçons de l'expérience, s'instruisant par ses fautes, et apprenant, sans amollissement sentimental, sans illumination mystique, par la simple intelligence de lui-même et des choses, à subir le malheur, à persévérer dans l'effort, à surmonter les obstacles, à maîtriser son propre cœur, à s'élever jusqu'à cette culture supérieure et jusqu'à ce développement complet de soi-même que son compatriote, le grand Gœthe, présentait comme but unique et suprême à tout homme digne de ce nom. Nous avions admiré la délicatesse et la logique d'une analyse qui, dédaignant les procédés du métier et les ressources théâtrales par lesquelles on réveille l'attention blasée, n'avait admis dans cette histoire que des événements ordinaires, racontés sans apprêt, à la façon d'une biographie. Nous avions trouvé, à côté du personnage principal, des figures secondaires, comiques ou intéressantes, toutes dessinées avec sobriété et finesse, et parmi elles un portrait de femme véritablement exquis, d'une douceur, d'une bonté, d'une noblesse et d'une abnégation tellement touchantes et tellement naturelles, qu'il fallait prendre les meilleurs romans de Dickens pour lui découvrir une sœur. Tout cela était raconté dans un style exact, net, souvent piquant, avec un encadrement de riches peintures habilement groupées, où le sentiment de la nature éclatait avec la force et la sincérité généreuses d'une âme à la fois comprimée et passionnée. Sans doute nous avions indiqué çà et là quelques fautes, des marques d'inexpérience, une satire outrée de la vie anglaise, une recherche trop marquée des détails délicats et singuliers, une nuance d'exagération dans les personnages grotesques. Mais nous avions reconnu dans l'œuvre entière un mérite rare, à nos yeux le premier de tous, j'entends l'accent personnel d'un esprit qui, ayant pensé par lui-même, parle comme il pense, en sorte que sa parole comme sa pensée lui appartient.

Aujourd'hui, l'auteur aborde la critique, et il nous semble que s'il y déploie un talent du même ordre, c'est qu'à vrai dire il n'a pas changé de sujet. Du roman à la critique et de la critique au roman, la distance, à présent, n'est pas grande. Les deux genres se sont si bien transformés depuis trente ans, qu'en partant de points très-éloignés, ils sont venus se rencontrer sur le même terrain. — Autrefois le roman était un imbroglio d'aventures tragiques et de surprises intéressantes; une intrigue bien arrangée, une suite de coups de théâtre, un dénoûment inattendu, beaucoup de meurtres et de grandes déclamations sentimentales en faisaient tous les frais. Entre les mains de Balzac, il est devenu une étude sur les diverses conditions de la société et sur les différents caractères des hommes, et il n'est personne aujourd'hui, soit parmi ses contemporains illustres en Angleterre, soit parmi ses nombreux successeurs en France, qui ne veuille, comme lui et selon son expression, « ajouter des personnes à l'état civil », c'est-à-dire pénétrer dans l'âme des personnages qui nous entourent, s'emparer d'eux, les extraire du milieu où ils vivent, les transporter sur le papier avec tous les détails de leur structure intérieure et de leur action visible, si bien que nous les reconnaissions comme vivants au même titre que les êtres réels, et que notre expérience agrandie aboutisse à une idée plus complète de l'homme que nous portons en nous-mêmes et du monde où nous vivons. — Pareillement, autrefois, la critique était l'impression d'un homme de goût, lettré et agréable écrivain qui blâmait ou louait une œuvre nouvelle, disait ses raisons, citait les anciens, et, quand le sujet était maigre, se jetait de côté pour causer comme dans un salon. Entre les mains de Sainte-Beuve, elle est devenue une étude non plus seulement de l'œuvre, mais de l'auteur; non plus seulement de l'auteur, mais de l'homme entier, dont l'auteur n'est qu'un fragment. On a trouvé le moyen de découvrir ses sentiments dans son œuvre, d'y démêler ses facultés et ses tendances, leur ordre, leur proportion et leurs degrés; on en a rapproché ses actions et sa vie, les influences de son temps et de son pays, et on est arrivé, dans ce grand désert du passé où des figures sans relief défilaient comme des ombres vagues, à reconstruire les personnes vivantes avec les innombrables particularités, avec les traits saillants et spéciaux qui distinguent les individus, les siècles et les races, de telle façon que l'histoire est en train de se refaire, et que si le roman s'emploie à nous montrer ce que nous sommes, la critique s'emploie à nous montrer ce que nous avons été. — L'un et l'autre sont maintenant une grande *enquête sur l'homme*, sur toutes les variétés, toutes les situations, toutes les floraisons, toutes les dégénérescences de la nature humaine. Par leur sérieux, par leur méthode, par leur exactitude rigoureuse, par leur avenir et leurs espérances, tous deux se rapprochent de la science. On peut blâmer une pareille tendance, mais on ne peut nier qu'elle ne soit dominante, ni contester qu'au bout d'un ou deux siècles l'enquête poursuivie sur tous les points du présent et du passé, ordonnée en système, assurée par des vérifications constantes, ne doive renouveler les conceptions les plus importantes de l'esprit humain.

C'est dans cet esprit que l'auteur a travaillé ; il a choisi trois femmes célèbres de notre temps, nées dans des pays et dans des conditions diverses : Eugénie de Guérin, sœur d'un jeune écrivain mort trop jeune, après avoir laissé des lettres admirables et un morceau de premier ordre, le *Centaure;* Charlotte Brontë, auteur de *Jane Eyre,* l'un des plus beaux romans contemporains ; Rahel Lévin, femme de Varnhagen d'Ense le publiciste et le diplomate, l'une des personnes les plus admirées de l'Allemagne ; toutes éminentes par leur caractère et leur talent, et que la gloire est venue trouver pendant leur vie ou après leur mort. Non-seulement il a raconté leur vie et suivi le progrès de leur esprit avec le détail de leurs sentiments, dans les écrits qu'elles ont laissés et dans les Mémoires que leurs amis ont recueillis sur elles ; mais encore, avec une connaissance rare et une expérience visiblement personnelle de la société et des mœurs en France, en Angleterre et en Allemagne, il a pu recomposer leurs alentours, peindre le monde dans lequel elles se sont formées, décrire les circonstances publiques qui ont façonné leur talent ou dirigé leur conduite, marquer les traits du caractère national que chacune d'elles représente à sa façon. Un vif sentiment des temps, des milieux et des races perce à chaque pas dans ce récit si abondant, si nourri de faits et d'idées, si bien diversifié, où les anecdotes, les citations, les réflexions générales composent une trame nuancée et solide dont aucun fil ne rompt. Il est curieux d'y voir se dérouler tour à tour trois genres d'esprit et de caractère, l'un français, l'autre anglais, l'autre allemand, chacun d'eux manifesté par des intérieurs, des circonstances et des mœurs opposés.

Chez les Guérins, le père, cultivateur de la ferme avec ses domestiques, faisait valoir son bien, passait sa vie à surveiller ses récoltes, à faire battre son grain. Le soir, quand il rentrait, c'est au foyer de la cuisine qu'il allait se délasser et se réchauffer. Le plus souvent la famille mangeait dans cette pièce; quelquefois même on mettait le couvert sur un tas de fagots, comme chez les paysans. Nulle cérémonie, nul besoin d'aise, ou simplement de bien-être. Chacun prenait sa place où il la trouvait; les chiens du troupeau venaient sans façon s'asseoir à côté des maîtres. Bien souvent chacun se servait lui-même, le soir, par exemple, lorsqu'on envoyait les domestiques à l'instruction religieuse, ou encore à l'époque des moissons, quand tous les gens se trouvaient dehors. Cette façon de vivre ne diminuait en rien le respect qu'on portait aux maîtres; les paysans dans ce pays ne mesurent pas leur respect sur la beauté de l'argenterie ou sur l'ordre du service. D'ailleurs la religion enseigne l'obéissance, et l'on est en général demeuré plus dévot dans le Midi que dans le Nord. Dieu semble plus près de l'homme quand le climat est beau; l'esprit plus imaginatif croit mieux l'entrevoir derrière le bleu pur du ciel, à travers le rayonnement lumineux des astres, dans les pourpres vives du soir.

Une pareille maison annonce d'avance celle qui l'habite, personne vraiment française, c'est-à-dire vive et brillante, portant ses élans d'imagination et ses besoins de tendresse dans la religion comme dans la vie, faite pour le monde et dérobée au monde, résignée et attristée, défendue à demi, mais seulement à demi, contre les regrets par le mysticisme, et qui trouve dans son enthousiasme pour son frère, dans son culte poétique pour Dieu, dans l'épanchement continu d'une correspondance suivie et d'un journal intime, l'emploi insuffisant d'un cœur qui était fait pour aimer et d'un esprit qui était fait pour agir.

Qu'on se représente une personne de vingt-sept à vingt-huit ans (c'est à cet âge que son journal nous la fait connaître), sorte de femme de charge remuante et active, levée avant le jour, qui allume le feu, visite la basse-cour, surveille la cuisinière, et qui, le dîner en train, l'ouvrage distribué, plie le linge qu'elle vient d'ourler, laisse là ses casseroles, se dépêche de monter pour passer un moment entre son écritoire et ses livres. Au troisième étage dans les combles est un petit réduit qui lui sert de cabinet de travail; elle y trouve la tranquillité et une belle échappée de vue sur la campagne. Si l'on montait, on pourrait l'y voir, pâle, svelte, d'un doigt noirci feuilletant quelque passage de Bossuet, un traité de Leibnitz, ou bien, tout essoufflée encore, se penchant sur son cahier pour griffonner à la hâte quelques lignes avant de descendre.

Plus souvent on la trouverait contemplant cette campagne dont elle aime et décrit les aspects avec une sympathie passionnée : « tantôt les buissons chargés de givre qui scintillent comme d'une floraison de diamants dans la froide clarté des nuits, et les arbres dépouillés qui tendent leurs bras de cristal vers les étoiles tremblantes; tantôt l'ample maturité des champs envahis de lumière, les moissonneurs qui fourmillent entre les gerbes, les faucilles qui étincellent contre les blés, le bleu sombre du ciel qui recouvre les larges nappes d'or. »

En Angleterre, chez les Brontë, la scène toute différente annonce une personne toute différente :

Le presbytère, isolé dans le haut du village, sur une pente roide, s'adosse au cimetière, où les morts reposent en rangs serrés. Un maigre jardinet l'entoure, et des fenêtres du parloir, par delà les assises serrées des tombes, on aperçoit un paysage austère, lugubre à contempler comme la mer aux approches d'une tourmente. Ce sont des plaines incultes où ne poussent que des bruyères, de grandes landes stériles que l'été revêt d'une nappe de pourpre, des sommets sinueux qui ondulent comme des vagues soulevées sur l'horizon terne derrière la poussière des routes et les tourbillons noirs qui s'échappent de la cheminée des usines. — Dans cette campagne triste, parmi les ajoncs et les bruyères, on voyait se promener six petits enfants en deuil, dont l'aîné n'avait point dix ans. Leur démarche grave frappait les passants, de même que l'expression sérieuse et réfléchie de leurs visages. C'étaient les petits Brontë. La longue maladie de leur mère leur avait appris le silence. Ils passaient la journée à la cuisine, lisant ou faisant leurs devoirs, et ne causaient entre eux qu'à voix basse, de peur de gêner. Par sauvagerie naturelle et par un autre motif encore, ils fuyaient le monde et recherchaient d'instinct les endroits les plus écartés.

Tel est le cadre dans lequel apparaît la mince et

énergique figure de Charlotte Brontë, comme une âpre et pâle figure de puritaine dans sa bordure de bois noir ; stoïcienne contre toutes les épreuves, à travers les sécheresses de la solitude, devant la maladie et la mort des siens, sous les asservissements du métier, du ménage, de la dépendance et de la pauvreté ; Anglaise jusqu'au fond du cœur par le courage et la patience, par les préjugés et la rudesse ; mais généreuse, dévouée et assujettie pour toujours, par le libre choix de sa volonté réfléchie, à sa conscience et son devoir.

Quand le dernier cercueil fut fermé, elle songea à la maison vide ; elle vit les chambres abandonnées, le tombeau de famille dont la plus jeune se trouvait à jamais exilée. Mais dans ce vide et parmi ces grandes chambres solitaires, elle aperçut aussi le visage désolé du père qui cherchait ses enfants, la vieille servante octogénaire privée d'aide, et le coin paisible où l'attendait sa plume depuis si longtemps abandonnée. Le foyer réclamait sa maîtresse, le père sa dernière fille, et sa conscience, tout bas, lui disait que le voyageur robuste n'a point le droit de s'arrêter en chemin pour regarder en arrière. Elle se remit à écrire, et, d'un cœur persévérant, continua seule la tâche ardue dans laquelle l'approbation de ses sœurs ne venait plus l'encourager et la soutenir.

Comme elle a vécu, elle a pensé, et d'une pareille âme sont sorties des âmes non moins stoïques, comme elle « étranges et véhémentes, courageuses jusqu'à la roideur et la témérité, faites pour oser et pour souffrir, capables de marcher seules dans la vie, de trouver en elles-mêmes la règle de leur conduite et le ressort de leur résistance, de tenir tête au monde, sans vanité et sans outrecuidance, par conscience et par conviction; par-dessus tout cela généreuses, pénétrées jusque dans leur fond intime du plus profond et du plus passionné besoin d'aimer; semblables à ces fleuves du nord, qui semblent immobiles sous leur âpre cuirasse de glace, et qui tout d'un coup, au soleil du printemps, bouillonnent par une fonte subite, et roulent avec des fracas et des splendeurs magnifiques sous leurs glaces entrechoquées. »

Ailleurs, chez les riches israélites de Berlin, dans un monde qui, exclu des emplois officiels, se trouvait dispensé des préjugés officiels, une autre éducation préparait un esprit tout autre.

Là, on voyait de vastes salles disposées avec goût, des tentures orientales, parfois des toiles rares signées d'un Titien ou d'un Corrége; elles faisaient l'orgueil du maître de la maison, qui, souriant d'un sourire un peu malicieux, expliquait l'origine de ces tableaux dignes d'un musée royal, et qui en provenaient peut-être. Au centre et sous le rayonnement des bougies, s'élevait une table chargée de mets recherchés, de vins fins; la vaisselle d'or et d'argent, le plus pur cristal de Bohême projetaient leurs feux sur le damas de Saxe finement ouvré, sur le linge de Frise aux bords frangés ou garnis de guipures coûteuses. Les convives étaient dignes de ces élégances et de ces recherches. Le maître du logis, que sa situation affranchissait de certains scrupules, pouvait, sans préjudice pour lui-même ou pour les siens, recevoir à sa table l'acteur célèbre, inviter la grande cantatrice que le préjugé bannisait encore des autres salons. D'un geste empressé, d'un regard caressant, la belle juive, sa femme ou sa fille, se levait pour aller au-devant de la reine de théâtre, impatiemment attendue ; on pouvait, à son gré, vérifier si telle tragédienne célèbre méritait encore d'être traitée en princesse après avoir ôté son diadème, si telle danseuse italienne ou française méritait d'être applaudie pour ses reparties comme pour ses pirouettes. Autour de ces beautés admirées voltigeaient l'abbé bel esprit, dernier reste de la petite colonie philosophique établie à Potsdam, le brillant soldat de fortune, homme d'épée et de plume, aussi expert en fait de manœuvres qu'en matière de sonnets. Le musicien connu, le critique hautain, le futur homme d'État causaient ensemble en amis, et, délivrés d'une étiquette gênante, formaient un groupe rieur dont les saillies, partant comme des fusées, venaient s'abattre sur le sofa de soie où, dans la lumière diaphane, trônaient les plus grandes beautés du jour.

Au milieu de ces salons cosmopolites, se forma Rahel Lévin, étrange esprit dont l'ascendant fut universel et la séduction irrésistible, allemand par l'éducation et les aptitudes, capable de tout sentir et de tout comprendre, un des plus affranchis des conventions, un des plus flexibles et des plus larges qui fut jamais, digne de converser avec Guillaume de Humboldt, Schleiermacher, Heine et Gœthe, et qui, traversé par le flot tumultueux des philosophies contradictoires, des théologies raffinées, des poésies transcendantes, sut conserver sous cette inondation de tout un siècle l'originalité de sa délicatesse, la sincérité de ses impressions et l'indépendance de son jugement.

J'ai beaucoup cité, et certainement le lecteur ne s'en plaindra pas. Il y a dans ce style une qualité de premier ordre, *le souffle*. J'indiquerais vingt morceaux : le portrait de Jane Eyre; la mort d'Emily et de Branwell Brontë, la séparation de Rahel et de son fiancé, le portrait du prince Louis de Prusse, où l'éloquence coule magnifiquement et plus qu'à pleins bords. Parfois l'excès se montre; on a les défauts de ses qualités; on trouverait des passages surchargés, des arrêts trop courts, des inégalités, même des bizarreries de style ; quoique le métal soit des plus précieux et des plus solides, la fonte a laissé des boursouflures ou des aspérités, et l'assidu travail du marteau et de la lime n'a pu effacer toutes les soudures. Mais la force et la franchise de la pensée sont complètes. Deux traits entre tous manifestent cette plénitude et cette générosité d'un esprit courageux et bien nourri. L'un est la brusquerie de l'élan, l'habitude du mot propre et pittoresque, la persuasion qu'il faut dire ce qu'on voit comme on le voit, la sincérité de l'impression qui ne recule jamais devant la circonstance frappante et la vérité du petit fait sensible, la fermeté de la main qui enfonce droit et profondément la saillie et la raillerie, l'intensité de l'émotion qui longtemps concentrée et méditée éclate au profit d'une noble cause en ironies amères ou en sympathies passionnées. L'autre est la richesse et la lucidité d'une imagination de peintre qui tout d'un coup ébranlée aperçoit comme dans une vision les couleurs, les formes et le réseau infini des détails palpables dont la nature environne chaque événement et chaque objet.

Le mariage de Charlotte Brontë, dit l'auteur, se fit l'année 1854, en juin. La maison ravagée par le deuil, attristée par les infirmités du père n'avait point cet air de fête dont on aime d'ordinaire à entourer une fiancée ; il n'y avait plus ni frères, ni sœurs, ni jeunes amis pour la remplir d'éclats de rire et de visages joyeux. Point de gaieté, par conséquent aucun de ces préparatifs charmants qui consistent à parer, à pomponner, à ouater le nid où va s'établir le jeune couple. Le leur, tout arrangé au presbytère, ne ressemblait guère à l'un de ces jolis cottages roses, recouverts de lierre, ou derrière un store soulevé, le soir, dans un joli intérieur clair, à la clarté d'une lampe et parmi des tentures d'un gris pâle, on aperçoit un profil souriant, des boucles blondes flottantes, de jolis bras blancs penchés vers l'urne d'argent d'où s'échappent des bouffées de vapeurs.... Au moment des roses, au plus fort des longs et beaux jours, où la lumière riante dore les champs parsemés de bleuets, Charlotte, pâle dans sa toilette blanche, ressemblait à un perce-neige éclos parmi les frimas.

Il y a ici des mots qui font penser aux *lieder* de

Heine, et je ne sais pas si on trouverait dans la poésie moderne beaucoup de pages mieux senties que ce morceau.

Le lecteur voit que le livre se compose de biographies et non de préceptes. C'est ici que se présente le grand reproche que l'on adresse à la critique moderne. On veut bien accorder qu'elle est instructive, mais on nie qu'elle soit morale; on trouve qu'elle nous remplit de faits, mais qu'elle ne nous munit pas de maximes; on juge qu'elle divertit l'esprit par une multitude d'observations et d'analyses, mais on la blâme de ne pas conclure, et de laisser le cœur abandonné à lui-même, sans lui indiquer un modèle parmi tant d'exemples qui se contredisent, sans lui marquer une voie parmi tant de sentiers qui s'entre-croisent. On peut répondre, ce me semble, qu'avant de bâtir une grande route, il convient d'explorer le pays. Qu'il y ait une route à faire, cela est certain; mais encore faut-il la faire bonne, et le seul moyen d'y parvenir, c'est de dresser d'abord la carte de la contrée entière, de marquer la place et la profondeur des marécages, d'observer la structure et la hauteur des montagnes, de mesurer la solidité des terrains et de prévoir l'irruption des eaux. Jusqu'à présent, les hommes ont marché dans les chemins anciens, véritables sentiers frayés par la tradition et par la routine, non par le calcul et par la science, tortueux, divergents, semblables à ces vieilles routes de montagne, qui serpentent parmi les pierres roulantes entre des garde-fous multipliés, où des files de bêtes de somme avancent péniblement sous l'aiguillon des conducteurs et la menace des précipices. Aujourd'hui plusieurs de ces sentiers, défoncés par le long usage, sont devenus impraticables; d'autres ont été rompus par les avalanches, et le troupeau docile, qui jadis s'y engageait sans murmure, s'arrête épouvanté par les fissures béantes qui s'ouvrent devant lui. En de pareils moments, il n'est pas raisonnable de jeter des pierres aux ingénieurs et aux pionniers qui sondent et jalonnent la plaine; on aurait tort de les traiter comme des oisifs et des amateurs, de se moquer de leurs études, de les appeler imprudents, de prétendre qu'ils veulent détourner les hommes du bon chemin, tout niveler, bref égarer et éparpiller la fourmilière. Ils travaillent, et ils sentent qu'ils ne recueilleront point de fruit de leur labeur. Ils savent que bien des années s'écouleront avant que leurs études soient faites, qu'il faudra des tâtonnements, des expériences, des vérifications infinies pour tracer, consolider, achever la nouvelle voie. En attendant, ils ne détournent pas les voyageurs de l'ancienne; comme autrefois, la foule doit la suivre; il n'y a point encore d'autre passage; tout au plus quelques perches dressées, quelques ponts bâtis indiquent la direction nouvelle. Leur seule hardiesse est de considérer les vieux sentiers comme provisoires, et c'est cette hardiesse qui leur vaut tant d'injures. Mais si grand que soit le blâme qu'ils encourent, ils ont confiance en la vérité. Ils pensent que plus l'homme s'instruit, plus il devient capable d'améliorer sa condition et sa conduite. Ils sont persuadés qu'en fait de morale comme en fait de physique l'abondance et l'exactitude des connaissances finissent par aboutir au droit jugement et à la bonne pratique. Ils affirment, appuyés sur toute l'autorité de l'expérience, que si la grande enquête instituée sur l'homme peut conduire à mal les imprudents qui tirent d'une science incomplète des conclusions prématurées, cette même enquête doit conduire à bien les esprits patients et réfléchis qui, avertis de notre ignorance présente, n'étendent pas les applications au delà des théories prouvées. Ils osent dire enfin qu'aujourd'hui déjà, dans l'état tel quel de nos connaissances, parmi tant de lacunes et d'ébauches, ni la discordance des observations, ni le pêle-mêle des doctrines ne conduisent un esprit bien fait au découragement ou au scepticisme, et ils pourraient en citer comme preuve cette fière préface dans laquelle l'auteur, du milieu des croyances et des sentiments opposés qu'il va décrire, dégage la plus noble et la plus simple des vérités :

On se plaint souvent de notre temps, et ce qu'on nous reproche le plus vivement, c'est le mélange singulier d'ambition et de mollesse qui fait nos désirs très-grands et notre volonté très-faible. Depuis Werther et René, la littérature a pris pour héros des personnages qui, prétendant au bonheur parfait et ne voulant s'imposer aucune contrainte, ne savent que nous étaler le spectacle de leurs aspirations et de leurs impuissances. En ce moment encore nous voyons, dans les livres et sur la scène, des créatures orgueilleuses et débiles occupées à s'indigner contre leur condition et incapables de faire un effort suivi pour l'améliorer. Après avoir peint ce misérable état avec émotion et sympathie, on l'a décrit avec précision et sang-froid ; après l'avoir célébré dans un sexe, on vient de l'analyser dans l'autre, et l'un des romanciers les plus âpres de ce temps-ci a cru représenter la femme moderne, telle que la façonne notre éducation et telle que la produit notre démocratie en traçant le terrible portrait de Mme Bovary.

Il me semble que si ce jugement est vrai en plusieurs cas, il ne l'est pas dans tous. L'art exagère, c'est son habitude ; il prend volontiers pour sujets les exemples violents et tragiques. Ce ne sont pas les plus communs, et l'on ne doit pas juger d'un temps par l'exception, mais par la règle.... On peut ajouter d'ailleurs que le roman, si vrai qu'il soit, n'est pas si vrai que l'histoire, et que des faits, même bien inventés, ont moins d'autorité que des faits authentiques. Il y a dans le monde des héros et des héroïnes de roman qui ont vécu ; nous avons leurs lettres, leurs papiers de famille, les témoignages de leurs proches ; leur acte de naissance est à la mairie ; c'est pourquoi je demande la permission de croire à leur courage, à leur bon sens et à leur vertu. On nous dit qu'aujourd'hui la femme est pétrie de déraison et de convoitise, et, pour héroïnes, on nous montre des personnes qui ont aussi mauvais esprit que mauvais cœur. Je n'y contredis pas ; seulement je regarde à côté de moi, et j'y trouve aussi de nobles jeunes filles dignes de respect autant que de tendresse. Elles ne sont pas imaginaires; j'aurais pu leur parler hier si je m'étais trouvé dans telle ville, dans tel salon. Elles n'ont point reçu, de la fortune ni du monde, un accueil plus bienveillant que les autres; elles sont nées dans des conditions médiocres, en province, parmi des gens bornés. Elles n'ont point eu toujours une éducation supérieure ; le malheur ne les a pas épargnées; au contraire, plus d'une fois il est tombé sur plusieurs d'entre elles accablant et multiplié. Quelques-unes ont senti la servitude d'un métier, d'autres ont subi l'oppression de la solitude. Elles n'ont pas toujours pu développer toutes leurs facultés ; la santé, la vie leur ont parfois manqué au milieu de leur course. Et cependant elles ont marché; bien plus, elles ont atteint le but, elles sont arrivées au talent, même à la gloire ; leurs noms sont célèbres, et, ce qui est mieux, honorables. Elles ont imprimé pour longtemps, pour toujours peut-être, leur pensée personnelle et propre sur cette trame monotome du temps où les autres ne laissent qu'une ombre fugitive et vacillante; aujourd'hui encore nous les voyons face à face dans cette empreinte ; nous nous entretenons avec elles ; elles nous parlent et nous remuent, par une exhortation d'autant plus efficace qu'elle est involontaire et qu'elle est l'œuvre, non de leurs phrases, mais de leurs actions. Certes, c'est un plaisir que de ranimer et de redresser devant soi ces nobles créatures; mais j'ose dire aussi que c'est un profit. Car ce qu'elles ont fait, chacun de nous, dans sa mesure et sa condition, peut aussi le faire; nous n'avons pas d'autres obstacles à surmonter que ceux qu'elles ont vaincus; elles n'ont point eu d'autres forces que les nôtres; leur constance fait honte à notre défaillances; nous n'avons pas le droit de trouver trop lourd un fardeau que leurs mains de femmes ont si bien accepté et si bien porté! A ce titre, les trois vies que je raconte ici peuvent être instructives; j'en ai choisi une dans chacune des trois grandes nations modernes, afin de montrer la diversité des situations en même temps que l'uniformité de la distinction et de l'excellence. Française, Anglaise, Allemande, catholique, protestante, juive, jeune fille noble, petite bourgeoise, femme du monde, elles ont toutes un point commun, la noblesse native, et tous les contrastes de races, de condition, de dogmes et de cultures s'effacent en se conciliant pour aboutir à la même fleur.

Janvier 1865.

XÉNOPHON.

L'Anabase.

Quand on a passé un mois à lire des revues, des livres sérieux, des articles graves, des dissertations de philosophie ou d'histoire, on s'éveille un matin avec l'envie de n'en plus lire. On prend une échelle, on monte au plus haut de sa bibliothèque, on tire à soi un volume de mémoires, ceux de Montluc, par exemple, et l'on feuillette la bataille de Cerisoles ou le siége de Sienne. Ces grands coups de pique et ces beaux coups d'arquebuse font plaisir à voir. A cheval, par monts et par vaux, parmi les surprises, les régalades, les aubades, les spectacles nouveaux, les dangers inattendus, dans les villes parées d'Italie, dans les vignes dorées du Languedoc, on respire en plein air, aux fanfares des trompettes, et l'on comprend une autre vie que la nôtre. On comprend en même temps un autre esprit, plus naïf et moins nourri d'idées, mais plus viril et muni d'idées plus nettes; et l'on sent comme un souffle de santé et de jeunesse, qui perce à travers notre civilisation artificielle, nos paperasses imprimées et nos vieux bouquins.

Les Grecs ont aussi leurs mémoires, plus poétiques encore et plus naturels. Républicains, exempts du point d'honneur et des habitudes chevaleresques, très-raisonneurs, très-lettrés, inventeurs des arts et des sciences, ils savaient agir avec autant de hardiesse que nos aventuriers, avec plus de concorde que nos gentilshommes, et, de plus, ils savaient écrire. Par-dessus tout, ils avaient les plus beaux sujets. L'Asie valait l'Amérique, et Artaxerxès valait mieux que Montézuma. J'ai relu l'Anabase de Xénophon, et avec tant de plaisir que je demande la permission d'en citer et d'en commenter quelques pages. Rien de plus curieux que cette armée grecque, république voyageuse qui délibère et qui agit, qui combat et qui vote, sorte d'Athènes errante au milieu de l'Asie, avec ses sacrifices, sa religion, ses assemblées, ses séditions, ses violences, tantôt en paix, tantôt en guerre, sur terre et sur mer, dont chaque événement éprouve et révèle une faculté et un sentiment. Mais la beauté du style surpasse encore l'intérêt du récit. Supposez que chez nous la science eût été laïque en naissant, et que quelque bon génie nous eût délivrés de la scolastique; probablement la civilisation moderne aurait commencé quatre siècles plus tôt, et nos premiers chroniqueurs auraient atteint dans leur naïveté le style parfait du dix-septième siècle. C'est ce qui alors arrivait en Grèce; Platon, infiniment plus hardi et plus inventif que Descartes, a des familiarités et des grâces d'enfant, et Xénophon, le politique, le philosophe, le moraliste, l'historien, est aussi simple qu'un conteur du moyen âge. Je le traduirai mot pour mot, et je le laisserai parler presque toujours. Il s'expliquera lui-même, et la différence de son style et du nôtre marquera, mieux qu'un commentaire, la différence des deux civilisations.

Il faut appliquer à Xénophon ce mot de Mme Delaunay : « Son esprit n'emploie ni tours, ni figures, ni tout ce qui s'appelle invention. Frappé vivement des objets, il les rend comme la glace d'un miroir les réfléchit, sans ajouter, sans omettre, sans rien changer. » Le contraste est d'autant plus frappant que notre langue aujourd'hui s'est chargée de métaphores, de termes abstraits, de tournures convenues, et que, sous l'invasion de la philosophie et de la poésie, elle a perdu une partie de sa justesse et de sa clarté; si on voulait exprimer celle de Xénophon par une image, on devrait la comparer à l'eau d'un ruisseau au sortir de la source, encore sans mélange, légère et limpide, plus belle que lorsqu'elle sera grossie et troublée par le progrès de son cours. Voici comme il commence, et une page de lui en dira plus que toutes ces comparaisons. On entre à l'instant en matière. Xénophon ne parle pas de lui-même; point de réflexions générales; rien que des faits, exposés avec autant de naïveté que de concision :

« Après que Darius fut mort et Artaxerxès établi roi, Tissapherne calomnie Cyrus, disant qu'il complote contre son frère; celui-ci se laisse persuader, et fait saisir Cyrus pour le tuer. Mais leur mère ayant obtenu sa grâce, le renvoie dans son gouvernement. Après ce danger et cet outrage, Cyrus cherche le moyen de n'être plus soumis à son frère, et, s'il peut, de régner à sa place. Leur mère Parysatis l'y poussait, l'aimant mieux que le roi Artaxerxès. Dès ce moment, personne de chez le roi ne vint voir Cyrus, sans partir mieux disposé pour Cyrus que pour le roi. Quant aux barbares de son gouvernement, il avait soin de les rendre bons soldats et affectionnés pour lui. Il levait des troupes grecques le plus secrètement possible, afin de surprendre le roi plus à l'improviste. Voici comme il les rassemblait : dans toutes les villes où il avait garnison, il ordonnait aux chefs de prendre des soldats péloponésiens les meilleurs et le plus nombreux qu'ils pourraient, disant que Tissapherne avait des desseins contre elles. En effet, les villes ioniennes étaient une ancienne possession de Tissapherne, données par le roi, et en ce moment, sauf Milet, elles s'étaient toutes remises à Cyrus. Tissapherne, pressentant qu'à Milet on complotait la même défection, tua les uns, bannit les autres. Cyrus ayant accueilli les fugitifs et levé une armée, assiégeait Milet par terre et par mer, et tâchait de ramener les bannis; et c'était pour lui encore un autre prétexte de rassembler une armée. Il avait envoyé vers le roi pour lui dire qu'étant son frère, il devait avoir ces villes plutôt que Tissapherne; et leur mère prenait son parti. En sorte que le roi ne se doutait pas de l'entreprise préparée contre lui, et croyait que son frère se ruinait en armées pour combattre Tissapherne : aussi n'était-il pas fâché de les voir en guerre. D'ailleurs Cyrus lui envoyait les tributs des villes qui se trouvaient aux mains de Tissapherne.

« Dans la Chersonèse, qui est en face d'Abydos, il rassemblait une autre armée de la manière que voici : Cléarque le Lacédémonien était banni; Cyrus l'ayant rencontré, l'admira fort et lui donna dix mille dariques. Celui-ci leva une armée avec cet or, et faisait la guerre dans la Chersonèse, attaquant les Thraces qui habitent au-dessus de l'Hellespont, et aidant les Grecs : en sorte que les villes de l'Hellespont contribuaient volontairement de leur argent pour nourrir son armée. Voilà encore une armée que Cyrus entretenait sans qu'on le sût. — Aristippe le Thessalien était son hôte. Opprimé chez lui par ceux de la faction contraire, il va vers Cyrus et lui demande la solde de deux mille soldats pour trois mois, afin de venir à bout de ses adversaires. Cyrus lui donne celle de quatre mille soldats pour six mois, et le prie de ne point faire la paix avec ses adversaires, avant d'en avoir consulté avec lui. De cette façon, il entretenait secrètement une autre armée en Thessalie. Il ordonna à Proxénos le Béotien, son hôte, de lever le plus d'hommes qu'il pourrait, et de venir, disant qu'il voulait marcher contre les Pisidiens qui inquiétaient son territoire. Enfin il ordonna à Sophœnetos le Stymphalien et à Socrate l'Achéen, qui étaient aussi ses hôtes, de venir avec le plus d'hommes qu'ils pourraient, afin d'attaquer Tissapherne de concert avec les bannis de Milet. Et ils firent ainsi. »

Ainsi préparé, Cyrus se mit en marche sous prétexte de faire la guerre aux Pisidiens. Il avait une grande armée de barbares, et ses troupes grecques rejoignaient son camp à mesure qu'il avançait. Ces Grecs n'étaient pas des mercenaires affamés et obligés de se vendre pour vivre. Ils étaient venus par esprit d'aventure, attirés par le grand renom de Cyrus; plusieurs avaient quitté leurs enfants, d'autres avaient fui de chez leurs parents; ils allaient en Asie, comme les premiers navigateurs dans le nouveau monde, espérant gagner gloire et fortune. Arrivé en Phrygie, Cyrus fit leur dénombrement dans un grand parc que Xerxès avait planté en revenant de Grèce après sa défaite; et il trouva onze mille hommes pesamment armés, et deux mille hommes d'infanterie légère.

Le livre est un journal de marches, sans commentaires, ce qui lui donne un air de vérité frappante. Les Grecs traversent un pays rempli de lieux célèbres, et ces souvenirs répandent sur leur voyage un singulier intérêt : c'est le fleuve près duquel Apollon vainquit Marsyas; c'est la fontaine aux bords de laquelle Midas enivra le Satyre; à Peltœ, Xenias l'Arcadien sacrifie à Pan, donne des jeux et propose en prix des strigiles d'or; leurs traditions mythologiques les suivent, et l'antique poésie orne le paysage de ses aimables mensonges. De petits faits intéressants rompent l'uniformité du journal, et peignent aux yeux les objets et à l'esprit les mœurs. La reine de Cilicie vint trouver

Cyrus avec de grands trésors, et le pria de lui montrer son armée. Ils regardaient les troupes défiler, dit Xénophon, Cyrus sur un char, la Cilicienne dans un chariot couvert. « Les Grecs avaient tous des casques d'airain, des tuniques de pourpre, des cnémides et des boucliers brillants; Cyrus, arrêtant son char devant eux, envoya aux généraux l'interprète Pigrétès, pour ordonner à la phalange de présenter les armes et de marcher tout entière en avant. La trompette sonna, et les soldats, les armes en avant, s'ébranlèrent. Puis, pressant le pas, et poussant des cris, ils se mirent à courir d'eux-mêmes du côté des tentes. Les barbares et les autres eurent grand'peur. La Cilicienne s'enfuit de son chariot; les gens du marché, abandonnant leurs denrées, s'enfuirent, et les Grecs allèrent en riant vers leurs tentes. La Cilicienne, voyant l'éclat et la belle ordonnance de l'armée, l'admira, et Cyrus se réjouit de la peur que les Grecs faisaient aux barbares. » — Les Péruviens craignaient autant les Espagnols. Les expéditions de Cortez et de Pizarre ressemblent beaucoup à celles de Xénophon et d'Agésilas.

Lorsqu'on fut arrivé en Cilicie, les soldats soupçonnèrent qu'on les menait contre le roi et refusèrent d'avancer. Cléarque voulut obliger les siens à marcher. Ils frappèrent ses chevaux, ils le frappèrent lui-même, et il s'enfuit ayant manqué d'être lapidé; alors il les convoqua, « et resta longtemps debout devant eux en pleurant; » puis il leur dit qu'il ferait leur volonté. Cependant des hommes qu'il avait gagnés se levaient dans l'assemblée, et montraient qu'on ne pouvait avancer ni reculer sans l'appui de Cyrus. Point de guides, point de vaisseaux, les passages occupés par devant et par derrière; on résolut d'envoyer vers Cyrus, qui déclara qu'il allait sur l'Euphrate combattre son ennemi Abrocomas. Les soldats n'étant guère persuadés, Cyrus promit à chacun d'eux trois demi-dariques par mois au lieu d'un darique, et ils se remirent en marche. Enfin il se déclara à Thapsaque, sur l'Euphrate, et ordonna aux généraux d'annoncer aux soldats que l'expédition était contre Artaxerxès. « Ceux-ci s'irritèrent, et dirent que les généraux savaient le dessein depuis longtemps, et l'avaient caché, et déclarèrent qu'ils ne marcheraient pas, si on ne leur donnait autant d'argent qu'aux soldats qui avaient accompagné Cyrus dans son premier voyage. Cyrus promit de donner à chaque homme cinq mines d'argent lorsqu'on serait à Babylone, et de leur payer la solde entière jusqu'à ce qu'il les eût ramenés en Ionie. Ce qui persuada la plupart des Grecs. » Ce trait naïf n'est point un aveu. Xénophon rapporte sans commentaire un fait qu'il trouve naturel. Il ne songe point à représenter les Grecs comme aventureux, désintéressés et héroïques. Rien ne lui paraît plus simple que de demander de l'argent pour un service. Nous sommes séparés par vingt-deux siècles des idées modernes.

Ils laissèrent l'Euphrate sur leur droite et entrèrent dans l'Arabie, pays désert:

« Dans ce lieu, la terre était une plaine tout unie comme la mer, et peuplée d'absinthes. S'il y avait quelque peu d'autres plantes ou roseaux, elles avaient toutes une bonne odeur comme des aromates. Mais point d'arbres. Des bêtes sauvages de toutes sortes, des onagres en très-grand nombre, beaucoup d'autruches de la grande espèce. Il y avait aussi des outardes et des chevreuils. Les cavaliers poursuivaient ces bêtes. Les onagres qu'on chassait couraient en avant, puis s'arrêtaient ; car ils allaient beaucoup plus vite que les chevaux ; et quand les chevaux se rapprochaient, ils recommençaient, de sorte qu'on ne pouvait les prendre, sinon lorsque les cavaliers, se postant de distance en distance, les chassaient en se relayant. La chair de ceux qu'on prenait ressemblait à celle des cerfs, mais était plus tendre. — Pour les autruches, personne n'en prit ; et ceux des cavaliers qui les poursuivirent, cessèrent bientôt ; car elles les distançaient de fort loin par la vitesse de leurs pieds, et grâce à leurs ailes qui les soulevaient, et dont elles se servaient comme d'une voile. Quant aux outardes, si on les fait lever brusquement, on peut les prendre ; car elles ont le vol court comme les perdrix et se lassent vite. Leur chair était très-bonne. »

Il y a beaucoup de ces petits tableaux vrais, courts et pleins de choses, où le dessin est plus marqué que la couleur, mais où le dessin est si précis et si juste, qu'on voit les faits et les objets comme s'ils étaient présents.

Ils traversèrent le désert à grandes journées, pressés par la disette, et n'ayant que de la viande pour se nourrir. Un jour, dans un passage étroit où il y avait de la boue, les chariots restèrent embourbés; Cyrus fit venir des hommes pour les dégager, et, comme on n'allait pas assez vite, il dit avec colère aux premiers de sa suite de faire avancer les chariots. « Aussitôt ils jetèrent leurs robes de pourpre, chacun où il se trouvait, et coururent, comme s'ils allaient à la victoire, du haut d'une colline escarpée, avec leurs magnifiques tuniques et leurs larges pantalons brodés, quelques-uns ayant des colliers autour du cou, et des bracelets aux mains. Ainsi vêtus, ils sautèrent à l'instant dans la boue, et dégagèrent les chariots, plus vite qu'on n'eût jamais pensé. » — Aucun office n'était vil aux yeux des Perses, lorsqu'il était imposé par le prince. Cet empressement dans l'obéissance faisait contraste avec l'indépendance des Grecs. Chacun d'eux faisait ce qui lui plaisait; les mœurs républicaines les avaient habitués à n'obéir qu'à leur volonté propre, ou au vote auquel ils prenaient part. Deux capitaines, qui n'approuvaient pas l'expédition prirent les vaisseaux qu'ils trouvèrent en Cilicie et s'embarquèrent avec leurs hommes. Lorsqu'on eut pour la seconde fois passé l'Euphrate, « il y eut une dispute entre les hommes de Cléarque et ceux de Ménon. Cléarque, ayant jugé que le soldat de Ménon avait tort, le fit battre. Celui-ci alla vers son corps d'armée, raconta l'affaire, et là-dessus les soldats s'irritèrent et voulurent beaucoup de mal à Cléarque. Le même jour Cléarque, étant allé au passage du fleuve, et ayant examiné le marché qui se trouvait là, revient à cheval avec peu de monde, et pour aller à sa tente traverse l'armée de Ménon. Un soldat qui fendait du bois le voit passer, lui lance sa hache et le manque. Un autre lui jette une pierre, puis un second, puis une foule d'autres avec de grands cris. Cléarque s'enfuit vers son armée et ordonne aussitôt qu'on prenne les armes. Il commande à ses hoplites de rester le bouclier incliné sur le genou, et prenant lui-même les Thraces et les cavaliers qui étaient plus de quarante, il pousse vers les hommes de Ménon. Ceux-ci se troublent, et Ménon pareillement; ils courent aux armes et se tiennent prêts de leur côté à tout hasard. Proxenos, qui arrivait après eux et suivi de son corps d'hoplites, mena aussitôt ses hommes entre les deux troupes, et pria Cléarque de ne point agir comme il le faisait. Celui-ci s'irrite de voir prendre aussi doucement l'injure d'un homme qui a manqué d'être lapidé, et lui ordonne de faire place. En ce moment survenait Cyrus, qui apprit l'affaire. Aussitôt, il prit ses javelots dans ses mains, accourut entre les deux troupes avec ceux de ses fidèles qu'il avait là, et dit : Cléarque, Proxenos, et vous autres Grecs qui êtes ici, vous ne savez ce que vous faites. Si vous engagez quelque combat entre vous, comptez que de ce jour-là je serai perdu, et vous aussi bientôt après. Car, sitôt que nos affaires iront mal, tous ces barbares que vous voyez nous seront plus hostiles que ceux du roi. A ces mots, Cléarque revint à lui, des deux côtés on s'arrêta, et ils posèrent leurs armes sur la place. »

On était entré en Babylonie ; on apercevait les traces d'un grand nombre d'hommes et de chevaux, et l'on savait que le roi était proche. Le bruit courait que son armée était de douze cent mille hommes ; qu'il avait soixante mille cavaliers et douze cents chars armés de faux. Cyrus assembla les Grecs, et promit à chaque soldat une couronne d'or. Gaulitès le banni, homme de Samos, se leva et dit : « Cyrus, quelques-uns pensent que tu fais maintenant beaucoup de promesses, parce que le danger approche, mais que, si le succès arrive, tu ne t'en souviendras pas. Quelques-uns ajoutent que, quand tu t'en souviendrais et voudrais les tenir, tu ne pourrais donner autant que tu promets. — O hommes, répondit Cyrus, le royaume de mon père va du côté du midi jusqu'à l'endroit où l'on ne peut habiter à cause de la chaleur, et du côté du nord jusqu'à l'endroit où l'on ne peut habiter à cause du froid. Tous les pays dans l'intervalle ont pour satrapes les amis de mon père. Si nous sommes vainqueurs, il faudra bien que vous, qui êtes mes amis, en soyez les maîtres; en sorte que je crains, non d'avoir trop peu pour donner à tous mes amis, mais d'avoir trop pour que vous puissiez tout prendre. » Atahualpa promettait aux compagnons de Pizarre de leur donner une chambre remplie de vases d'or aussi haut qu'il pouvait lever son bras.

Le roi reculait et n'essaya pas de défendre un immense fossé qu'il avait fait pour arrêter Cyrus. On crut qu'il renonçait à combattre, et l'armée se mit à marcher sans beaucoup d'ordre; un grand nombre de soldats avaient déposé leurs armes sur les chariots, et Cyrus lui-même, fort tranquille, faisait la route assis sur un char.

« C'était l'heure où le marché est rempli de monde, et on approchait de l'étape où l'on devait s'arrêter, lorsqu'on voit le Perse Pataguas arriver en toute hâte, poussant son cheval en sueur; à tous ceux qu'il rencontre, il crie aussitôt en langue barbare et en grec que le roi s'avance avec une grande armée, préparé comme pour le combat. Il y eut un grand trouble, car les Grecs et les autres crurent qu'ils allaient être surpris en désordre. Cyrus saute de son char, met sa cuirasse, monte à cheval, et, prenant ses javelots dans ses mains, ordonne à tout le monde de s'armer et à chacun de prendre son rang. Puis, à grande hâte, ils se rangent en bataille.... On était déjà au milieu du jour, et les ennemis ne se montraient pas encore. Mais, lorsque le soir vint, on vit paraître une grande poussière comme une nuée blanche, et peu de temps après quelque chose de noir qui s'étendait au loin dans la plaine. Bientôt, lorsqu'ils furent plus près, l'airain brilla, et les lances et les rangs devinrent visibles. A la gauche des ennemis étaient des cavaliers avec des cuirasses blanches; Tissapherne, dit-on, les commandait; à côté d'eux, les soldats qui portaient des boucliers d'osier, puis les hoplites avec des boucliers de bois qui leur descendaient jusqu'aux pieds; on les disait Égyptiens; ensuite d'autres cavaliers et des archers. Tous ces hommes marchaient par nations, chaque nation en bataillon carré. Devant eux étaient des chars armés de faux, assez éloignés les uns des autres. Ils avaient des faux aux essieux allongées obliquement, d'autres sous le char qui regardaient la terre, afin de couper ce qu'elles rencontreraient. Le bruit courait qu'on devait les pousser contre les rangs des Grecs pour les rompre. Cependant Cyrus, courant le long des files avec Pigrétès l'interprète et trois ou quatre autres, criait à Cléarque de conduire l'armée contre le centre de l'ennemi, parce que le roi y était. « Et si nous vainquons là, dit-il, tout sera fini. » Mais Cléarque ne voulut pas éloigner du fleuve son aile droite, de peur d'être entouré des deux côtés, et répondit à Cyrus qu'il aurait soin que tout fût bien.

« En ce moment, l'armée des barbares s'avançait d'un mouvement égal; celle des Grecs, demeurant en place, remplissait ses rangs de tous ceux qui rejoignaient. Et Cyrus, poussant un peu en avant de l'armée, jetait ses regards des deux côtés, considérant ses ennemis et ses amis. Xénophon Athénien, l'ayant vu de l'armée grecque, s'approcha et lui demanda s'il ordonnait quelque chose. Cyrus s'arrêta, lui dit et lui commanda de dire à tous que les sacrifices étaient favorables, et les victimes favorables. Disant cela, il entendit un bruit qui allait à travers les rangs, et s'enquit de ce bruit : Cléarque lui répondit que c'était le mot qui passait pour la seconde fois. Cyrus s'émerveilla qui l'avait donné, et demanda le mot. On lui dit que c'était « Jupiter sauveur et victoire ». L'ayant entendu : « Je l'accepte, dit-il ; qu'il en soit ainsi. » Après ces paroles, il alla à son rang.

« Les deux phalanges n'étaient pas séparées de plus de trois ou quatre stades, lorsque les Grecs chantèrent le Péan et marchèrent à la rencontre de l'ennemi. Dans ce mouvement, la première ligne se détacha comme un flot qui déborde, et ceux qui restaient en arrière se mirent à courir. A ce moment, ils poussèrent tous le cri de guerre et prirent tous leur course. Quelques-uns disent qu'ils heurtaient leurs lances contre leurs boucliers, afin de faire peur aux chevaux. Avant d'arriver à portée du trait, les barbares plient et prennent la fuite. Alors, les Grecs les poursuivirent de toutes leurs forces, en se criant les uns aux autres de ne point courir à la débandade, mais de poursuivre en bon ordre. Les chars furent emportés, les uns à travers les ennemis eux-mêmes, les autres, vides de leurs conducteurs, à travers les Grecs. Mais, lorsqu'on les voyait venir, on s'écartait. Il y eut un homme qui fut atteint, comme ceux qui se laissent étourdir dans un hippodrome. Cependant on dit qu'il n'eut pas de mal ; et il n'y eut aucun autre Grec qui reçût le moindre coup, excepté un seul à l'aile gauche qui, dit-on, fut blessé d'une flèche. Cyrus, voyant les Grecs vainqueurs de leur côté et courant après les fuyards, plein de joie et déjà salué roi par les siens, ne se laissa point pourtant emporter à la poursuite, mais, tenant ses six cents cavaliers ensemble, il observait ce que faisait le roi. Le roi, qui était au centre de son armée, dépassait pourtant encore l'aile gauche de Cyrus, et, ne trouvant personne qui lui fît face, ni qui résistât à ses premières lignes, tournait pour l'envelopper. Alors Cyrus, craignant que les Grecs ne soient pris par derrière et détruits, pousse en avant, charge avec ses six cents hommes, défait et met en fuite les six mille cavaliers du roi, et tue, dit-on, de sa propre main, Artagersès, leur chef. A la vue de cette déroute, les six cents cavaliers de Cyrus s'élancent à la poursuite et se dispersent aussi, excepté un très-petit nombre qui restèrent auprès de lui, étant presque tous de ceux qu'on nommait les convives du prince. Ainsi délaissé, il voit le roi et sa troupe, ne se contient plus, et disant : « Je vois l'homme ! » il va sur lui, le frappe à la poitrine et le blesse à travers sa cuirasse, ainsi que le rapporte Ctésias le médecin, qui dit avoir guéri la blessure. Pendant qu'il porte ce coup, un Perse l'atteint violemment au-dessus de l'œil avec son javelot. Dans ce combat du roi, de Cyrus et de leurs hommes, plusieurs tombèrent du côté du roi. Ctésias les nomme, car il était là. De l'autre côté, Cyrus périt, et huit de ses plus braves compagnons furent tués sur son corps. Artapatès, le plus fidèle de ses officiers, sauta, dit-on, de son cheval lorsqu'il le vit renversé, et se jeta sur lui en l'embrassant. On rapporte que le roi ordonna à quelqu'un de l'égorger sur le corps de Cyrus, d'autres racontent qu'il se coupa lui-même la gorge avec son cimeterre ; car il en avait un d'or, et portait un collier, des bracelets, et les autres ornements, comme les premiers des Perses ; Cyrus l'honorait pour son zèle et sa fidélité. »

On coupa la tête et les mains de Cyrus. Les cent mille barbares qu'il avait s'enfuirent ; les Grecs seuls firent ferme et mirent en déroute Artaxerxès qui revenait sur eux. L'armée perse s'enfuit jusqu'à une éminence où les Grecs aperçurent l'étendard royal, l'aigle d'or au bout d'une lance. Ils approchèrent, et personne ne les attendit. Lucios de Syracuse était monté sur l'éminence, vit la plaine immense à perte de vue couverte de fuyards, et les Grecs campèrent au milieu des chariots abandonnés et remplis de vivres.

Le lendemain, inquiets, ils attendaient d'heure en heure des nouvelles de Cyrus. Ils apprirent enfin qu'il était mort, et qu'Ariœos, le chef de ses barbares, fuyait; un peu après, le roi envoya un Grec ami de Tissapherne pour leur commander de se rendre. Cette petite scène est d'une vérité frappante. Les caractères de Cléarque, du vieux général Cléanor, du jeune Théopompe sont indiqués avec cette sobriété et cette netteté qui sont le propre des artistes grecs. Il y a plaisir surtout à retrouver dans les phrases de Théopompe une trace de l'esprit raisonneur que les maîtres d'éloquence et de sagesse avaient développé dans les jeunes gens.

Phalinos et les hérauts du roi arrivent, et, appelant les chefs des Grecs, disent que le roi ordonne aux Grecs, puisqu'il est vainqueur et qu'il a tué Cyrus, de livrer leurs armes et de venir à ses portes pour y être bien traités. Voilà ce que dirent les hérauts du roi. Les Grecs les écoutèrent avec colère. Cependant Cléarque se contenta de dire que ce n'était pas aux vainqueurs à livrer leurs armes. « Vous, généraux, dit-il, faites à ces hommes la plus belle et la meilleure réponse que vous pourrez. Je reviendrai tout à l'heure. » Un de ses serviteurs l'appelait, pour qu'il pût voir les victimes choisies ; car il se trouvait qu'il était occupé à sacrifier.

Alors Cléanor Arcadien, le plus âgé des chefs, répondit qu'ils mourraient avant de livrer leurs armes. Et Pronexos, le Thébain : « Je m'étonne fort, Phalinos, si c'est en maître que le roi nous demande nos armes, ou si c'est comme don d'amitié ; si c'est en maître, pourquoi les demande-t-il et ne vient-il pas les prendre ? S'il veut les avoir par persuasion, qu'il dise ce qu'auront les soldats, lorsqu'ils lui auront fait ce présent. » A cela Phalinos répondit : « Le roi pense être vainqueur, puisqu'il a tué Cyrus ; car qui est-ce qui maintenant lui dispute l'empire ? Il juge que vous êtes aussi en son pouvoir, puisqu'il vous tient au milieu de son pays, en deçà de fleuves infranchissables, et qu'il peut amener contre vous une telle multitude d'hommes, que, quand il vous les donnerait à tuer, vous n'en viendriez pas à bout. » Après Phalinos, Théopompe, Athénien, parla ainsi : « O Phalinos, en ce moment, comme tu le vois, nous n'avons d'autre bien que nos armes et notre courage ; nous pensons qu'en gardant nos armes nous pourrons nous servir de notre courage, et qu'en les livrant, nous serons aussi privés de nos vies. N'imagine donc pas que nous livrerons les seuls biens qui nous restent ; nous combattrons avec eux et pour eux. »

Phalinos entendant ces paroles se mit à rire et lui dit : « Jeune homme, tu as l'air d'un philosophe, et ton discours n'est point mal tourné. Sache pourtant que tu es fou, si tu espères que votre courage pourra surmonter la puissance du roi. » Quelques autres, dit-on, répondirent plus doucement, disant qu'ils avaient été fidèles à Cyrus et qu'ils rendraient de grands services au roi, si le roi voulait être leur ami ; et que, s'il jugeait à propos de les envoyer contre l'Égypte ou de les employer à quelque chose, ils se soumettraient tous à lui. En ce moment, Cléarque revint et demanda s'ils avaient répondu. Phalinos prenant la parole : « Cléarque, l'un dit une chose, l'autre une autre. Toi, dis-nous ce que tu décides. — Pour ma part, Phalinos, dit Cléarque, je t'ai vu avec plaisir et tous les autres aussi, je pense ; car tu es Grec, comme nous tous tant que nous sommes. Dans l'état où nous voilà, nous te consultons sur ce que nous devons faire. Pour toi, au nom des dieux, donne-nous le conseil qui te semble le meilleur et le plus beau et qui te fera honneur, lorsque dans l'avenir on dira que Phalinos, envoyé par le roi pour ordonner aux Grecs de livrer leurs armes, et consulté par eux, leur a conseillé telle ou telle chose, et tu sais qu'on ne peut manquer de répéter en Grèce ce que tu auras conseillé. » Cléarque lui insinuait ainsi sa réponse, voulant que l'envoyé du roi conseillât lui-même de ne pas livrer les armes, ce qui aurait encouragé les Grecs. Mais Phalinos, trompant son attente, répondit : « Si de dix mille espérances vous en avez une seule de vous sauver en faisant la guerre au roi, je vous conseille de ne pas livrer vos armes ; mais, si vous n'avez aucune espérance de salut avec le roi pour ennemi, je vous conseille de vous sauver comme vous pouvez. — Phalinos, dit Cléarque, voilà ton avis. De notre part, annonce au roi, qu'à notre jugement, s'il nous veut pour amis, nous lui serons des amis plus utiles en gardant nos armes qu'en les livrant, et que, s'il nous faut combattre, nous combattrons mieux avec nos armes que sans elles. — Nous lui annoncerons cela, répondit Phalinos ; mais le roi nous a encore ordonné de vous dire que, si vous restez ici, vous aurez trêve, et que, si vous avancez ou reculez, vous aurez guerre. » Cléarque répondit : « Annonce que nous nous en tenons là-dessus à ce que dit le roi. — A quoi ? dit Phalinos. — La trêve si nous restons, la guerre si nous avançons ou reculons. » Phalinos demanda de nouveau : « Annoncerai-je la paix ou la guerre ? » Cléarque fit encore la même réponse : « La trêve

si nous restons, la guerre si nous avançons ou reculons. »
Mais il ne leur découvrit pas ce qu'il ferait.

Cléarque, au coucher du soleil, partit pour rejoindre Ariœos, et l'atteignit au milieu de la nuit. « Les généraux et les capitaines des Grecs, Ariœos et les premiers de ceux qui étaient avec lui jurèrent de ne point se trahir les uns les autres et d'être alliés. Les barbares jurèrent en outre de guider l'armée sans tromperie. Ils firent ce serment après avoir immolé un taureau, un sanglier, un bélier et un loup sur un bouclier, les Grecs trempant leur épée dans le sang, et les barbares leur lance. » Puis ils commencèrent la retraite. Le soir, ils campèrent dans un village d'où l'armée du roi avait enlevé jusqu'au bois des maisons. Les premiers s'y établirent. « Les autres arrivant dans l'obscurité bivaquèrent comme ils purent, et firent grand bruit en s'appelant les uns les autres, en sorte que les ennemis les entendirent, et que les plus voisins s'enfuirent de leurs tentes. » A la nuit, il y eut du tumulte et une panique chez les Grecs. « Cléarque, qui avait par hasard auprès de lui Tolmidès Éléen, le meilleur des hérauts d'alors, lui dit de commander le silence, et de proclamer que les généraux offraient en récompense un talent d'argent à celui qui dénoncerait l'homme qui avait lâché l'âne dans l'enceinte du camp. Par cette proclamation, les soldats connurent que leur crainte était vaine et que leurs chefs étaient saufs. » Bien des historiens auraient honte de raconter des faits aussi petits et en apparence aussi ridicules. On veut absolument qu'une grande expédition ne soit composée que de grandes résolutions et de grands événements. Et cependant ce sont ces détails méprisés qui parlent à l'imagination, lui font toucher les objets et ôtent à la narration la couleur romanesque. Tout le monde aujourd'hui connaît et admire dans la *Chartreuse de Parme* de Stendhal le récit de la bataille de Waterloo. Il semble, quand on l'a lu, qu'on vient d'apprendre pour la première fois ce qu'est une bataille. Il m'a semblé souvent, en lisant la retraite des dix mille, que j'apprenais pour la première fois ce qu'est la marche d'une armée. Xénophon parle à chaque page du fourrage, des vivres, de la pluie, de la poussière; il raconte comment la nuit d'après la bataille, « ils tuèrent les bœufs et les ânes qui étaient çà et là et les firent cuire, en brûlant des boucliers, des chariots et les flèches qu'ils ramassaient dans la plaine. » Un peu plus loin il décrit la beauté et la grandeur des palmiers près desquels on campa, comment les soldats en coupaient la cime et en faisaient un manger délicieux, mais qui faisait mal à la tête; comment ces palmiers fournissaient en outre des dattes, du vin et du vinaigre. On voit dans son livre une foule de ces tableaux, comme en font les peintres de scènes militaires, le campement, les groupes qui se forment, les tentes qu'on dresse, les cuisines qu'on installe, la fumée qui monte dans les arbres, tout le laisser-aller de la vie errante, toute la régularité de la vie disciplinée, et ce mélange de poésie et de vérité, de détails intimes et d'aventures singulières, qui touchant le goût par tous ses points sensibles lui apportent le plaisir de tous côtés.

Le lendemain, le roi envoya des hérauts pour demander une trêve. « Annoncez-lui, dit Cléarque, qu'il faut combattre auparavant; car les soldats n'ont point à dîner, et il n'est personne qui ose parler de trêve aux Grecs sans leur procurer de quoi manger. » Les hérauts revinrent bientôt après disant que cela convenait au roi, et conduisirent l'armée dans un village où il y avait des provisions. Trois jours après vint Tissapherne, qui, au nom du roi, fit un traité avec eux, et promit de les ramener dans leur patrie, de leur fournir un marché sur la route, et de leur laisser prendre des vivres quand ils ne trouveraient pas à en acheter. On se mit en marche vers la Médie, on traversa deux grands fossés, puis le Tigre, puis les villages de Parysatis, mère de Cyrus, que Tissapherne leur dit de piller. Mais les barbares d'Ariæos avaient fait la paix avec Tissapherne, et chaque jour l'armée de Tissapherne et les Grecs se défiaient davantage les uns des autres. Ils campaient séparés, s'entouraient de fortes gardes, et les hommes se battaient au fourrage. Cléarque, pour sortir d'inquiétude, alla trouver Tissapherne, lui montra que les Grecs ne lui voulaient point de mal, puisque leur salut dépendait de lui, qu'ils étaient prêts à servir le roi contre les Mysiens, les Pisidiens et les Égyptiens, si on voulait les employer, et finit par demander le nom de ceux qui le mettaient en défiance. Tissapherne parut persuadé : « Demain, dit-il, amène tes généraux et tes capitaines, pour que je leur fasse connaître les calomniateurs. » Cléarque vint avec cinq généraux, vingt capitaines et environ deux cents soldats.

« Au même signal, les Grecs qui étaient dans la tente de Tissapherne furent saisis, ceux qui étaient dehors égorgés, puis des cavaliers courant à travers la plaine se mirent à tuer tous les Grecs qu'ils rencontraient, esclaves ou libres. Les Grecs qui du camp les voyaient courir s'étonnaient, et ne savaient ce que ce pouvait être, lorsque arriva l'Arcadien Nicarque, blessé au ventre, et retenant ses entrailles dans ses mains, qui leur raconta tout ce qui s'était passé. »

On voit que le récit de Xénophon est la pure image des événements. Il n'annonce rien d'avance, il n'intervient pas dans la narration, il ne s'indigne pas, il ne cherche pas à toucher le lecteur. Que l'auteur s'efface, qu'il n'y ait rien entre nous et les faits, que notre impression soit libre, qu'elle soit produite uniquement par les événements et jamais par le commentaire, n'est-ce point là le but et la perfection du récit?

Les portraits des généraux assassinés sont d'une netteté singulière. Je traduirai celui de Cléarque, qui est d'une logique pressante et naïve, rempli de termes répétés avec une négligence aimable, et composé de deux démonstrations. Xénophon cherche dans son général deux qualités qui résument toutes les autres, et les met en lumière en exposant les actions et les talents qui les prouvent. Et il développe cette preuve avec un soin, une preuve et une exactitude qui nous paraissent presque enfantines, parce qu'aujourd'hui nous sommes habitués à deviner sur un mot une foule d'idées, à juger à l'aventure, à croire à la volée, tandis que le Grec, écrivant sans formules copiées et sans phrases toutes faites, est obligé d'inventer ses opinions et ses expressions, de réfléchir sur tout ce qu'il avance, et de marcher pas à pas, pièces en mains, en homme qui découvre un nouveau pays. Ce style ne serait pas trop éloigné de celui de Commines, qui, comme lui, écrit à l'aurore des idées générales, si l'on osait comparer un barbare du quinzième siècle, Bourguignon et conseiller de Louis XI, au Grec artiste et philosophe qui fut le disciple de Socrate et l'ami de Platon.

« Cléarque, de l'aveu de tous ceux qui avaient fait épreuve de lui, avait au plus haut degré le goût et le talent de la guerre. En effet, tant qu'il y eut guerre entre les Lacédémoniens et les Athéniens, il resta en Grèce. Quand la paix fut faite, ayant persuadé aux siens que les Thraces faisaient tort aux Grecs, et s'étant procuré comme il put le consentement des éphores, il s'embarqua pour combattre les Thraces qui habitent au-dessus de la Chersonnèse et de Périnthe. Lui parti, les éphores eurent quelque regret de cette entreprise; il était déjà à l'isthme, lorsqu'ils essayèrent de le faire revenir. Mais il n'obéit point et fit voile vers l'Hellespont. Là-dessus, il fut condamné à mort par les magistrats de Sparte, comme ayant désobéi. Banni dès ce moment, il va trouver Cyrus. J'ai dit ailleurs par quels discours il persuada Cyrus, et comment Cyrus lui donna dix mille dariques. Il ne tomba point pour cela dans la mollesse; mais ayant, avec cet argent, rassemblé une armée, il fit la guerre aux Thraces, les vainquit dans un combat, puis ravagea et pilla leur pays, et continua la guerre jusqu'au moment où Cyrus eut besoin de cette armée. Il partit alors pour recommencer la guerre avec lui. C'est là, ce me semble, avoir le goût de la guerre, que choisir la guerre, lorsqu'on peut jouir de la paix sans honte ni dommage; préférer les travaux de la guerre, lorsqu'on peut vivre dans l'oisiveté et le bien-être; diminuer ses richesses par la guerre, lorsqu'on peut les posséder entières sans danger. Cléarque aimait à dépenser pour la guerre, comme un autre pour ses amours ou pour tout autre plaisir. Voilà comme il avait le goût de la guerre. Maintenant on voyait qu'il en avait le talent, parce qu'il aimait le danger, que nuit et jour il conduisait les troupes contre l'ennemi, parce qu'il était avisé dans le danger, comme tous ceux qui l'y ont vu en toute occasion le reconnaissent. On le disait aussi bon général que possible, à cause des deux qualités que voici et qu'il avait:

il savait mieux que personne prévoir comment l'armée aurait les choses nécessaires et les lui procurer; et il savait imprimer en tous ceux qui l'entouraient l'idée qu'il fallait obéir à Cléarque. Son moyen était la sévérité; car il avait l'air sombre, la voix rude, et il punissait toujours durement, quelquefois avec colère, tellement que parfois il s'en repentait. Il punissait par principe. Il pensait que sans punitions, une armée n'est bonne à rien. Il disait même, à ce qu'on rapporte, que le soldat doit craindre son chef plus que les ennemis, si l'on veut qu'il garde son poste, qu'il se sépare de ses amis, et marche à l'ennemi sans chercher d'excuses. Aussi, dans les dangers, les soldats souhaitaient fort de l'entendre, et ne voulaient point d'autre chef que lui; car alors son visage sombre prenait, dit-on, une apparence de joie, et son air dur semblait une menace contre les ennemis, en sorte qu'on ne le trouvait plus dur, mais encourageant. Lorsque les soldats étaient sortis de danger et avaient la facilité de passer sous d'autres chefs, beaucoup l'abandonnaient; car il n'avait rien d'aimable, mais toujours il était sévère et dur, de façon que les soldats étaient avec lui comme des enfants avec leur maître. Jamais il n'y avait d'homme qui le suivît par amitié ou bon vouloir. Tous ceux qui étaient attachés à sa personne, soit par ordre de l'État, soit parce qu'ils avaient besoin de lui, soit par quelque autre nécessité, étaient tenus dans une stricte obéissance. Lorsqu'ils commençaient, sous lui, à vaincre, il y avait de grandes causes pour qu'ils devinssent bons soldats; car ils acquéraient de la hardiesse contre les ennemis, et la crainte de ses punitions les rendait dociles. Ainsi commandait Cléarque. On disait qu'il n'aimait pas beaucoup à être commandé par d'autres. Il avait, quand il mourut, environ cinquante ans. »

II

Après cette trahison, « les Grecs se trouvèrent dans une grande perplexité, songeant qu'ils étaient aux portes du roi, entourés de toutes parts par beaucoup de nations et de villes ennemies, que personne ne leur fournirait de marché, qu'ils étaient éloignés de la Grèce d'au moins dix mille stades, qu'ils n'avaient point de guides, qu'ils étaient séparés de leur pays par des fleuves infranchissables, que les barbares de Cyrus les avaient trahis, qu'ils restaient seuls, n'ayant pas un seul cavalier pour allié, en sorte qu'il était visible que vainqueurs, ils ne tueraient personne, et que vaincus, pas un d'eux ne survivrait. Il y en eut beaucoup qui ne vinrent pas au camp cette nuit, et se couchèrent où ils se trouvaient, ne pouvant dormir à cause du chagrin et du regret qu'ils avaient de leur patrie, de leurs parents, de leurs femmes et de leurs enfants, qu'ils ne croyaient jamais revoir. »

Ici Xénophon commence à parler de lui-même sans orgueil ni fausse modestie, disant naturellement ce qu'il a fait, sans songer à prendre dans le récit ni plus ni moins de place qu'il n'en a eu dans l'expédition; parlant de lui à la troisième personne, et, ce semble, avec autant de simplicité et d'indifférence que s'il parlait en effet d'un tiers. Il avait suivi Cyrus comme volontaire, appelé par Proxénos son hôte, un des généraux. Il était fort affligé, et s'endormit pourtant un moment. Il vit en songe la foudre tomber sur la maison de son père et l'embraser. Réveillé en sursaut, il se leva, rassembla les capitaines de Proxénos, leur montra le danger, et dit qu'il fallait nommer des chefs et pourvoir au salut commun. Un certain Apollonide, qui avait l'accent béotien, proposa de se rendre au roi. On le chassa en l'appelant lâche ; on fit venir tous les autres chefs de l'armée, et Xénophon recommença son discours devant eux. Là-dessus, il fut nommé général avec trois autres.

Alors on convoqua les soldats ; car l'armée était une sorte de cité libre, et on ne la gouvernait que par des harangues et des raisons. Les généraux exposèrent l'un après l'autre ce qu'il fallait faire, et encouragèrent les troupes. Xénophon se leva à son tour, revêtu de ses plus belles armes, et dit qu'avec l'aide des dieux, on avait beaucoup de belles espérances de salut. « A ce moment quelqu'un éternua, et les soldats, entendant ce présage, d'un commun mouvement se prosternèrent tous pour adorer les dieux. — O hommes, dit Xénophon, puisque, lorsque nous parlions de notre salut, il nous est venu un présage de Jupiter sauveur, il me semble que nous devons promettre de lui faire un sacrifice lorsque nous serons en pays ami. Que celui qui est de cet avis lève la main. — Ils la levèrent tous. Puis ils firent le vœu et chantèrent le Pœan. » Xénophon reprit alors la parole et leur expliqua tous les motifs qu'ils avaient d'espérer.

Aux yeux d'un moderne, il n'y a pas de discours plus étonnant que celui-là. Les proclamations qu'on fait dans nos guerres modernes semblent l'accompagnement naturel de l'eau-de-vie qu'on verse aux soldats avant la bataille. Il ne s'agit que de leur mettre le sang en mouvement, opération que produisent les phrases emphatiques et les lieux communs sublimes. On emploie la littérature comme mécanique d'enthousiasme. Xénophon n'a pas cette éloquence bruyante, et ses soldats, hommes pratiques, habitués, grâce à l'éducation républicaine, à juger par eux-mêmes, lui demandent non de beaux mensonges et des mouvements d'imagination, mais des faits concluants et des raisonnements solides. Il n'y a pas une exclamation dans tout le discours; le ton reste partout le même; il n'y a pas un trait de forfanterie militaire : tout est sensé, vrai, mesuré. Il explique pourquoi il ne faut pas regretter la défection d'Ariœos, comment on pourra se passer de cavalerie, trouver des guides, se procurer des vivres, passer les fleuves; pourquoi il convient de brûler les chariots et le superflu de l'armée, et autres choses semblables. Les modernes passent pour des hommes positifs, et on leur parle comme à des poëtes; les Grecs passent pour poëtes, et on leur parlait comme à des hommes positifs. Aussi, ce qu'on doit admirer le plus dans leur retraite, c'est moins leur courage que les motifs de leur courage. Ils ne sont point soutenus par cette vanité généreuse qu'on appelle l'honneur, mais par leur bon sens et leur droit jugement.

Ils brûlèrent leurs tentes, leurs chariots, le superflu de leurs bagages, passèrent le fleuve Zapata, et marchèrent vers le nord, afin d'atteindre la mer Noire, rangés en bataille, et ayant au centre les femmes, les valets et les bêtes de somme. Un des anciens chefs de Cyrus, Mithridate, s'approcha en apparence comme ami, et une fois à portée, fit tirer sur eux. Les Grecs souffrirent beaucoup, car les flèches de leurs archers crétois ne portaient pas assez loin pour atteindre les Perses, et les cavaliers ennemis reculaient quand la phalange se retournait contre eux. L'armée, ce jour-là, fit peu de chemin et eut beaucoup de blessés. Le soir, on choisit deux cents Rhodiens qui lançaient des balles de plomb avec leurs frondes, et deux fois plus loin que les Perses, et on leur donna de l'argent pour ce service. Preuve singulière de l'extrême indépendance de chaque particulier et de la faiblesse du point d'honneur. Aujourd'hui, pour transformer des soldats de ligne en tirailleurs, il suffirait d'un mot du général, et ils rougiraient de demander double solde. Du reste, ceux-ci, le lendemain, mirent en déroute les barbares, et les Grecs mutilèrent les morts pour faire peur à l'ennemi.

Ils rencontrèrent deux grandes villes désertes, Larissa et Mespila : « La base des murs de Mespila était en pierre coquillière polie, épaisse et haute de cinquante pieds; sur elle était bâti un mur de briques, épais de cinquante pieds, haut de cent; l'enceinte avait neuf lieues. » L'Orient a toujours été rempli de ruines. C'est le pays des grands empires et des grandes destructions, et les Grecs rencontrèrent plus d'une fois de pareils débris, squelettes de cités monstrueuses, restes de civilisations qui avaient péri.

Tissapherne les suivait avec sa grande armée, en sorte que tout le jour ils marchaient et combattaient; l'ennemi occupait d'avance les hauteurs, et ils étaient obligés de les prendre d'assaut. Le nombre de leurs blessés augmentait; il fallait des soldats pour les porter et d'autres soldats pour porter les armes des porteurs. Ils campèrent trois jours dans des villages où il y avait des provisions pour un satrape, et établirent huit médecins pour soigner les blessés.

Lorsqu'ils atteignirent les bords du Tigre, ils trouvèrent qu'il était impossible de le passer; car, en sondant avec toute la longueur des lances, on n'atteignait pas le fond. Les généraux firent venir les prisonniers et s'informèrent des routes. Celle du nord conduisait dans les montagnes des Carduques, peuplades très-guerrières, qui n'obéissaient point au roi, et qui avaient détruit dans les défilés une armée de cent vingt mille hommes, envoyée pour les réduire. Mais il fallait suivre cette route pour passer le Tigre à sa source. Ils partirent la nuit en grande hâte, afin de surprendre les barbares. Le récit est si curieux et si animé, que je vais essayer de le traduire tout entier :

« Chirisophos monte sur la hauteur avant qu'aucun des ennemis s'en aperçoive; puis il ordonne de marcher. Le reste de l'armée le suivait à mesure, et occupait des villages, des vallées et des gorges. Les habitants, abandonnant leurs maisons, s'étaient enfuis avec leurs femmes et leurs enfants sur les montagnes. Mais il y avait chez eux force vivres à prendre. Leurs maisons étaient fournies aussi d'ustensiles d'airain en grand nombre. Les Grecs n'en emportèrent aucun et ne poursuivirent pas les habitants. On les ménageait pour voir s'ils voudraient laisser passer l'armée chez eux comme en pays ami, ce qui était naturel, puisqu'ils étaient, comme elle, ennemis du roi. Pour les vivres, chacun en prit ce qu'il trouva, car il y avait nécessité. Les Carduques qu'on appelait n'écoutèrent point et ne firent aucun signe amical. — Lorsque les derniers des Grecs descendirent de la hauteur vers les villages, il était déjà nuit, car, la route étant étroite, ils avaient passé tout le jour à monter et à descendre. Quelques Carduques se rassemblèrent, chargèrent les derniers rangs, tuèrent quelques hommes, et en blessèrent d'autres avec des pierres et des flèches. Ils étaient peu nombreux, car les Grecs étaient tombés sur leur pays à l'improviste ; mais s'ils s'étaient assemblés en plus grand nombre, une partie de l'armée aurait couru risque de périr. — On campa ainsi cette nuit dans les villages. Les Carduques allumèrent beaucoup de feux en cercle sur les hauteurs et se voyaient les uns les autres. Au jour naissant, les généraux et les capitaines des Grecs se réunirent, et décidèrent de marcher avec les bêtes de somme nécessaires et les plus robustes, en abandonnant les autres, et de relâcher aussi tous les prisonniers qu'on avait faits récemment. Car ces animaux et ces captifs, étant nombreux, retardaient la marche, il fallait beaucoup d'hommes pour les garder, et c'était autant de soldats inutiles. Il fallait se procurer et porter avec soi le double de vivres pour tant de bouches. La chose décidée, on la fit proclamer par le héraut.

« Lorsque les soldats eurent dîné et se furent mis en marche, les généraux s'arrêtèrent dans un passage étroit pour les examiner. Si les soldats avaient gardé quelque chose contre l'ordre, ils le leur ôtaient, et ceux-ci obéissaient, sauf lorsqu'un d'eux furtivement faisait passer un jeune garçon qu'il désirait ou une belle femme. Ce jour-là, ils marchèrent de la sorte, tantôt combattant, tantôt faisant halte. — Le lendemain, il y eut un grand orage, et cependant il fallait avancer, parce qu'il n'y avait pas assez de vivres. Chirisophos conduisait, Xénophon était à l'arrière-garde. Les ennemis attaquèrent vigoureusement, s'approchant à cause de l'étroitesse du passage, et lançant des pierres et des flèches ; en sorte que les Grecs, obligés de poursuivre et de revenir ensuite, avançaient lentement. Et plusieurs fois Xénophon, lorsque les ennemis chargeaient trop vivement, ordonna qu'on fît ferme. Dans ces moments, Chirisophos averti s'arrêtait ; mais la dernière fois il ne s'arrêta pas : au contraire, il hâta le pas et fit dire à l'arrière-garde de le suivre, de façon qu'on vit bien qu'il y avait quelque chose. Mais on n'avait pas le loisir d'aller voir la cause de cette hâte. Aussi la marche de l'arrière-garde devint semblable à une fuite. Là mourut un homme brave, Cléonyme, Laconien, atteint d'une flèche dans le côté, à travers son bouclier et sa casaque, et Basias Arcadien, qui eut la tête traversée. Lorsque les troupes furent arrivées au campement, Xénophon alla du même pas trouver Chirisophos, et lui reprocha de ne pas les avoir soutenus, et de les avoir obligés de fuir en combattant : « A présent, deux bons et braves soldats sont morts, et nous n'avons pu ni emporter ni ensevelir leurs corps ! — Regarde du côté des montagnes, répond Chirisophos, et vois comme elles sont toutes infranchissables. Il n'y a qu'un chemin, celui que tu vois, à pic, occupé par cette foule d'hommes que tu peux voir, et qui s'y sont établis d'avance pour garder le passage. Je me suis hâté et je ne t'ai point soutenu, afin de tâcher d'arriver avant que la hauteur fût prise. Les guides que nous avons disent qu'il n'y a pas d'autre route. — J'ai deux hommes, dit Xénophon. Lorsque là-bas nous nous sommes trouvés dans l'embarras, nous avons fait ferme pour respirer, nous en avons tué quelques-uns, et nous avons eu l'idée d'en prendre, justement pour avoir des guides qui connussent le pays. »

Aussitôt on fit venir les deux hommes et on les interrogea séparément, leur demandant s'ils savaient quelque autre route que celle qu'on voyait. L'un d'eux répondit que non, quoiqu'on employât toutes les menaces. *Et comme il ne disait rien d'utile, on le tua en présence de l'autre.* Le survivant dit que celui-là s'était tu, parce que sa fille était mariée à un des hommes de la hauteur. Il promit pour lui de conduire l'armée par une route praticable même aux bêtes de somme. Interrogé si elle renfermait quelque passage difficile, il répondit qu'il y avait une hauteur qu'il fallait occuper d'avance, sans quoi il serait impossible de passer. Là-dessus, on jugea à propos de convoquer les capitaines des peltastes et des hoplites pour leur dire ce qui en était, et leur demander si quelqu'un d'entre eux voulait se montrer homme brave et s'offrir pour marcher en volontaire. Aussitôt s'offrent parmi les hoplites Aristonymos de Méthydie, Arcadien, et Agasias de Stymphalie, Arcadien, puis par rivalité Callimaque de Parrhasie, Arcadien. Celui-ci dit qu'il se proposait pour l'expédition, et qu'il prendrait avec lui des volontaires de toute l'armée. « Car je sais, dit-il, que si je commande, beaucoup d'entre les jeunes gens me suivront. » Après cela, on demanda si quelqu'un des taxiarques voulait aussi partir. Aristéas de Chios se présenta. Il fut très-utile à l'armée, et à plusieurs reprises, dans cette expédition.

« Il était déjà tard. On leur donna l'ordre de manger et de partir. On lie le guide, on le met entre leurs mains, et l'on convient que, la nuit, ils garderont la hauteur s'ils peuvent l'occuper ; qu'au jour naissant ils donneront le signal avec la trompette, qu'alors ils attaqueront les ennemis qui occupent l'issue apparente, et que le reste de l'armée viendra à leur aide le plus vite qu'on pourra. Étant ainsi convenus de leurs mouvements, les volontaires partent au nombre de deux mille hommes ; il tombait du ciel beaucoup d'eau. Cependant Xénophon, ayant avec lui l'arrière-garde, marcha vers l'issue apparente, pour détourner de ce côté l'attention des ennemis, et les empêcher de remarquer ceux qui faisaient le circuit. Lorsqu'il fut avec l'arrière-garde devant le ravin qu'il fallait traverser pour gravir la route, les barbares roulèrent des blocs qui auraient fait la charge d'un chariot, d'autres plus grands, d'autres moindres, qui allaient heurter contre les rochers, et dont les éclats rebondissaient lancés comme par des frondes. Il était tout à fait impossible d'avancer par cette route. Quelques-uns des capitaines, à défaut de celle-là, en essayèrent une autre, et l'on continua cette manœuvre jusqu'à la nuit. Lorsqu'on crut qu'on pouvait se retirer sans être vu, les troupes s'en allèrent pour souper. Ceux qui faisaient l'arrière-garde n'avaient pas même dîné. Cependant les ennemis, montrant qu'ils avaient peur, ne cessèrent point de toute la nuit de rouler des pierres. On le conjecturait au bruit.

« Ceux qui avaient le guide font un détour, et surprennent les gardiens du poste, assis autour du feu. Ils tuent les uns, et ayant poursuivi les autres, restent là, croyant occuper la hauteur. Mais ils ne l'occupaient pas. Il y avait au-dessus d'eux un mamelon, le long duquel était la route étroite sur laquelle ils avaient trouvé les gardiens ; celle-ci du reste conduisait aux ennemis qui s'étaient postés sur l'issue apparente. Les Grecs passèrent la nuit en cet endroit. Quand le jour parut, ils marchèrent en silence et en ordre contre les barbares. Il y avait du brouillard, de sorte qu'ils approchèrent sans être aperçus. Lorsque les deux troupes se virent, la trompette sonna, les Grecs poussèrent le cri de guerre, et chargèrent les ennemis. Ceux-ci ne les attendirent pas, et abandonnèrent la route. Il n'y en eut que peu de tués dans la fuite, car ils étaient agiles. Aussitôt de leur côté, les hommes de Chirisophos, ayant entendu la trompette, gravirent la route qui était en vue. D'autres généraux, chacun de son côté, prirent les chemins non frayés qu'ils rencontraient, et montèrent comme ils purent, en se hissant les uns les autres avec leurs lances. Ce furent eux qui se réunirent les premiers aux hommes qui avaient occupé la hauteur.

« Pour Xénophon, ayant la moitié de l'arrière-garde, il suivit le même chemin que ceux qui avaient le guide. Car c'était la route la plus aisée pour les bêtes de somme ; il avait rangé sa troupe derrière elles. En avançant, ils rencontrent au-dessus du chemin une éminence occupée par les ennemis, qu'il fallait chasser, sous peine d'être séparés de l'armée. Car les hommes auraient bien passé par la même route que leurs camarades, mais il n'y avait point d'autre voie que celle-là pour les bêtes de somme. Là-dessus, s'exhortant les uns les autres, ils courent vers l'ennemi, rangés par colonnes, non pas en cercle, mais laissant une issue aux ennemis, s'ils voulaient fuir. Pendant qu'ils montaient, chacun par où il pouvait, les barbares les frappaient et leur tiraient des flèches, mais ils ne se laissèrent point approcher, et s'enfuirent abandonnant leur poste. Les Grecs le dépassent et voient en avant une autre éminence occupée aussi, et contre laquelle il fallait aussi marcher.

« Xénophon craignant que, s'il laisse libre celle qu'il vient d'emporter, les ennemis ne la reprennent, et ne tombent sur les bêtes de somme qui passent (car la file était longue à cause de l'étroitesse de la route), laisse sur l'éminence les capitaines Céphisodon, fils de Céphisophon Athénien, et Amphicrate, fils d'Amphidème Athénien, et Archagoras, Argien banni. Il marche lui-même avec les autres vers la deuxième éminence, et ils la prennent de la même façon que la première. Il restait un troisième mamelon beaucoup plus escarpé : c'est celui qui dominait le feu du poste que les volontaires avaient surpris la nuit. Lorsque les Grecs en furent proches, les barbares le quittent sans combat; ce qui étonna tout le monde, et fit soupçonner qu'ils l'avaient abandonné, de peur d'être entourés et cernés. Xénophon monta sur le mamelon avec les plus jeunes, et ordonna aux autres d'avancer en suivant la route, pour que les derniers rangs pussent rejoindre, et de faire halte en terrain uni. En ce moment arrive Archagoras l'Argien qui fuyait. Il dit qu'ils ont été accablés, qu'ils ont perdu la première éminence, que Céphisodon et Amphicrate sont morts et avec eux tous les autres, excepté ceux qui ont sauté du haut du rocher et regagné l'arrière-garde. Après cette action, les barbares vinrent sur la hau-

teur qui faisait face au mamelon, et Xénophon, au moyen
d'un interprète, traita avec eux d'une suspension d'armes,
et redemanda les morts. Ils dirent qu'ils les rendraient, à
condition qu'on ne brûlerait pas leurs villages. Xénophon
y consentit. Pendant que le reste de l'armée passait et
qu'on traitait, tous ceux de l'endroit accoururent, et s'assemblèrent ; ils s'étaient arrêtés là, mais lorsque les Grecs
eurent commencé à descendre du mamelon pour rejoindre
les autres à l'endroit où l'on avait fait halte, ils vinrent
sur eux en grande foule et à grand bruit ; et lorsqu'ils furent sur le sommet de la hauteur d'où Xénophon était descendu, ils roulèrent des pierres. Un soldat eut la jambe
cassée. Le porte-bouclier de Xénophon l'abandonna. Euryloque de Lousée, Arcadien, courut à lui, et fit la retraite en
s'exposant pour deux. Les autres rejoignirent aussi leurs
compagnons. Toute l'armée grecque se trouva alors ensemble, et campa sur la place dans un grand nombre de
belles maisons, avec quantité de vivres ; car il y avait
force vin que les barbares gardaient dans des puisards enduits de chaux. Xénophon et Chirisophe composèrent pour
obtenir les morts en échange du guide ; ils leur rendirent,
selon leur pouvoir, tous les honneurs qu'on est dans l'usage
de rendre aux hommes braves.

Il fallut encore livrer plusieurs combats et emporter d'autres passages. Les barbares lançaient
des flèches longues de trois pieds qui perçaient
boucliers et cuirasses. Enfin les Grecs descendirent
en plaine, et se trouvèrent sur la frontière d'Arménie, en face du fleuve Centritès, qui était profond et roulait de grosses pierres. Les Carduques
assemblés en grandes troupes menaçaient leur
derrières. Sur l'autre rive du fleuve il y avait une

armée d'Arméniens. On était fort embarrassé lorsque deux jeunes gens vinrent trouver Xénophon, et lui dire qu'en cherchant du bois sec pour le feu, ils avaient vu un vieillard, une femme et des jeunes filles déposer des coffres de vêtements dans une grotte. Ils s'étaient déshabillés, et gardant leurs poignards, ils avaient essayé de traverser le fleuve à la nage; ayant trouvé qu'en cet endroit on n'avait d'eau que jusqu'aux hanches, ils avaient pris les vêtements et étaient revenus. Xénophon fit aussitôt des libations aux dieux, et avertit Chirisophe, qui « la couronne sur la tête, » passa le gué le premier avec l'avant-garde. En même temps, Xénophon faisait mine de traverser la rivière sur un autre point. Les Arméniens craignant d'être enveloppés s'enfuirent. Une charge brusque fit reculer les Carduques. L'arrière-garde passa en courant, et l'on eut seulement quelques hommes blessés à coups de flèches.

Ils franchirent le Tigre à sa source, toujours suivis par l'armée ennemie. Une nuit, il tomba tant de neige que le camp et les hommes couchés à terre en furent couverts. Les bêtes de somme ne pouvaient se dégager. Xénophon se leva nu, fendit du bois, un soldat vint l'aider, puis un second; les autres furent bientôt debout, allumèrent du feu, et se frottèrent d'huile de sésame, d'amande, de térébenthine qu'ils avaient trouvée dans le pays. Le lendemain, ils prirent un Perse qui les conduisit vers les hauteurs, où campaient Tiribaze et l'armée arménienne. Ils prirent la tente de Tiribaze, ses lits à pieds d'argent, ses vases à boire, ses boulangers et ses échansons. Les Perses traînaient partout l'attirail de leur luxe.

Ils passèrent aussi l'Euphrate à sa source, et furent assaillis par une tempête affreuse. Le vent du nord leur soufflait au visage, brûlait la chair et gelait les hommes. La neige avait six pieds de profondeur. Une foule de chevaux et d'esclaves périrent et avec eux trente soldats. Le lendemain, ils se remirent en marche à travers la neige. Beaucoup d'hommes tombaient, saisis de cette faim subite qu'on nomme fringale; Xénophon prit ce qu'il y avait de vivres sur les bêtes de somme, et les leur fit manger. Alors ils se relevaient et marchaient. Cependant Chirisophe arriva à un village, « devant lequel des jeunes filles et des femmes puisaient de l'eau à la fontaine. » Détail gracieux qui rappelle l'histoire de Nausicaa et d'Ulysse, qu'un Romain eut omis, que Xénophon, élevé dans l'amour des poëtes, recueille avec autant de soin qu'Homère. Elles demandèrent aux Grecs qui ils étaient. L'interprète répondit qu'ils venaient de la part du roi trouver le satrape. En même temps ils entrèrent avec elles dans le village et s'y établirent sans faire de mal aux habitants.

Mais les autres soldats, qui ne pouvaient achever la route, passèrent la nuit sans vivres et sans feu et quelques-uns périrent. Plusieurs restaient en chemin, aveuglés par la neige. D'autres avaient les doigts de pied gelés, et leurs membres leur refusaient le service. Pour préserver sa vue, il fallait marcher en se mettant devant les yeux quelque chose de noir; pour garantir ses pieds, il fallait les remuer sans jamais prendre de repos, et se déchausser la nuit, sans quoi les courroies entraient dans la chair, et la chaussure se collait à la peau. Ils aperçurent un endroit noir, où la neige avait été fondue par une source « qui coulait dans le bois en exhalant une vapeur. » Ils s'assirent là et dirent qu'ils n'iraient pas plus loin. Xénophon qui arrivait avec l'arrière-garde, les exhorta par toutes les raisons à ne pas perdre courage. « Les ennemis, disait-il, vont arriver sur vous. » Après de longues prières, il finit par s'irriter. « Tuez-nous, répondirent-ils, nous ne pouvons plus avancer. » « Il était déjà nuit, les barbares approchaient à grand bruit. Xénophon les chargea avec les hommes valides de l'arrière-garde, pendant que les malades criaient le plus fort qu'ils pouvaient et heurtaient leurs boucliers contre leurs lances. L'ennemi s'enfuit dans le bois. Et le lendemain les jeunes gens de l'armée transportèrent les malades dans les villages. »

On voit combien ce style est sobre et combien peu Xénophon cherche le pathétique. La description des villages va montrer qu'il ne travaille pas plus à frapper l'imagination que le cœur. Les artistes grecs s'occupent moins de toucher fort que de toucher juste. Ils songent à bien imiter la nature, et non à faire impression sur le lecteur. « Les maisons étaient souterraines, l'ouverture en forme de puits, le dessous large. L'entrée pour les bestiaux était cachée, les hommes descendaient avec une échelle. Il y avait dans l'intérieur des chèvres, des brebis, des oiseaux, des bœufs, de l'orge, du blé, une boisson faite avec de l'orge très-forte, et qu'on aspirait dans de grandes urnes avec un chalumeau. Xénophon fit manger avec lui le chef du village, lui dit d'avoir bon courage, et lui promit qu'on ne lui ferait aucun mal, s'il servait fidèlement les Grecs. Celui-ci se mit en belle humeur et leur découvrit où était le vin. Puis il alla avec Xénophon dans plusieurs villages, et tout le monde les retenait et leur faisait festin. Partout, on mettait sur la table de la chair de porc, de chèvre, de brebis, des pains d'orge et de froment. Lorsqu'ils voulaient boire à la santé de quelqu'un, ils le tiraient vers l'urne, et le convié devait y plonger sa tête et avaler le vin à grand bruit comme un bœuf. Ensuite Xénophon et le guide allèrent vers Chirisophe, et trouvèrent les Grecs sous leurs tentes, couronnés d'herbes sèches, servis par de jeunes garçons arméniens, en longues robes barbares, et leur apprenant comme à des novices ce qu'ils avaient à faire. » Cette abondance grossière et cette fête rustique improvisée font un contraste agréable et subit avec la lamentable marche qu'on vient de décrire. Xénophon ne nous en avertit point; il ne fait que raconter; c'est à nous de sentir l'art caché sous le naturel, et l'opposition des tableaux dissimulée sous l'uniformité du récit.

Près du Phase, ils rencontrèrent les Phasianiens et les Chalybes rangés en bataille derrière le fleuve, les vainquirent et entrèrent dans les terres des Tasques. Ceux-ci renfermaient leurs troupeaux et leurs provisions dans des lieux fortifiés, et l'on fut obligé de les assiéger pour avoir des vivres. Un jour Xénophon, arrivant avec l'arrière-garde, trouva Chirisophe arrêté devant un de ces forts. Les barbares roulaient des pierres énormes, et déjà plusieurs soldats avaient les jambes ou les côtes rompues. Xénophon mit des hommes derrière quelques arbres proches du mur. Ils s'avançaient de deux ou trois pas, et les pierres tombaient en quantités étonnantes. Quand ils les crurent épuisées, ils s'élancèrent; le fort fut pris; « et il y eut alors un affreux spectacle. Les femmes précipitaient leurs enfants du haut du rempart, et se précipitaient, et les hommes aussi. Le capitaine Œnéas

Stymphalien, voyant un d'eux qui avait une belle robe et allait se précipiter, le retint par son vêtement; l'autre l'entraîna, et tous deux tombèrent sur les rochers et périrent. On prit très-peu d'hommes, mais beaucoup de bœufs, d'ânes et de moutons. »

Ils entrèrent alors dans le pays des Chalybes, les plus braves des barbares. Ces hommes avaient des cuirasses de lin, des casques, des lances de quinze coudées, et ne cessèrent de suivre les Grecs et de les attaquer de près. « Ils avaient à la ceinture une sorte de couteau dont ils égorgeaient leurs ennemis abattus. Ils leur coupaient la tête et l'emportaient, et toutes les fois que leurs ennemis pouvaient les voir, ils chantaient et dansaient. » — Ces traits de désespoir et de férocité ne font-ils pas voir à l'imagination, en abrégé, et comme en passant, les figures sauvages de ces races inconnues que pour la première fois on découvrait ?

Le cinquième jour, ils gravirent le mont Thécès. Aussitôt que les premiers rangs y furent arrivés, ils poussèrent de grands cris. « Xénophon et les siens crurent que l'ennemi attaquait. Car les gens de la contrée brûlée suivaient l'armée ; et l'arrière-garde, ayant fait halte, en avait tué plusieurs, et pris d'autres avec des boucliers couverts de cuir cru et velu au nombre de vingt environ. Comme le cri devenait à chaque instant plus fort et se rapprochait, et que ceux qui marchaient en avant se mettaient à courir vers les autres qui criaient toujours, et que la chaleur augmentait encore à mesure qu'il y avait plus d'hommes, Xénophon crut la chose plus grave. Il monte à cheval, et prenant avec lui Lucios et les cavaliers, il va au secours. Bientôt ils entendent les soldats qui crient la mer ! la mer ! et de bouche en bouche se passe la nouvelle. Là-dessus, ils courent tous, l'arrière-garde aussi et les bêtes de somme et les chevaux. Lorsque l'armée fut réunie sur la hauteur, les hommes s'embrassèrent les uns les autres, et embrassèrent leurs capitaines et leurs généraux en pleurant. Tout d'un coup, sur l'idée d'un soldat, ils apportent des pierres et élèvent un grand tertre. Ils y mettent quantité de peaux de bœufs crues, des bâtons, et les boucliers qu'ils avaient pris. » Ils étaient au bord oriental de la mer Noire, et dressaient un monument comme au terme de leur voyage. Les Grecs, comme les Anglais, se croyaient chez eux quand ils voyaient la mer.

Ils traversèrent le pays des Macroniens avec qui ils firent paix, et mirent en déroute les Colchiens qui leur barraient le passage. Ils avaient comme une fureur d'arriver. Xénophon criait aux siens dans cette dernière bataille : « Hommes, ceux-là sont les derniers qui soient entre nous et l'endroit que nous désirons depuis si longtemps. Si nous pouvons, il faut les manger crus ! » — C'est le mot d'Achille, lorsqu'il posait le pied sur la poitrine d'Hector.

Enfin, après huit marches, ils arrivèrent au rivage à Trapezunte, ville grecque qui les reçut en hôtes. Ils campèrent trente jours aux environs, pillant la Colchide. Ils immolèrent un grand nombre de bœufs à Jupiter sauveur, à Hercule conducteur, et aux autres dieux selon leur vœu, et donnèrent des jeux sur la montagne où ils campaient. Les exercices du corps et la gloire de vaincre en public étaient le premier plaisir et le premier besoin de ce peuple d'athlètes et d'artistes ; mais leurs jeux étaient rudes comme il convenait à de tels soldats. Ils avaient élu Dracontios, Spartiate pour y présider, et pour choisir l'emplacement ; après ce sacrifice, ils lui demandèrent de les y conduire : « L'autre leur montra le lieu où ils se trouvaient, et dit :

« Cette colline est un terrain excellent pour courir où l'on voudra. — Mais comment pourra-t-on lutter sur un sol si dur et si boisé ? — Tant pis pour qui tombera. » Les coureurs du petit Stade furent pour la plupart des jeunes gens captifs. Pour la course du grand Stade il y eut plus de soixante Crétois. Les autres se présentèrent pour la lutte, le pugilat, et le pancrace. Et le spectacle fut beau. Car il y eut beaucoup d'athlètes, et comme leurs compagnons regardaient ils firent de grands efforts. Il y eut aussi des courses de chevaux. Il fallait descendre sur la pente escarpée jusque dans la mer, retourner et remonter jusqu'à l'autel. Beaucoup d'entre eux roulaient en bas, et la pente était si roide qu'à peine si les chevaux pouvaient remonter au pas. Là-dessus c'étaient des clameurs, des rires, et de grands cris d'encouragement. »

Ils avaient encore pourtant trois cents lieues à faire, toute la mer Noire à longer, vingt peuples barbares à traverser, et plus de combats à livrer, plus d'aventures à entreprendre, plus de pertes à subir que chez les Carduques, les Chalybes, et le grand roi.

M. MICHELET.

I

Renaissance[1].

M. Michelet revient à sa grande œuvre, l'*Histoire de France*; il en écrit la plus grande époque, le seizième siècle. Le moment serait opportun pour juger l'œuvre; il vaut mieux définir l'auteur.

Kant disait que nos idées viennent en partie des choses, en partie de nous-mêmes, que les objets en frappant notre esprit y trouvent une forme innée, que cette courbure originelle altère l'image reçue, et qu'ainsi notre vérité n'est pas la vérité. Il s'est trouvé que cette doctrine était une supposition en philosophie; il se trouve qu'elle est une règle en critique. Nos facultés nous mènent; nos talents nous égarent ou nous instruisent; notre structure primitive nous suggère nos erreurs et nos

---

1. Tome VII de l'*Histoire de France*.

découvertes. Décomposer un esprit, c'est démêler en abrégé et d'avance ses découvertes et ses erreurs.

M. Michelet est un poëte, un poëte de la grande espèce; à ce titre il saisit les ensembles et les fait saisir. Cette imagination si impressionnable est touchée par les faits généraux aussi bien que par les faits particuliers, et sympathise avec la vie des siècles comme avec la vie des individus; il voit les passions d'une époque entière aussi nettement que celles d'un homme, et peint avec autant de vivacité le moyen âge ou la Renaissance que Philippe le Bel ou François Ier. Tant d'images brillantes, de mouvements passionnés, d'anecdotes piquantes, de réflexions et de récits, sont gouvernés par une pensée maîtresse, et l'ouvrage entier, comme une armée disciplinée, se porte d'un seul mouvement vers un seul but.

Ce mouvement est entraînant; en vain on voudrait résister, il faut lire jusqu'au bout. Le livre saisit l'esprit dès la première page; en dépit des répugnances, des objections, des doutes, il reste maître de l'attention et ne la lâche plus. Il est écrit avec une passion contagieuse, souvent maladive, qui fait souffrir le lecteur, et pourtant l'enchante : on est étonné de se sentir remué par des mouvements si brusques et si puissants; on voudrait revenir à la sérénité du raisonnement et de la logique, et on ne le peut pas; l'inspiration se communique à notre esprit et l'emporte; on pense à ce dialogue où Platon peint le dieu attirant à lui l'âme du poëte, et le poëte attirant à lui l'âme de ses auditeurs, comme une chaîne d'anneaux aimantés qui se communiquent l'un à l'autre la vertu magnétique, et sont enlevés bien haut dans l'air, attachés l'un à l'autre, et suspendus au premier aimant. Aucun poëte n'exerce plus que M. Michelet cette domination charmante; lorsque pour la première fois on commence à penser et qu'on le rencontre, on ne peut s'empêcher de l'accepter pour maître; il est fait pour séduire et gouverner les esprits qui s'ouvrent, et il l'a prouvé.

Quel est donc ce charme tout-puissant, et par quels accents parvient-il à troubler si profondément les cœurs? En lui vivent plusieurs poëtes, qui chacun aperçoivent une face différente de la vie humaine; et se réunissent en une sorte de chœur harmonieux pour la chanter tout entière et en exprimer toutes les beautés. Il a de vagues instincts panthéistes, et semble entendre en lui-même un écho des gigantesques épopées où les poëtes indiens célèbrent le rajeunissement du Dieu universel. « Par Salerne, par Montpellier, par les Arabes et les Juifs, par les Italiens leurs disciples, une glorieuse résurrection s'accomplissait du Dieu de la nature. Inhumé non pas trois jours, mais mille ou douze cents ans, il avait pourtant percé de sa tête la pierre du tombeau. Il remontait vainqueur, immense, les mains pleines de fruits et de fleurs, l'Amour consolateur du monde. Les Maures avaient découverts les puissants élixirs de vie que la terre, de son sein fécond, par l'intermédiaire des simples, envoie à l'homme son enfant, et qui sont peut-être sa vie maternelle. La tendresse de ce Dieu-mère, qu'on ne sait comment nommer, éclatait, débordait pour lui. Le voyant faible, chancelant, qui ne pouvait aller à elle, elle s'élançait, la grande mère, la compatissante nourrice, pour le soutenir dans ses bras. »

Cette intuition obscure des forces naturelles, ce trouble mystique des sens, cette résurrection involontaire des grandioses et fantastiques images du vieil Orient, n'empêchent pas l'étonnant magicien de revoir « la noble, la sereine, l'héroïque antiquité, » et de peindre avec une admirable netteté les traits si nets de la Grèce artiste et charmante. « L'antiquité parut jeune, dit-il, et par son charme singulier, et par un accord profond avec la science naissante. Un sang plus chaud, une flamme d'amour revint dans nos vieilles veines avec le vin généreux d'Homère, d'Eschyle et de Sophocle, et non moins viril qu'enchanteur, le génie grec guidait Copernic et Colomb. » Il se fait sans effort le contemporain des civilisations et des hommes; leurs sentiments passent en lui à l'instant et d'eux-mêmes; son âme s'ébranle et vibre comme une lyre au son de toutes les passions et de toutes les douleurs; quand il parle de Virgile, sa prose prend soudainement l'harmonie des vers de Virgile, et son cœur la tristesse de Virgile; je n'oserais pas dire qu'il fait l'histoire; elle se fait en lui; les chants et les pensées des autres se reforment sur ses lèvres et dans son esprit sans qu'il les cherche; il ressemble lui-même à cet Être universel dont il parlait tout à l'heure, qui prend toutes les formes, et qui reste lui-même en devenant toutes choses, et qui, partout où il pénètre, apporte avec lui la vie et la beauté. « Saint Virgile, disait-on, priez pour moi ! Moi-même j'avais ce mot au cœur bien avant de savoir qu'un autre avait parlé ainsi au seizième siècle. Et qui plus que moi a le droit de le dire, moi élevé sur vos genoux, qui n'eus si longtemps d'autre aliment que l'antiquité adoucie par vous; moi qui vécus de votre lait avant de boire dans Homère le sang, le lait et la vie ? Mes heures de mélancolie, jeune, je les passais près de vous; vieux, quand les pensées tristes viennent, d'eux-mêmes les rhythmes aimés chantent encore à mon oreille; la voix de la douce sibylle suffit pour éloigner de moi le noir essaim des mauvais songes. »

Est-il possible, quand les faits et les hommes se retracent aussi vivement dans l'imagination enflammée, de garder le ton du récit? Non, l'auteur finit par les croire réels, il les voit vivre; il leur parle, il entend leurs réponses; le dialogue et le drame entrent de toutes parts dans l'histoire; le cadre étroit de la narration est brisé; les apostrophes, les exclamations, tous les mouvements de l'inspiration, le dithyrambe, les malédictions, les confidences personnelles, les exhortations, arrivent en foule; l'histoire devient un poëme. Consent-elle parfois à se réduire à la narration pure, son élan ne s'affaiblit pas. Les images sont si vives, les tours si rapides, le jet de l'intervention si heureux et si violent, que les objets semblent renaître avec leurs couleurs, leurs mouvements et leurs formes, et passer devant nous comme une fantasmagorie de peintures lumineuses. Les plus petits faits, un détail de costumes, une anecdote d'imprimerie, s'animent, et l'on croit avoir une sorte de vision lorsqu'on entend l'historien raconter « comment, en 1500, Alde quitta le format des savants et répandit l'in-8°, père des petits formats, des livres et des pamphlets rapides, légions innombrables des esprits invisibles qui filèrent dans la nuit, créant, sous les yeux mêmes des tyrans, la circulation de la liberté. »

Cette flamme de l'imagination échauffe le style et l'emporte jusqu'à une sorte de fureur. M. Michelet écrit comme Delacroix peint et comme Doré dessine, se hasardant jusqu'aux tons les plus crus, allant chercher dans la boue les expressions passionnées, tirant de la médecine et de la langue du peuple des détails et des termes qui saisissent et qui effrayent, et couvrant tout de métaphores splendides qui jettent comme une teinte de pourpre sur toutes les souillures qu'il a dévoilées. Ce serait lui faire tort que de détacher et de mettre dans un relief choquant les traits abominables qu'il a rapportés pour peindre les mœurs et les guerres d'Italie. Le lecteur se rappelle, dans son *Histoire de la Révolution*, les massacres du 2 septembre et la Glacière d'Avignon; jamais, je crois, l'éloquence humaine n'est montée à un tel excès de passion désespérée pour flétrir le meurtre et pour combler et accabler l'âme du lecteur d'épouvante et d'indignation. Il y a des récits semblables dans l'*Histoire de la Renaissance*, et c'est là qu'il faut les chercher. Mais ce qu'on peut citer, ce sont des portraits dans lesquels il voit, par une divination de peintre et de physiologiste, le caractère à travers le tempérament, et reconstruit le moral par le physique. C'est celui du cardinal d'Amboise? « Vous diriez la forte encolure d'un paysan normand; sur cette large face et ces gros sourcils baissés, vous jureriez que c'est un de ces parvenus qui par une épaisse finesse, un grand travail, une conscience peu difficile, ont monté à quatre pattes. » C'est celui du rival de Savonarole : « On alla chercher dans la Pouille un de ces prédicateurs de carrefour qui ont le feu du pays dans le sang, un de ces cordeliers effrontés, éhontés, qui, dans les foires d'Italie, par la force de la poitrine et la vertu d'une gueule retentissante, font taire la concurrence du bateleur et de l'histrion. » La prose, ce semble, vaut ici la peinture, et il n'y a pas de tableau plus coloré que ce portrait.

Au fond, comme on le voit, cette verve enthousiaste est railleuse; M. Michelet est artiste jusque dans les plus intimes parties de son être, et quel artiste en France n'a pas d'esprit? Nous avons beau faire, nous sommes toujours parents de Voltaire et de Molière; le sarcasme nous arrive involontairement aux lèvres; le ridicule nous frappe d'abord; au milieu de tout son lyrisme et de ses effusions de cœur, M. Michelet rencontre la comédie à chaque pas. C'est le portrait du roi Louis XII, propriétaire amoureux de son héritage milanais, qui fait à genoux la guerre au pape, craintif et patient devant sa première femme, traité par l'Anglaise, sa seconde souveraine, Dieu sait comment et le diable aussi. C'est l'histoire de l'empereur Maximilien, grand chasseur « qui eut les jambes du cerf et la cervelle aussi. Chevalier (d'industrie) et à la fin condottière dans le camp des Anglais, empereur à cent écus par jour. » Un trait encore, digne d'Aristophane; M. Michelet ressemble souvent au grand comique par l'audace originale de ses inventions, par la familiarité de ses allégories, par la légèreté et l'aisance avec laquelle il bat ses adversaires. Il s'agit des mystiques tempérés. « Les autres (les scolastiques) allaient gauchement avec des entraves aux jambes, tristes quadrupèdes qui marchaient pourtant quelque peu. Mais les mystiques raisonnables étaient des animaux ailés. Ils donnaient l'étonnant spectacle de volatiles étendant par moments de petites ailes liées, bridées, les yeux bandés, sautant au ciel jusqu'à un pied de terre, et retombant sur le nez, prenant incessamment l'essor pour rasseoir leur vol d'oisons dans la basse-cour orthodoxe et dans le fumier natal. »

Tel est ce talent si riche et si souple, mélange d'esprit et d'enthousiasme, d'érudition et de philosophie, de grâce aimable et de violence ironique, esprit créateur s'il en fut, âme de feu, où la passion toujours ardente suscite des images toujours vivantes, qui traverse du même vol impétueux tous les contrastes, et dont les mouvements si divers et si extrêmes s'expliquent tous par la domination d'une faculté souveraine, l'inspiration.

Est-ce tout? Et n'y a-t-il rien à redire? Il y a toujours à redire. L'imagination inspirée qui a produit ici tant de beautés cause aussi les imperfections de l'ouvrage, et inquiète les lecteurs qu'elle a charmés.

Quelle impression laisse ce livre, et que se dit le

lecteur en le quittant? Un seul mot, et funeste : *Je doute*. Que l'auteur soit de bonne foi et très-savant, tout le monde l'accorde. A-t-il été assez clairvoyant et prudent pour atteindre la vérité? nul ne le sait.

Un ouvrage comme l'*Histoire d'Angleterre* de M. Macaulay porte avec lui sa preuve. Je ne parle pas des citations et des renvois qui de temps en temps au bas des pages viennent justifier les faits les plus frappants et indiquer au lecteur les moyens de contrôler le texte : je veux parler de l'ordre des idées et du style; les événements groupés en classes régulières, tous ces groupes naturellement rangés autour d'une idée dominante, chaque fait environné d'explications, soutenu par les autres, et rattaché par un lien visible et solide à l'ensemble; toutes les expressions exactes et calculées, tous les mouvements de passion justifiés par des raisonnements et des faits; jamais de déclamations ni d'hypothèses; les idées générales aussi fortement établies que les faits particuliers; partout la raison, le bon sens, la critique et la logique : voilà les fondements sur lesquels se bâtit la confiance des lecteurs et l'autorité de l'historien. Lorsqu'un homme, pendant huit volumes, fait voir à chaque page et à chaque ligne, dans des questions de toute espèce, sur des milliers de faits, par une infinité de détails, qu'il est prudent, qu'il ne marche que les documents en main, qu'il les interprète bien, que jamais son jugement ne fléchit, et que jamais sa passion ne l'emporte, nous quittons toute défiance, nous acceptons toutes ses recherches, nous entrons dans sa croyance, et chacun de nous à son tour dit à la fin : « Je crois. »

Devons-nous croire M. Michelet ? Pour ma part, après expérience faite, je réponds oui : car, lorsqu'on étudie les documents d'une époque qu'il a étudiée, on éprouve une sensation semblable à la sienne, et l'on trouve qu'en définitive les conclusion de son lyrisme divinatoire sont presque aussi exactes que celles de la patiente analyse et de la lente généralisation. Mais cette vérification n'a d'autorité que pour ceux qui l'ont faite, et dans les points où ils l'ont faite. Qui garantira la vérité du reste, et quelle confiance le public, qui n'a point entrepris ces recherches, prendra-t-il en des idées dont on ne lui donne pas les preuves, et qui sont exprimées de manière à lui inspirer la défiance la plus juste et la mieux fondée ? Ce ton saccadé, ces bouillonnements inégaux d'une inspiration ardente, ces cris du cœur, ce dithyrambe incessant, sont-ils capables d'établir dans notre raison une conviction solide ? L'auteur parle comme un prophète, et, en fait d'histoire, on ne croit pas les prophètes. On voit que les hommes, les événements, les sentiments renaissent sous ses yeux; qu'il les décrit à mesure qu'ils passent ; qu'il les a vus dans une lumière aussi vive que les faits présents et palpables : mais y a-t-il là une résurrection ou une invention ? Cette méthode poétique ranime-t-elle des êtres éteints, ou forge-t-elle des êtres imaginaires ? Sur quelle preuve cette divination historique et cette révélation aventureuse appuient-elles leur autorité ? Que dois-je penser de la critique et du jugement de l'auteur après la phrase suivante : « Bacchus, saint Jean et la Joconde dirigent leurs regards vers vous ; vous êtes fascinés et troublés, un infini agit sur vous par un étrange magnétisme. Art, nature, avenir, génie de mystère et de découverte, maître des profondeurs du monde, de l'abîme inconnu des âges, parlez, que voulez-vous de moi ? Cette toile m'attire, m'appelle, m'envahit, m'absorbe ; je vais à elle malgré moi, comme l'oiseau va au serpent ! » Ce ton est celui de l'hallucination mentale. Croirai-je qu'un homme ainsi troublé de visions poétiques et mystiques pourra toujours tenir d'une main ferme cette balance si délicate, si facile à renverser, où la critique pèse avec précision et précaution les idées et les faits de l'histoire ? Qu'on lise le morceau sur Michel-Ange, fragment étrange, qui semble écrit par Creutzer ou Niebuhr, grandiose et fantastique, admirable dans un commentaire des peintres, mais où l'hypothèse surabonde et déborde, et que l'histoire rejette de son sein, parce qu'elle ne souffre en soi que certitude et vérité prouvée. C'est ainsi qu'elle rejette encore ces suppositions téméraires qui expliquent d'avance et d'un ton tranchant le caractère de Maximilien, de Charles-Quint et tant d'autres, en combinant les qualités des cinq ou six races qui ont fourni leurs ancêtres. Les historiens devraient apprendre des naturalistes que ces lois sur les espèces, vraies lorsqu'on considère de grandes multitudes, sont au plus haut point douteuses lorsqu'on considère des individus, et qu'on discrédite son jugement en attribuant à des croisements de famille toutes les actions et tous les sentiments de l'homme qu'elles ont produit. On entre encore en défiance lorsqu'on voit un petit fait érigé en symbole d'une civilisation, un particulier transformé en représentant d'une époque, tel personnage changé en missionnaire de la Providence ou de la nécessité, les idées s'incarnent en des personnes, les hommes perdant leur figure et leur caractère réel pour devenir des moments de l'histoire. L'esprit du lecteur se trouble; il voit les faits se changer en idées et les idées en faits; tout se fond et se confond à ses yeux en une poésie vague, qui berce son imagination par le chant des phrases harmonieuses, sans qu'aucune loi certaine et prouvée puisse s'affermir au milieu de tant d'hypothèses vacillantes et d'affirmations hasardées. Bien plus, le hardi moqueur donne prise parfois aux moqueries des autres ; il est téméraire, même contre le bon sens; il oublie que certaines images sont grotesques, et on ne sait trop si on doit s'attrister ou rire lorsqu'on le voit présenter comme symbole des inventions religieuses du xve siècle l'instrument d'église nommé *serpent*. Ajoutons enfin que ce style forcé, ces alliances de mots étonnantes, cette habitude de sacrifier l'expression juste à l'expression violente, donnent l'idée d'un esprit pour qui la passion s'est tournée en maladie, et qui, après avoir faussé volontairement la langue, pourrait involontairement fausser la vérité. Dire que « l'Italie à le fédéralisme au fond des os ; » écrire que « Maximilien Sforza, rançonné, épuisé, tordu jusqu'à la dernière goutte, était fini, et ne rendait plus, » voilà des exagérations singulières, d'autant plus que ce style fiévreux est ordinaire, et que l'enivrement, le transport et l'exaltation lui sont aussi naturels qu'aux autres la santé, la mesure et le bon sens. On n'aime point non plus ces paradoxes de mots, ces pointes trop ingénieuses, dignes plutôt d'un Claudien ou d'un Ausone que d'un grand historien, qui reviennent souvent, et qui sentent le sophiste et l'écrivain de la décadence. Il y a une sorte de charlatanisme à exprimer ainsi l'idée fort simple que les juges sont déclarés responsables de leurs sentences: « La justice juste pour elle-même, se punissant si

elle punit mal, s'emprisonnant si elle arrête à tort ! »
Il y a quelque prétention à parler de *l'ataraxie* de
Léonard de Vinci. On se souvient qu'il a montré
ailleurs les hussards de Bouillé, « chauffés à blanc »
par les promesses de leur général : ces artifices de
style font soupçonner au lecteur que l'écrivain
veut à toute force être admiré, qu'il est moins occupé de son sujet que de lui-même, et qu'il a cherché dans l'histoire le pathétique et l'intérêt plutôt
que la vérité.

L'histoire est un art, il est vrai, mais elle est
aussi une science; elle demande à l'écrivain l'inspiration, mais elle lui demande aussi la réflexion;
si elle a pour ouvrière l'imagination créatrice, elle
a pour instruments la critique prudente et la généralisation circonspecte; il faut que ses peintures
soient aussi vivantes que celles de la poésie, mais
il faut que son style soit aussi exact, ses divisions
aussi marquées, ses lois aussi prouvées, ses inductions aussi précises que celles de l'histoire naturelle. M. Michelet a laissé grandir en lui l'imagination poétique. Elle a couvert ou étouffé les autres
facultés qui d'abord s'étaient développées de concert avec elle. Son histoire a toutes les qualités de
l'inspiration : mouvement, grâce, esprit, couleur,
passion, éloquence; elle n'a point celles de la
science : clarté, justesse, certitude, mesure, autorité. Elle est admirable et incomplète; elle séduit

et ne convainc pas. Peut-être, dans cinquante ans, quand on voudra la définir, on dira qu'elle est l'épopée lyrique de la France.

Février 1855.

II

Réforme[1].

Il y a quatre mois, en parlant du volume précédent, on essayait ici de décrire le talent de M. Michelet ; aujourd'hui l'on peut recommencer sans crainte : pour toucher le fond de cette nature si délicate et si étrange, il est bon de s'y reprendre à deux fois.

En quoi consiste cette imagination inspirée, que ses amis et ses ennemis lui reconnaissent, et qui est la source de ses qualités et de ses défauts ? D'autres, par exemple Victor Hugo, voient intérieurement, avec une netteté parfaite et un relief étonnant, les couleurs et les formes, et les objets réels qui subsistent dans la nature n'ont point de traits plus marqués ni de détails plus achevés que les objets fantastiques qui traversent leur cerveau. Mais ils sont peintres plus que poëtes ; ils comprennent mieux la figure d'un objet que sa pensée intime ; ils se représentent mieux les sensations que les sen-

---

1. Tome VIII de l'*Histoire de France*.

timents; ils ont l'imagination des yeux plutôt que celle du cœur. M. Michelet a l'imagination du cœur plutôt que celle des yeux ; sa plus grande puissance est la faculté d'être ému ; il ne regarde les formes et les couleurs que pour pénétrer l'âme et la passion qu'elles expriment : il ne décrit jamais pour décrire ; il n'imagine que pour sentir. On en verra la preuve dans ses paysages : comparez ceux de Victor Hugo[1] à cette page sur Fontainebleau, qu'avait choisi pour ses promenades François Ier malade et vieilli.

Fontainebleau est surtout un paysage d'automne, le plus original, le plus sauvage et le plus doux, le plus recueilli. Ses roches, chaudement soleillées, où s'abrite le malade, ses ombrages fantastiques, empourprés des teintes d'octobre, qui font rêver avant l'hiver, à deux pas la petite Seine entre des raisins dorés : c'est un délicieux dernier nid pour reposer et boire encore ce qui resterait de la vie, une goutte réservée de vendange.

Il y amenait ses artistes d'Italie qui, livrés à eux-mêmes, se livrèrent aux hasards de leur génie et à tous les caprices de l'art. « De là ces Mercures, ces mascarons effrayants de la *cour Ovale;* de là ces

---

1. On entendait gémir le Simoun meurtrier,
Et sur les cailloux blancs les écailles crier
   Sous le ventre des crocodiles.
Les obélisques gris s'élançaient d'un seul jet ;
Comme une peau de tigre au couchant s'allongeait
   Le Nil jaune tacheté d'îles.

Atlas surprenants qui gardent les bains dans la *cour du Cheval-Blanc*, hommes-rochers qui, depuis trois cents ans, cherchent encore leur forme et leur âme, témoignant du moins qu'en la pierre il y a le rêve inné de l'être et la velléité du devenir. »

Cette dernière phrase n'est-elle pas frappante? Il a découvert leur vie; il souffre de leur effort. L'apparence extérieure et sensible, traversant l'imagination de l'artiste, est allée frapper jusqu'à son cœur.

Le Rosso ôta la bride à son coursier effréné. N'ayant affaire qu'à un maître qui ne voulait qu'amusement et qui disait toujours : *Osez*, il a, pour la petite galerie favorite du malade, fondu tous les arts ensemble dans la plus fantasque audace. Rien n'est plus fou, plus amusant. Triboulet, Brusquet, sans nul doute, ont donné leurs sages conseils. Le beau, le laid, le monstrueux, s'arrangent pourtant sans disparate. Vous diriez le Gargantua harmonisé dans l'Arioste. Prêtres gras, vestales équivoques, héros grotesques, enfants hardis, toutes les figures sont françaises. Pas un souvenir d'Italie. Ces filles espiègles et jolies, d'autres émues, haletantes, telle qui souffre et dont la voisine touche le sein avec une douce main de sœur, toutes ces images charmantes, ce sont nos filles de France, comme Rosso les faisait venir, poser, jouer devant lui. Rougissantes, inquiètes, rieuses de se voir au palais des rois, d'autres boudeuses, et pleurantes d'être trop admirées sans doute, il a tout pris. C'est la nature, et c'est un ravissement.

Ce second tableau peint à l'âme ce que celui de Rosso peint aux yeux. Nulle épithète d'atelier; nul mot pour marquer la forme d'un contour ou la nuance d'une couleur; tous expriment des émotions, des joies, des peines, des pensées, des actions de l'être intérieur et invisible. Les sensations se sont traduites en sentiments; la peinture en poésie; et cette traduction si exacte, si involontaire, si heureuse, indique et explique le besoin le plus intime et la faculté maîtresse de l'auteur.

Le premier effet de ce genre d'imagination est l'éloquence. M. Michelet est si vivement ému qu'il ne peut manquer d'émouvoir les autres. Les événements qu'il raconte l'atteignent au vif; il combat avec ses personnages; bien plus, il combat avec les idées philosophiques qu'il aime, et qu'il voit entrer dans le monde pour le gouverner. Ce volume, par exemple, est un long plaidoyer en faveur de l'esprit moderne qui s'efforce de naître, et qui amène avec lui l'art, la science, la liberté et l'humanité. Les ennemis qu'il rencontre sont pour l'auteur des ennemis personnels. Chaque blessure qu'ils font à son idole, il la ressent et il la venge. Railleries amères, insultes outrageantes, mépris brûlant, haine et colère, toutes les passions violentes s'accumulent en lui, débordent et vont rouler sur eux pour les accabler. En même temps, les transports d'amour, les exclamations de joie, les élans de tendresse, les cris d'admiration, naissent d'eux-mêmes au passage de la divinité qu'il défend et qu'il adore. Cette histoire est une ode; elle est composée, comme une ode, d'apostrophes, de figures téméraires, de phrases brisées, de métaphores éblouissantes; on entend partout le chant lyrique. Il sent plus que les autres hommes, et je ne sais si le fanatisme de Genève montait plus haut que l'exaltation de ce morceau.

Contre l'immense et ténébreux filet où l'Europe tombait par l'abandon de la France, il ne fallait pas moins que ce séminaire héroïque. A tout peuple en péril, Sparte, pour armée, envoyait un Spartiate. Il en fut ainsi de Genève. A l'Angleterre, elle donna Pierre Martyr, Knox à l'Écosse, Marnix aux Pays-Bas : trois hommes et trois révolutions.

Et maintenant commence le combat! Que, par en bas, Loyola creuse les souterrains! Que, par en haut, l'or espagnol, l'épée des Guises, éblouissent ou corrompent! Dans cet étroit enclos, sombre jardin de Dieu, fleurissent, pour le salut des libertés de l'âme, ces sanglantes roses sous la main de Calvin. S'il faut quelque part en Europe du sang et des supplices, un homme pour brûler ou rouer, cet homme est à Genève, prêt et dispos, qui part en remerciant Dieu et lui chantant ses psaumes.

Cette sensibilité de l'imagination donne l'instinct historique, je veux dire l'art de démêler, à travers une foule de faits et de causes, la cause et le fait importants. Elle supplée à l'analyse rigoureuse, et, par une autre voie, atteint le même but. Chaque manuscrit que l'auteur déchiffre, chaque gravure qu'il feuillette, laisse en lui, après mille impressions, une impression dominante. Au bout de quelques mois, cette émotion, sans cesse accrue, devient une passion, et il se trouve naturellement que c'est celle du siècle. En se faisant contemporain des générations éteintes, il a pris involontairement leur manière de sentir; par sa capacité d'être ému, il a recueilli les sentiments qui semblaient détruits pour toujours et ensevelis dans la poussière des vieux livres. La faculté de souffrir et de jouir ainsi au contact du passé, est pour l'esprit ce que l'enduit chimique délicat est pour la plaque brillante où on l'étale. L'une garde les empreintes morales, l'autre garde les empreintes physiques; et le même mécanisme fait l'art du photographe et le talent de l'historien.

Prenons pour exemple la prédication de Luther. A ne considérer en lui que sa doctrine, et par la méthode ordinaire, on le regardera comme un ennemi de la liberté et un destructeur de l'homme. Il exagère le dogme de la corruption originelle; il écrit le traité *du serf arbitre;* il exalte la grâce plus que les plus âpres jansénistes; il outre les doctrines outrées de saint Augustin et de saint Paul. Mais prenez l'autre méthode : entendez comme M. Michelet la rude voix, les effusions passionnées, la trivialité puissante et généreuse du tribun populaire; vous verrez le funeste système se changer en une prédication bienfaisante, la théorie du despotisme produire la pratique de l'indépendance, et le mysticisme spéculatif engendrer la vertu active. Ce vaillant Allemand, sensuel, brutal, distributeur d'injures, que la chair tourmente, dont le sang s'agite et fermente comme le vin, musicien, chanteur, poëte, bon père de famille, ne peut pas établir une doctrine d'ascètes. C'est aux logiciens français, aux magistrats, aux lettrés, aux savants de Port-Royal, de reconstruire dans un coin la méthode de mortifications et de direction spirituelle, et de faire revoir au monde « la face pâle du crucifié. »

Tant vaut l'homme, tant vaut la doctrine. Proclamée de cette voix pure et forte, candide, héroïque, elle fut le pain des forts, un cordial avant la bataille: elle fit à l'homme la belle illusion de sentir, au lieu de son cœur, battre en son sein le cœur d'un Dieu.

Malentendu sublime! Quand de sa voix tonnante à faire crouler des trônes, Luther criait : *L'homme n'est rien*, le peuple entendait : *L'homme est tout*.

Traduisons clairement sa prédication. Replaçons-la au vrai jour populaire : « Bonnes gens, on vous vend la dispense des œuvres. Remettez l'argent dans vos poches, Dieu vous sauve gratis. Des œuvres, la seule nécessaire est de croire en lui, de l'aimer. »

Chose curieuse! Le pape recommandait les œuvres, et tout s'est réduit aux œuvres de la caisse. Luther dispense des œuvres, et elles recommencent, les vraies œuvres morales, celles de piété et de vertu. Il disait : « Aime et crois. » Qui aime n'a pas besoin qu'on lui impose et prescrive des œuvres agréables à l'objet aimé. Il les fera bien de lui-même, et il les ferait malgré vous.

Prenons pour second exemple une découverte de M. Michelet, très-nouvelle et très-curieuse. On a lu dans Robertson les dernières années de François Ier. Pourquoi le roi change-t-il de politique? Pourquoi se livre-t-il à son rival? D'où vient cette négligence croissante, cette impuissance, ce discrédit? Les solides raisonnements de l'ecclésiastique anglais n'expliquaient pas grand'chose; il fallait, pour comprendre cette décadence, l'habitude de se mettre à la place des personnages, et de retrouver leurs sentiments en les éprouvant. Sortons du conseil où Robertson écoute les délibérations des politiques; entrons dans la chambre à coucher du roi, que soigne Gunther, à qui Barberousse envoie des pilules mercurielles. Déjà, en 1535, il parle difficilement; la violence de la maladie lui a fait perdre la luette; souffrant et morose, il va chercher un peu de gaieté sous le soleil de Fontainebleau. Réduit à ne plus jouir que par les yeux, il lit Rabelais ou regarde les bacchanales et le carnaval que Rosso peint sur ses murailles. En 1538, un abcès affreux le mène à deux doigts de la mort; on le guérit à peine par des remèdes aussi terribles que le mal. Il reste bouffi, la machine bouleversée, l'âme à demi éteinte. Désormais, il laisse régner Montmorency, puis les cardinaux; il n'a plus que des réveils, et sans cesse il s'affaisse et retombe.

Telles sont les phases bizarres du gouvernement personnel. Le règne de Louis XIV se partage en deux parts : *Avant la fistule, après la fistule.* Avant, Colbert et les conquêtes ; après, Mme Scarron et les défaites, la proscription de 500 000 Français. François Ier varie de même : *Avant l'abcès, après l'abcès.* Avant, l'alliance des Turcs, etc. Après, l'élévation des Guises et le massacre des Vaudois, par lequel finira son règne. »

Quand Auguste avait bu, la Pologne était ivre.

Saisi de dégoût à la vue des derniers portraits du prince, l'historien a compris deux phrases d'Hubert et de Brantôme. Il a vu le triste « galant » flétri, gâté, balbutiant des phrases embrouillées, signant sans lire l'ordre de détruire les Vaudois, pendant que Diane de Poitiers et le dauphin jouent au roi de son vivant. Cette alcôve où travaillent les médecins, où intriguent les maîtresses, lui a donné la nausée ; sa sensation lui a servi de critique, et l'a bien servi.

Cette faculté de pénétrer dans l'âme des personnages fait de l'auteur un psychologue. Noter au passage les sentiments les plus délicats, les plus singuliers, les plus obscurs, suivre les détours de leur ligne capricieuse et brisée, sans fatigue, sans efforts, sans erreur, se plier de soi-même aux ondulations incessantes de la passion changeante et sinueuse, ainsi qu'une feuille légère qui coule et tourne avec les remous incertains de l'eau qui la mène, on a déjà vu par l'*Histoire de la direction au dix-septième siècle* combien ce genre d'imagination est en lui naturel et puissant. On le reconnaît ici dans le récit de la passion que la pauvre Marguerite eut pour François Ier son frère. Petite-fille du poëte Charles d'Orléans, poëte elle-même, savante, d'une curiosité infinie, et d'une finesse charmante, un peu mystique, délicate, nerveuse, maladive, elle aima le roi, uniquement, toute sa vie, comme un frère, comme un fils, comme un dieu. « Ce qui étonne et ce qui confond en elle, c'est l'invariable permanence d'un sentiment toujours le même, qui n'a ni phases ni crises de diminution ou d'aggravation, ni haut ni bas; jamais l'arc ne fut si constamment tendu. » La vive et ardente imagination s'était prise, et ce fut pour toujours. Elle fut sacrifiée, selon la règle ordinaire; elle souffrit sans cesse, c'est le lot de ceux qui aiment beaucoup. On l'eût deviné d'avance en voyant le contraste de cette frêle, mignonne et pensive créature, et du vigoureux gaillard, chasseur, homme d'armes, trois fois égoïste à titre d'enfant gâté, de fat sensuel et de roi. Il est brusque, inégal avec elle; de temps en en temps reviennent des accès de tendresse, par exemple lorsqu'il est malheureux; puis il la néglige ou la rudoie, ne sentant pas que, pour une âme si tendre, tous les coups sont des blessures. Un jour par caprice, le cœur abaissé par les jouissances vulgaires, « il conçut l'idée indigne de voir jusqu'où irait sa puissance sur une personne si dévouée. » Elle parvint à s'enfuir, brisée, « pis que morte; » et, craignant encore d'avoir blessé cet être tyrannique et brutal, elle lui écrivit une lettre humble, gémissante, pour le supplier d'être généreux, de lui faire grâce, de n'exiger d'elle que ce qu'il a déjà, l'entière, l'absolue, l'éternelle possession de son cœur. Le roi, impatienté, et pour complaire à sa maîtresse, finit par marier celle qui l'avait sauvé dans sa prison de Madrid, au jeune d'Albret, roi sans royaume. « Elle épousait l'exil, la pauvreté, la ruine; elle en pleura, comme elle le dit, à creuser le caillou. » A la vérité, en manière de reconnaissance, on lui avait fait une pension. Vous aviez déjà vu ces fines et touchantes analyses, et vous retrouvez dans l'historien de Marguerite l'historien de Mme de Chantal.

Mais la sensibilité d'imagination est un instrument aussi dangereux qu'utile. Elle guide et elle égare. Elle assemble en amas les découvertes et les erreurs. Aucune sorte de talent ne pénètre le lecteur d'impressions plus vives et plus contraires. On admire l'auteur et on se révolte contre lui à la même page. On jette le livre de dépit, et on le reprend avec enthousiasme. Il étonne en toutes choses, dans le mal comme dans le bien. Il ressemble à ces aveugles d'Écosse dont la vue merveilleuse perçait les murs, franchissait l'espace, atteignait les secrets par une révélation prophétique, et qui trébuchaient contre la première pierre du chemin.

Comprend-on qu'en expliquant la religion des Vaudois, il parle ainsi des Alpes : « Leurs glaciers bienfaisants dans leur austérité terrible, qui donnent à l'Europe les eaux et la fécondité, lui versent en même temps la lumière, la force morale? » Quoi! s'il y a des hommes courageux et sensés en Allemagne, en Angleterre, en France, c'est l'aspect des glaciers qui les a produits?

Comprend-on qu'en comptant les effets de l'avénement de Charles-Quint et de la réunion de tant d'États, il dise de l'Espagne : « L'Espagne, comme un taureau blessé qui se percerait de ses cornes, est furieuse, contre qui? contre soi. Volée par les Flamands, elle va se voler elle-même. Indigente par eux, elle se fait mendiante en détruisant les Maures. » Concevez-vous qu'un taureau se perce de ses cornes? et croyez-vous que l'Espagne ait chassé les Maures par *fureur contre soi?*

Comprend-on que l'historien du peuple, l'apôtre de la puissance des masses, le lucide révélateur des grandes causes, déclare que, si l'électeur eût livré Luther, l'avenir du monde était changé? « La Réforme, étouffée encore une fois, eût laissé le vieux système pourrir sa pourriture paisiblement. Point de protestants, dès lors, ni de jésuites. Point de jansénistes, point de Bossuet, point de Voltaire ; autre était la scène du monde. » Saviez-vous que les causes du protestantisme en France furent les dévastations de Charles-Quint ? « Ces terribles calamités, l'abaissement et le mépris de soi où la France tomba, la jetèrent violemment dans ce mystique désespoir et dans l'appel à Dieu qu'on appelle Réformation. »

Le mécanisme de ces étranges affirmations est visible. Une idée entre à l'improviste dans cette âme si sensible, la trouble et la transporte comme par une vision. Sur un autre homme, elle n'agirait pas ; il resterait tranquille dans son fauteuil, manierait l'hypothèse, et finirait par la rejeter, la trouvant trop fragile. Sur celui-ci, elle agit aussi fortement qu'une vérité évidente ; l'émotion la transforme en conviction ; il sent si violemment qu'il ne peut s'empêcher de croire ; les causes de doute sont effacées ; il n'aperçoit plus que son rêve : le voilà pour lui prouvé. Il affirme la chose comme si elle était réelle et présente ; pour lui, en effet, elle est réelle et présente ; et il ne la verrait pas mieux, si elle était en ce moment devant ses yeux.

L'émotion trop vive l'empêche de douter quand il compose. L'émotion trop vive l'empêche d'être clair quand il écrit. Car supposez un homme qui sente trop : pourra-t-il s'astreindre à suivre en logicien et en narrateur le fil des événements, à les exposer eux-mêmes, tels qu'ils se sont passés, à réfléchir le passé comme fait une glace pure, à n'y rien ajouter de son émotion personnelle, à faire abstraction de soi-même, à ne pas paraître dans son récit ? Au contraire, il rompra à chaque instant la narration, il sautera d'un siècle à l'autre et d'un pays à l'autre, pour noter les rapprochements subits où s'aventure son imagination effrénée ; il expliquera un portrait de Marguerite par un portrait de Fénelon ; il mêlera une discussion de textes au récit d'une bataille ; il appellera Anquetil Duperron et Eugène Burnouf au secours de Reuchlin et de Pic de la Mirandole ; il parcourra par des voyages subits et surprenants tout le royaume de la fantaisie et toutes les régions du réel ; il forcera le lecteur dérouté, qui à grand'peine se traîne à terre, sur la grande route frayée et au pas de promenade, à s'envoler avec lui dans les domaines de l'air, franchissant d'un coup d'aile montagnes et précipices, étourdi, ébloui de la violence de son élan et des caprices de son guide, incapable de reconnaître son chemin, ne distinguant rien que l'essor furieux de sa course involontaire, et le souffle du feu du génie ailé qui l'emporte avec lui. Avec la suite naturelle des faits disparaîtra leur couleur naturelle. Ils se transforment en exclamations, en cris d'allégresse, en invectives sanglantes.

Je disais tout à l'heure qu'ils formaient une ode : une ode est-elle facile à comprendre? Prenez du sable, des minéraux, du fer, des roches, tels que vous les trouvez dans la nature, et comme vous les présentent les montagnes et les vallées ; jetez-les dans une fournaise ardente : ils s'embrasent, ils pétillent, ils se fondent ; les flammes serpentent et tourbillonnent, sifflent et grondent sous la vaste lueur qui rougit l'antre mugissant. C'est un chaos étrange et terrible, où toutes les natures s'altèrent, où toutes les formes se confondent, où rien ne subsiste de ce que vous aviez vu dans la campagne, où l'œil du chimiste peut seul reconnaître sous leur figure nouvelle les pierres et les métaux calcinés, transformés ou tordus. Telle est l'image de cette histoire ; on a besoin de se la traduire. Pour la comprendre, il faut dépouiller les faits de leur apparence oratoire, déchirer la parure étincelante d'allégories et de métaphores qui couvre et cache les idées générales, et changer la fantasmagorie d'images en récits simples et en raisonnements nus.

Je copie le commencement du chapitre IV, et je demande au lecteur s'il est aisé de l'entendre au premier coup. Il s'agit de la vente des indulgences et de l'élection de Charles-Quint.

Si Plutus est aveugle, comme on l'a dit, il dut le regretter. Le temps dont nous contons l'histoire eût pu satisfaire ses regards. L'heureuse extension des activités en tous sens semblait n'avoir eu lieu que pour propager son empire. Pour lui, la terre avait été doublée. Pour lui, par lui, les trois grandes choses modernes apparaissent, bureaucratie, diplomatie et banque ; l'usurier, le commis, l'espion.

Soyons francs, soyons justes. Et que les anciens dieux descendent de l'autel. Assez de vains mystères. Plus modestes et plus vrais les dieux grecs dans Aristophane. D'euxmêmes, ils introduisent leur successeur, le bon Plutus. Ils avouent franchement que sans lui ils mourraient de faim. Mercure quitte son métier de dieu qui ne va plus ; pour Olympe, il prend la cuisine, lave les tripes, et dit en sage : « Où l'on est bien, c'est la patrie. »

Cela est franc et net. Mais combien est détestable l'hypocrisie moderne ! cet effort d'accorder l'ancien et le nouveau, de coudre et saveter la rapacité financière de férocité fanatique !

Pour s'expliquer ce passage, il faut d'abord connaître, et très-bien, Aristophane. Or, combien de gens ont étudié Aristophane ?

Il faut de plus être depuis longtemps en commerce avec les idées, pour deviner que cette allégorie et ces allusions mythologiques signifient simplement qu'au seizième siècle le besoin et la puissance de l'or sont plus grands qu'autrefois.

Il faut en outre savoir l'histoire ancienne et moderne pour comprendre d'abord cette indication lyrique du fanatisme et de l'avidité des Espagnols, de l'avidité et de la tolérance des peuples anciens.

Il faut enfin avoir l'habitude du style pour n'être

point effarouché par la violence et l'étrangeté de cette expression : *saveter de férocité fanatique la rapacité financière.* Et, surtout, il faut avoir l'esprit naturellement très-calme : car quiconque se laisserait saisir par l'enthousiasme et la verve amère du morceau serait troublé jusqu'au fond de l'âme, et les idées seraient en lui noyées sous les émotions.

Or, le volume entier, et tous les volumes de l'*Histoire de France*, sont de ce style. M. Michelet sans doute n'écrit pas pour quelques lettrés, amateurs d'analyse. Il veut persuader le public ; bien plus, le peuple. Il considère l'histoire comme une école populaire de patriotisme et de morale. Est-il probable qu'avec cette manière d'écrire il se fasse entendre de l'ouvrier qui sort de sa fabrique, ou qui pour se reposer ouvre un livre sur son établi ?

Encore un mot sur le style. Il est composé d'exagérations. La sensibilité chez l'auteur est devenue maladive. Les chocs que nous sentons à peine le font crier. Plusieurs diront même qu'il crie de parti pris et par habitude. Cette fièvre de l'âme déborde en expressions convulsives. Il outre l'excès de la passion. Il n'écrit que par petites phrases saccadées, qui ressemblent à des accès de douleur. J'en prends au hasard, elles sont par milliers.

« C'est en 1517 qu'éclate la dispute de Las Cases et de Sépulvéda, le jour horrible qui révèle la fosse où, pour l'amour de l'or, on a jeté deux mondes, le noir par-dessus l'Indien. » Un peu plus loin, après l'élection de Charles-Quint : « On avait fait un monstre : l'Espagne et l'Allemagne collées l'une sur l'autre et, face contre face, Torquemada contre Luther. » Ces phrases ne sont que violentes. Mais une fois que le violent devient le beau, il n'y a plus de limites, et l'on finit par tomber dans la rhétorique, et même dans le ridicule. Est-ce M. Michelet qui, après avoir exposé la détestable grossièreté de François Ier, et la fuite de Marguerite, écrit en manière de résumé, cette phrase vague qui n'est qu'une phrase : « La terre avait vaincu le ciel et l'avait abaissé jusqu'à soi ? » — « Faute d'idée, dit Béranger, il allait faire une ode. » Très-certainement c'est dans une ode de cette espèce que trébuche l'auteur en racontant la mort de Zwingle : Son ami Myconius, pour sauver son cœur des outrages, le jeta au courant du Rhin, *le fleuve des anciens héros en reste plus héroïque.* » — Enfin n'est-il pas curieux de voir un historien, à bout d'expressions, chercher des métaphores dans les découvertes de la physique moderne, et dire, en style de précieuses, que Guichardin écrivit l'arrivée de Bourbon et de ses mercenaires *d'une encre froide à geler du mercure ?* Il n'y a que lui pour assembler de tels contrastes, et pour amener devant l'imagination, la main dans la main, le marquis de Mascarille et M. Gay-Lussac.

Pouvait-il éviter ces taches? Non; par malheur, son talent tient à ses défauts. Il est comme un peintre qui puiserait sur la palette l'écarlate éclatante et au même endroit la maudite huile qui viendrait brouiller et salir sa toile. Notre esprit est une machine construite aussi mathématiquement qu'une montre. Si tel ressort l'emporte, il accélère ou fausse le mouvement des autres, et l'impression qu'il leur communique échappe au gouvernement de notre volonté, parce qu'elle est notre volonté même. L'impulsion donnée nous emporte ; nous allons irrésistiblement dans la voie tracée ; et l'automate spirituel qui fait notre être ne s'arrête plus que pour se briser. Le moteur tout-puissant chez M. Michelet est cette sensibilité exaltée qu'on a nommée l'imagination du cœur. Elle lui donne l'éloquence, l'instinct de la vérité historique, le sens psychologique, la faculté de faire revivre les âmes. Elle lui impose avec une nécessité égale l'obligation de prendre des hypothèses douteuses pour des vérités certaines, de transformer les faits en exclamations, les idées générales en allégories, d'obscurcir son style, d'exagérer et de fausser ses expressions. Elle lui met devant les yeux, comme modèle et comme souveraine, une beauté idéale, souffrante, passionnée, tendre, au sourire terrible ou gracieux, parfois divin, mais maladive et boiteuse. Heureux pourtant ceux qui en ont une, qui peuvent y croire, et qui n'ont point perdu leur foi première en étudiant le mécanisme de l'admiration !

Juillet 1855.

III

L'Oiseau.

Il y a des jours de beau soleil, même à Paris, et l'on éprouve parfois l'envie de s'en aller à dix heures du matin, au Jardin des Plantes. Personne encore; les bêtes sont seules; on est en bonne compagnie. Entre les lamas et les ours est un ruisseau limpide. Deux filets d'eau, qui courent entre les branches d'acacias, se dégorgent dans un petit lac, en soulevant de longues ondulations brillantes. Des canards lustrés, de forme bizarre, aux plumes splendides, y barbotent et travaillent de leurs pattes et de leurs ailes. La grue de Numidie, délicate et frêle, s'avance comme une demoiselle timide, et considère avec inquiétude ces turbulents ébats. Le héron étique pique de son bec pointu les vers qui se tortillent dans la vase, puis, debout sur une patte, regarde d'un air résigné devant lui, sans savoir quoi. Des flottes d'oies asiatiques abordent gravement sur la plage. Les mouettes rieuses vont sautant, voletant, bavardes, infatigables, plongeant furieusement, éclaboussant toute la mare ; elles se culbutent, elles caquettent, elles se battent dans l'eau et sur le sable, jusqu'entre les pieds des bœufs noirs leurs bons amis, jusque sur les branches des jeunes saules penchés qui commencent à s'habiller d'une verdure cotonneuse. Au plus haut des arbres, les moineaux chantent; du fond du jardin arrive une sourde rumeur : cris de gypaëtes, gloussements de poules, piaulement de faisans, de râles, d'alouettes, ramages d'oiseaux chanteurs, concert lointain de toute la création ailée amenée des extrémités du monde, volatiles huppés, aigrettés, palmés, aquatiques, aériens, terrestres, croasseurs, musiciens, dont l'âme tressaille à l'aspect de la lumière agile, des belles eaux frissonnantes, des jeunes pousses qui s'ouvrent, de la sève qui fait éclater les boutons rouges, de la vie printanière qui fleurit la terre et qui entre avec l'air suave jusqu'au plus profond de leur cœur. Au bout d'une heure, il faut s'en aller. Voici venir ce désagréable bipède, l'homme, les goutteux et les marmots, les soldats et les servantes. Mais une fois dans sa chambre, si l'on ouvre ce livre, on pourra se croire encore devant l'étang, en compagnie du héron, du rossignol et du cygne. Il vaut une volière et un muséum.

Comment M. Michelet est-il devenu naturaliste ? Par hasard, par bonté et par compagnie. Malade, occupé d'une personne malade, il a regardé la campagne avec elle. Un rossignol, un rouge-gorge dans sa chambre, des poules dans sa cour, des corbeaux, des hirondelles sous son toit, ont tourné ses yeux vers les oiseaux. Involontairement il les a aimés, et le voilà qui plaide leur cause. « Que faut-il pour les protéger ? révéler l'oiseau comme âme, montrer qu'il est une personne. L'*oiseau donc, un seul oiseau*, c'est tout le livre, mais à travers les variétés de sa destinée, se faisant, s'accommodant aux mille conditions de la terre, aux mille vocations de la vie ailée.... Tel il nous apparut dans son idée chaleureuse, celle de la primitive alliance que Dieu a faite entre les êtres, du pacte d'amour qu'a mis la mère universelle entre ses enfants. »

M. Michelet reste donc ici dans son œuvre. Ce volume de psychologie poétique ne fait point disparate avec les autres; il les complète. L'historien que vous connaissez paraît à travers le naturaliste que vous découvrez. Le livre de *l'Oiseau* n'est qu'un chapitre ajouté au livre du *Peuple*. L'auteur ne sort pas de sa carrière ; il élargit sa carrière. Il avait plaidé pour les petits, pour les simples, pour les enfants, pour le peuple. Il plaide pour les bêtes et pour les oiseaux.

Nulle philosophie n'est plus conforme à son génie. Ce génie est l'inspiration passionnée, la sensibilité extrême et poétique, la faculté de découvrir les émotions en les éprouvant, de connaître les êtres en se transformant en eux. Pour lui la science et l'histoire ne sont pas des œuvres de l'analyse, mais des œuvres de l'instinct. Au lieu de constater les faits un à un, avec circonspection, de raisonner pas à pas, de prouver chaque proposition, d'établir des classifications régulières, de dégager lentement des lois générales, de les noter par des formules sèches, et les vérifier vingt fois avec les doutes d'un sceptique, de corriger minutieusement chaque expression pour atteindre à l'exactitude parfaite, il entre violemment dans l'histoire avec des cris de colère ou d'enthousiasme, devinant un caractère d'après un mot, jugeant un homme sur un portrait, ami ardent ou ennemi acharné de ses personnages, prenant pour guides ses sympathies et ses colères, ayant pour critique le délire de l'ode, et courant à travers l'émotion à la vérité. Les autres écartent la passion comme un voile ; il l'accepte comme une lumière. Les autres rejettent l'instinct comme une faiblesse ; il le recueille comme une force. Les autres évitent le dithyrambe comme un trompeur ; il se livre à lui comme à un révélateur.

De là sa philosophie et la philosophie de ce livre. Chacun de nous fait la sienne à son image. Chacun prescrit à la science les habitudes de sa pensée. Chacun offre à l'univers l'idéal qu'il se propose à lui-même. Chacun impose à la nature les besoins qu'il porte en soi. — M. Michelet a l'instinct pour méthode : c'est pourquoi il glorifie l'instinct, hier dans le peuple, aujourd'hui dans les bêtes. Il rabaisse le raisonnement et l'analyse ; il relève la croyance spontanée et la divination irréfléchie. Hier, il préférait le bon sens du paysan aux théories du lettré, et demandait au peuple la vérité sur la révolution française. Aujourd'hui, il s'indigne contre ceux qui traitent l'instinct de force aveugle, qui ne voient pas « combien cette raison commencée diffère peu en nature de la haute raison humaine ; » qui ne démêlent point dans l'oiseau le génie du constructeur, de l'artiste, du musicien, la faculté d'enseigner et d'apprendre, le profond amour, le dévouement, le courage, les plus beaux sentiments et les plus belles forces de notre âme, une âme enfin parente de la nôtre. — M. Michelet a la sympathie pour talent ; c'est pourquoi il glorifie la sympathie, hier, celle des hommes entre eux, aujourd'hui, celle des hommes et des bêtes. Il déteste l'orgueil, la dureté, la vie solitaire. Il exalte la bonté, la fraternité, la vie sociale. Hier, il appelait la patrie « une grande amitié, » enseignant pour devoir à l'homme le dévouement et la tendresse, appelant les classes opposées à la concorde, donnant pour devise à la révolution future, non la liberté orgueilleuse, non l'égalité niveleuse, mais la fraternité généreuse. Aujourd'hui, il essaye d'établir la paix entre les oiseaux et l'homme, montrant que plusieurs sont nos serviteurs, que presque tous sont nos alliés et nos amis; que ces jeunes âmes, à peine ébauchées, enfantines, doivent être traitées en sœurs par la nôtre, et que le destin de l'homme, barbare et brutal encore, est de rallier tous les vivants en une grande république au souffle de l'universel amour.

Cette philosophie donne-t-elle la vérité? A tout le moins elle donne le talent. Si elle n'est pas conforme à la science, elle est conforme à la poésie. Si elle ne fait pas des savants, elle fait des artistes. Quel don que de retrouver tous les sentiments, d'entrer dans l'âme de tous les êtres, de reproduire dans l'étroite enceinte de soi-même toutes les formes de la vie et la variété infinie de l'univers! Ce don paraît grand déjà, lorsqu'il s'applique à réformer les pensées et les passions des hommes, choses communes, vulgaires, que nous apercevons en nous-mêmes, et qui n'ont point pour nous l'attrait de la nouveauté. Combien plus grand lorsqu'il s'emploie à faire comprendre l'âme des êtres muets, séparés de nous par l'abîme des espèces, à révéler la vie mystérieuse des animaux, des forêts et des flots!

D'abord les oiseaux-poissons, pingouins, manchots, immobiles en longues rangées sur les îles de glace, parmi les cristaux aigus des terres australes. « A leur tenue verticale, à leur robe blanche et noire, on croirait voir des bandes nombreuses d'enfants en tabliers blancs. Ces fils aînés de la nature, confidents des vieux âges de transformation, parurent aux premiers qui les virent d'étranges hiéroglyphes. De leur œil doux, mais terne et pâle comme la face de l'Océan, ils semblaient regarder l'homme, ce dernier né de la planète, du fond de leur antiquité. » Chez d'autres, l'aile peu à peu se dégage, s'agrandit, devient aérienne; l'oiseau ne nage plus, il vole; et vous voyez les goëlands criards qui planent imperturbablement au-dessus des vagues de la Biscaye, pendant que la houle marine, accumulée depuis l'Amérique, escalade en grondant les escarpements de la côte. « Jour ou nuit, midi ou nord, mer ou plage, proie morte ou vivante, tout leur est un. Usant de tout, chez eux partout, ils promènent vaguement des flots au ciel leur blanche voile. Le vent nouveau qui tourne et change, c'est toujours le bon vent qui va où ils voulaient aller. » Leur œil clair et froid a la couleur de la mer du Nord, grise, indifférente. « Que dis-je? Cette mer est plus émue. Le vieux père Océan, sournois, colère, souvent, sous sa face pâle, semble rouler bien des pensées. Ses fils, les goëlands, semblent moins animaux que lui. »

Bien plus haut, « le premier de la race ailée, l'audacieux navigateur qui ne ploie jamais la voile, le prince de la tempête, contempteur de tous les dangers, » l'aigle de mer balance son petit corps sur ses immenses ailes, et, de l'Europe à l'Amérique, rame avec la vitesse de l'orage, d'un vol si égal qu'il semble endormi. Bien certainement M. Michelet a dû se croire oiseau plus d'une fois en écrivant ces pages. Il a souhaité cette récompense au naturaliste Wilson. Une fois, écoutant la chanson d'une fauvette : « Moi-même, dit-il, ailé en ce moment, je l'accompagnai dans son rêve. » Il a causé avec les bêtes comme les anciens brames ; un jour, voyant le héron mélancolique qui, perché sur une patte, contemplait dans l'eau terne sa maigre image, il se hasarda à interroger ce rêveur :

Je lui dis de loin ces paroles que sa très-fine ouïe perçut exactement : « Ami pêcheur, voudrais-tu bien me dire (sans délaisser ta station) pourquoi, toujours si triste, tu sembles plus triste aujourd'hui ? As-tu manqué ta proie ? Le poisson trop subtil a-t-il trompé tes yeux ? La grenouille moqueuse te défie-t-elle au fond de l'onde ?

— Non, poissons ni grenouilles n'ont pas ri du héron.... Mais le héron lui-même rit de lui, se méprise quand il entre en pensée de ce que fut sa noble race, et de l'oiseau des anciens jours....

« La terre fut notre empire, le royaume des oiseaux aquatiques dans l'âge intermédiaire où, jeune, elle émergeait des eaux. Temps de combat, de lutte, mais d'abondante subsistance. Pas un héron qui ne gagnât sa vie. Besoin n'était d'attendre ni de poursuivre : la proie poursuivait le chasseur ; elle sifflait, coassait de tous côtés. Des millions d'êtres de nature indécise, oiseaux-crapauds, poissons ailés, infestaient les limites mal tracées des deux éléments. Qu'auriez-vous fait, vous autres, faibles et derniers nés du monde ? L'oiseau vous prépara la terre. Des combats gigantesques eurent lieu contre les monstres énormes, fils du limon ; le fils de l'air, l'oiseau, prit taille de géant. Si vos histoires ingrates n'ont pas trace de tout cela, la grande histoire de Dieu le raconte au fond de la terre où elle a déposé les vaincus, les vainqueurs, les monstres exterminés par nous et celui qui les détruisit.

« Vos fictions mensongères nous bercent d'un Hercule humain. Que lui eût servi sa massue contre le plésiosaure ? Qui eût attendu face à face cet horrible léviathan ? Il y fallait le vol, l'aile forte, intrépide, qui du plus haut lançait, relevait, relançait l'Hercule-oiseau, l'épiornis, un aigle de vingt pieds de haut et de cinquante pieds d'envergure, implacable chasseur qui, maître de trois éléments, dans l'air, dans l'eau, dans la vase profonde, suivait le dragon sans repos. »

Consumé dans cette lutte gigantesque, il s'est amoindri quand s'est amoindri l'élément humide. Les oiseaux de la vase, aux longues échasses, insensiblement, ont disparu. Leurs frères, les pélicans, les cygnes, deviennent rares. « On chercherait en vain ces blanches flottes qui couvraient de leurs voiles les eaux du Mincio, les marais de Mantoue, qui pleuraient Phaéthon à l'ombre de ses sœurs, ou, dans leur vol sublime, poursuivant les étoiles d'un chant harmonieux, leur portaient le nom de Varus. »

C'est la tendresse du poëte qui ranime ses créatures. Celui-ci les aime tant qu'il les aime trop. Le rossignol est dieu dans ce livre, et M. Michelet est son prophète. Il a eu des visions en l'écoutant, tout comme Mahomet. Il écrit à propos de lui des dialogues comme ceux du Coran. Il l'aperçoit qui passe, timide, muet, dans son habit obscur, sous les feuillages rougissants de l'automne. Pourquoi pars-tu? Que ne restes-tu en Provence, dans les gorges où le tiède soleil d'hiver luit aussi doucement qu'au plus beau printemps?

« Non, il me faut partir. D'autres peuvent rester : ils n'ont que faire de l'Orient. Moi, mon berceau m'appelle ; il faut que je revoie ce ciel éblouissant, ces ruines lumineuses et parées où mes aïeux chantèrent ; il faut que je me pose sur mon premier amour, sur la rose d'Asie, que je me baigne de soleil.... Là est le mystère de ma vie ; là, la flamme féconde où renaîtra mon chant ; ma voix, ma muse est la lumière. »

Il part, et le voilà devant la grande porte de l'Italie, devant les Alpes froides et blanches, peuplées de tous les brigands de l'air, qui l'attendent.

'Il s'arrête à l'entrée, sur une maison amie que je sais bien, ou au bois sacré des Charmettes, délibère et se dit : « Si je passe de jour, ils sont tous là : ils savent la saison ; l'aigle fond sur moi, je suis mort. Si je passe la nuit, le grand-duc, le hibou, l'armée des horribles fantômes aux yeux grandis dans les ténèbres, me prend, me porte à ses petits.... Las ! que ferai-je ? J'essayerai d'éviter et la nuit et le jour. Aux sombres heures du matin, quand l'eau froide détrempe et morfond sur son aire la grosse bête

féroce qui ne sait pas bâtir un nid, je passe inaperçu....
Et quand il me verrait, j'aurais passé avant qu'il pût
mettre en mouvement le pesant appareil de ses ailes mouillées. »

Bien calculé. Pourtant vingt accidents surviennent.
Parti en pleine nuit, il peut, dans cette longue Savoie,
rencontrer de front le vent d'est qui s'engouffre et qui le
retarde, qui brise son effort et ses ailes.... Dieu ! il est
déjà jour.... Ces mornes géants, en octobre, déjà vêtus de
blancs manteaux, laissent voir sur leur neige immense un
point noir qui vole à tire-d'aile. Qu'elles sont déjà lugubres, ces montagnes, et de mauvais augure, sous ce grand
linceul à longs plis !... Tout immobiles que sont leurs pics,
ils créent sous eux et autour d'eux une agitation éternelle, des courants violents, contradictoires, qui se battent entre eux, si furieux parfois, qu'il faut attendre.
« Que je passe plus bas, les torrents qui hurlent dans
l'ombre avec un fracas de noyades, ont des trombes qui
m'entraîneront. Et je monte aux hautes et froides régions
qui s'illuminent, je me livre moi-même ; le givre saisira,
ralentira mes ailes. »

N'y a-t-il point là tout un drame ? Qui ne serait
touché des anxiété du pauvre petit voyageur, perdu
dans les tempêtes de neige ? Qui ne voit, sous cette
main magique, l'automne des montagnes, les noires
profondeurs des gorges où rampent des nuages,
les crêtes arides qui s'éclairent à l'aurore d'un
triste sourire glacé ? Le drame finit par une ode,
qui est l'hymne du rossignol. Ce qu'il chante, c'est
son amour, sa douleur, ses joies, ses espérances
infinies. Buffon avait noté, avec une prodigalité de

mots nobles, les roulades, les coups de voix, les trilles, les arpéges de son ramage, bon observateur, analyste attentif, définissant toutes les opérations de ce gosier, n'apercevant que la partie extérieure de l'hymne. Ce que M. Michelet en aperçoit, c'est la source intérieure, c'est la passion musicale, c'est l'âme créatrice. « Le rossignol voit les bois, l'objet aimé qui les transfigure; il voit sa vivacité tendre, et mille grâces de la vie ailée, que la nôtre ne peut rendre. Il lui parle, elle lui répond; il se charge de deux rôles, à la grande voix mâle et sonore, réplique par de doux petits cris. Quoi encore? Je ne fais nul doute que déjà ne lui apparaisse le ravissement de sa vie, la tendre intimité du nid, la pauvre petite maison qui aurait été son ciel.... Rapprochez-vous, c'est un amant; mais éloignez-vous, c'est un dieu. La mélodie, ici vibrante et d'un brûlant appel aux sens, là-bas grandit et s'amplifie par les effets de la brise; c'est un chant religieux qui emplit toute la forêt. De près, il s'agissait du nid, de l'amante, du fils qui doit naître; mais de loin, autre est cette amante, autre est le fils : c'est la Nature, mère et fille, amante éternelle qui se chante et se célèbre; c'est l'infini de l'amour qui aime en tous et chante en tous; ce sont les attendrissements, les cantiques, les remercîments qui s'échangent de la terre au ciel. » Voilà le panthéisme profond, passionné, mystique, où aboutit ce talent, où s'achève cette philosophie. L'artiste aperçoit en toutes choses l'Amour et la Vie. Au plus bas degré de l'être, les substances inertes se fondent les unes dans les autres par les violentes affinités chimiques, aspirant, avec une soif ardente, celles qui doivent transformer et compléter leur être; et le monde, qui semble immobile, est le mariage incessant, mystérieux, invisible, des corps qui s'unissent, précipités les uns vers les autres par un aveugle désir. La sourde volonté qui attache au sol la pierre pesante, et retient autour du soleil le cortége des planètes, développée dans la plante par des besoins plus compliqués et par une œuvre plus savante, y végète encore engagée dans la matière, et ne se déploie que par la structure qu'elle compose et qu'elle soutient. Dégagée dans l'animal, elle habite en lui sous forme d'instinct et de rêve. Elle se change en idée dans l'homme, et le poëte, apercevant par elle l'universelle parenté des choses, reconnaît l'âme infinie, la créatrice immortelle, la grande mère incessamment occupée à amener des vivants sous la clarté du jour. Au fond des bois, pendant les jours d'été, lorsque les exhalations odorantes montent dans l'air, quand le long murmure des feuilles, des oiseaux, des insectes, vient emplir l'oreille, lorsque l'air épais enivre comme le vin, et qu'un nuage de lumière enveloppe le dos des collines, on est tenté comme lui de confondre les choses en un seul être, et l'on comprend comment un artiste, entrevoyant la face de l'éternelle déesse, a dit qu'elle s'appelle l'Amour.

Laissez-le s'abandonner à sa sensibilité exaltée, à sa sympathie passionnée, à son émotion nerveuse : avec les animaux il ressuscitera les êtres inanimés. Avec la pensée des oiseaux, il nous montrera la pensée des arbres et des pierres. Quels paysages ! et que le cœur est meilleur peintre que les yeux ! En vain votre esprit serait un miroir où vous apercevriez la forme exacte de chaque contour et la nuance précise de chaque couleur. En vain vous me nommerez le vert et le bleu, la ligne brisée et la ligne sinueuse; Ce que vous me ferez voir est peu de chose. Il faut que vous découvriez le sentiment sous la forme qui l'exprime, et le seul moyen de susciter en moi des images est de soulever en moi des émotions. Si l'on voit les paysages de M. Michelet, c'est qu'on les sent, et qu'il les sent. Il les sentait lorsqu'il a décrit sa colline nantaise étendue entre les eaux grises de la Vendée et les eaux jaunes de la Bretagne, antique jardin abandonné, plein de grandes charmilles et de cerisiers rouges, où les pluies sans écoulement nourrissent une verdure exubérante, encombrée de plantes domestiques et sauvages, fouillis de hautes herbes, luxe de végétation négligée, « efflorescence molle et débordante, sous un ciel humide, tiède et doux. » Il les sentait, quand il peignait ces marais d'Amérique, larges bras de mer bandonnés dans la retraite des eaux, où le peuple des cèdres enfonce ses pieds dans la vase qui fermente, et sous ses flèches entre-croisées étend un crépuscule sinistre. Mais la vraie patrie de cette imagination ardente est le pays du soleil, la région brûlée du globe, la dévorante nature des tropiques; sa violence, sa concentration fiévreuse en imite l'énergie insensée et les furieux excès. Méry l'a peinte aussi; mais sa riche imagination et son enthousiasme n'égalent point l'ivresse maladive et nerveuse, les accès de poésie convulsive, les phrases vibrantes, les petits mots dardés en traits de feu, le petillement d'éclairs qui éclatent ici : l'artiste parle de ces insectes, acharnés chasseurs, insatiables gloutons, excités, piqués par la chaleur, par l'excitation d'un monde d'épices et de substances âcres, qui pullulent dans les forêts vierges « où tout vous parle de vie, où fermente éternellement le bouillonnant creuset de la nature. »

Ici et là, leurs vivantes ténèbres s'épaississent d'une triple voûte, et par des arbres géants, et par des enlacements de lianes, et par des herbes de trente pieds à larges et superbes feuilles. Par places, ces herbes plongent dans le vieux limon primitif, tandis qu'à cent pieds plus haut, par-dessus la grande nuit, des fleurs altières et puissantes se mirent dans le brûlant soleil.

Aux clairières, aux étroits passages où pénètrent ses rayons, c'est une scintillation, un bourdonnement éternel, des scarabées, papillons, oiseaux-mouches et colibris, pierreries animées et mobiles, qui s'agitent sans repos. La nuit, scène plus étonnante! commence l'illumination féerique des mouches luisantes, qui, par milliards de millions, font des arabesques fantasques, des fantaisies effrayantes de lumière, des grimoires de feu.

Avec toute cette splendeur, aux parties basses clapote un peuple obscur, un monde sale de caïmans, de serpents d'eau. Aux troncs des arbres énormes, les fantastiques orchidées, filles aimées de la fièvre, enfants de l'air corrompu, bizarres papillons végétaux, se suspendent et semblent voler. Dans ces meurtrières solitudes, elles se délectent et se baignent dans les miasmes putrides, boivent la mort qui fait leur vie, et traduisent, par le caprice de leurs couleurs inouïes, l'ivresse de la nature.

N'y cédez pas, défendez-vous, ne laissez point gagner au charme votre tête appesantie. Debout! debout! sous cent formes le danger vous environne. La fièvre jaune est sous fleurs, et le *vomito nero* ; à vos pieds traînent les reptiles. Si vous cédiez à la fatigue, une armée silencieuse d'anatomistes implacables prendrait possession de vous, et d'un million de lancettes ferait de tous vos tissus une admirable dentelle, une gaze, un souffle, un néant.

Quoi! c'est vous, fleurs animées, topazes et saphirs ailés, c'est vous qui serez mon salut? Votre âpreté libératrice, acharnée à l'épuration de cette surabondante et furieuse fécondité, rend seule accessible l'entrée de la dangereuse féerie.

Ceux qu'il apostrophe ici, ce sont ses frères. Le colibri, l'oiseau-mouche, sont la vivante image de son génie. Il a leur éclat éblouissant, leur passion folle, leur vélocité, leur furie, leurs ailes. Il fait taire la critique, et il se peint lui-même dans ce portrait :

La vie, chez ces flammes ailées, est si brûlante, si intense, qu'elle brave tous les poisons. Leur battement d'ailes est si vif que l'œil ne le perçoit pas ; l'oiseau-mouche semble immobile, tout à fait sans action. Un *hour! hour!* continuel en sort, jusqu'à ce que, tête basse, il plonge du poignard de son bec au fond d'une fleur, puis d'une autre, en tirant les sucs, et pêle-mêle les petits insectes : tout cela d'un mouvement si rapide que rien n'y ressemble ; mouvement âpre, colérique, d'une impatience extrême, parfois emporté de furie, contre qui ? contre un gros oiseau qu'il poursuit et chasse à mort, contre une fleur déjà dévastée à qui il ne pardonne pas de ne pas l'avoir attendu. Il s'y acharne, l'extermine, en fait voler les pétales.

Les feuilles absorbent, comme on sait, des poisons de l'air, les fleurs les résorbent. Ces oiseaux vivent des fleurs, de ces pénétrantes fleurs, de leurs sucs brûlants et âcres : en réalité, de poisons. Ces acides semblent leur donner et leur âpre cri, et l'éternelle agitation de leurs mouvements colériques. Ils contribuent peut-être bien plus directement que la lumière à les colorer de ces reflets étranges qui font penser à l'acier, à l'or, aux pierres précieuses, plus qu'à des plumes et à des fleurs.

Et nous aussi, nous dirons que ce n'est point la lumière de l'art et le sens de la beauté qui colorent ce style, mais la passion dévorante où il s'abreuve et s'exalte. Un autre y perdrait la raison ; il y gagne le génie; et l'incessante tension de sa machine nerveuse, au lieu de le consumer, le nourrit.

De là ces formes de langage étranges qui semblent la violation de la syntaxe et le renversement de la grammaire. Quand il fait des fautes de langue, il les veut presque toujours avec raison. Nul n'a plus étudié la langue. On dira qu'il l'a tordue; c'est qu'il l'a façonnée à son usage. Il parle autrement que les autres, parce qu'il pense autrement que les autres. Sa phrase se raccourcit pour égaler la concentration de sa pensée. Le verbe la quitte, disparaît. Lancée comme une révélation, elle enjambe par-dessus pour aller plus vite. Tantôt elle prend des attitudes pénibles, et se compose d'inversions; tantôt elle prend un air négligé, et se compose de répétitions. Elle copie l'idée telle qu'elle vient, à mesure qu'elle vient, imitant le mouvement naturel de l'esprit et le progrès saccadé de l'inspiration. « Ces oiseaux, disait-il tout à l'heure, vivent des fleurs, de ces pénétrantes fleurs, de leurs sucs brûlants et âcres : en réalité, de poisons. » Trois fois le mot primitif est corrigé, développé. Mettez à la place : « Ces oiseaux vivent sur les fleurs, de sucs âcres et brûlants qui sont des poisons : » vous avez écrit du premier coup l'expression définitive; mais vous n'avez pas exprimé le tâtonnement, l'allure passionnée de l'esprit qui cherche et qui trouve. — Ailleurs, afin d'exprimer un mouvement, il est obligé d'employer une préposition pour une autre : « La longue belette s'insinue au nid sans frôler une feuille. » S'il mettait : « La longue belette s'insinue dans le nid, » la phrase n'imiterait point l'action de la bête. — Pour traduire les sentiments par les sensations, pour confirmer les impressions de l'âme par les impressions de l'oreille, il est artiste jusque dans les prépositions et les articles : nul style n'est plus imitatif. « Le chat-huant vole d'une aile silencieuse, comme étoupée de ouate. » Ces voyelles étouffées qui se heurtent font glisser la phrase aussi silencieusement que l'oiseau. — Chez lui l'ordre des mots n'est point l'ordre grammatical, mais l'ordre logique. Il note les différentes parties de sa vision à mesure qu'elles passent en lui, tour à tour, et la construction marque leur suite. Regardez plutôt cette phrase : « Mais le temps noir se dissipe, le jour reparaît, je vois un petit point bleu dans le ciel. Heureuse et sereine région qui gardait la paix au-dessus de l'orage. Dans ce point bleu, royalement, un petit oiseau d'aile immense nage à dix mille pieds de haut. Goëland ? Non ; l'aile est noire. Aigle ? Non : l'oiseau est petit. » « Heureuse » doit être le premier mot, parce que l'émotion dominante première est un élan de bonheur. Même raison pour la construction renversée de la phrase suivante. Quant à ces mots, « Aigle ? Goëland ? » ce sont des cris d'interrogation qu'on ne pouvait noter d'autre manière. — Ailleurs, un passage sur les hirondelles montre comment l'abréviation de la phrase et la position du mot font entrer la sensation dans l'âme et dans les yeux : « Souvent elles se précipitaient tombant presque, rasant la terre, mais si vite relevées qu'on les aurait crues lancées d'un ressort ou dardées d'un arc. » Un écrivain régulier aurait coupé la phrase après le mot « terre, » et la phrase, n'ayant plus de continuité, n'eût pas exprimé la continuité du vol. La dernière syllabe de « presque, » muette et tronquée, peint avec une force étonnante la chute arrête subitement; si on eût mis « par un ressort, par un arc, » on perdait tout l'élan imitatif. Par-dessus tout, sa phrase est un chant. Tout poëte est musicien. Celui-ci, ami de Virgile, l'est plus qu'un autre. Il a besoin de bercer sa pensée aux sons cadencés de la période, et la mélodie qu'il heurte ou qu'il déroule, douloureuse ou tendre, ajoute la rêverie à l'idée, et la poésie à la passion.

J'avais noté beaucoup de passages qui paraîtraient extraordinaires dans un autre, les bizarreries naïves d'un panthéiste allemand, les oiseaux comparés au Messie, « et participant au divin privilége du Saint-Esprit, d'être présents partout; » des bénédictions données aux phoques; des mouvements d'envie à l'occasion des baleines; une multitude d'apostrophes, de cris, de transports, l'exaltation d'un fakir, l'abandon d'une femme nerveuse, l'habitude de penser tout haut et trop haut. Doit-on blâmer ces excès? Les beautés les rachètent, et sans eux elles ne seraient pas; sa passion fait son génie. D'ailleurs, cette forme d'esprit est un type; elle a droit d'exister au même titre que toute autre; ce qui serait déraison ailleurs est raison chez elle. Chaque type est bien comme il est, dans le monde pensant comme dans le monde animal. Sa perfection et sa loi est de développer son être, et, si jamais esprit fut complet dans son genre, c'est celui-ci. Personne ne reproche au héron ses longues jambes fragiles, son corps maigre, son attitude contemplative et immobile. Personne ne blâme dans la frégate les ailes immenses, les pieds raccourcis : cette maigreur est une beauté dans le héron; cette disproportion est une beauté dans la frégate. L'une et l'autre manifestent une idée de la nature, et l'œuvre du naturaliste est de les comprendre, non de les railler. Le critique est le naturaliste de l'âme. Il accepte ses formes diverses; il n'en condamne aucune, et les décrit toutes; il juge que l'imagination passionnée est une force aussi légitime et aussi belle que la faculté métaphysique ou que la puissance oratoire; au lieu de la déchirer avec mépris, il la dissèque avec précaution; il la met dans le même musée que les autres et au même rang que les autres; il se réjouit, en la voyant, de la diversité de la nature; il ne lui demande point de se diminuer, de subir l'autorité de facultés contraires, de se faire raisonnable et circonspecte; il aime jusqu'à ses folies et ses misères. Il fait plus : à force de l'observer, il se transforme en elle; à force de s'expliquer ses démarches et de les trouver conséquentes, il répète involontairement ses démarches. Geoffroy Saint-Hilaire disait qu'en Égypte, couché sur le sable du Nil, il sentait s'éveiller en lui les instincts du crocodile. A force d'analyser l'imagination passionnée, le critique participe à ses visions, à sa passion, jusqu'à trouver sa passion et ses visions raisonnables. S'il la juge, ce n'est point pour dire qu'elle est belle ou laide, mais pour montrer qu'elle est propre ou impropre à tel emploi. Un naturaliste prononce que le héron est fait pour vivre dans les marécages, que la frégate doit planer sur les mers, et que le héron transporté dans une plaine sèche, et la frégate enfermée dans un bois, ne pourront vivre. Un critique pense que la sensibilité passionnée, appliquée comme ouvrière à la philosophie et à l'histoire, doit découvrir des vérités supérieures, commettre beaucoup d'erreurs, hasarder beaucoup d'hypothèses, prouver peu, exagérer beaucoup; mais qu'appliquée à l'art, elle formera les caractères les plus vivants, les drames les plus émouvants, le style le plus attachant, les paysages les plus visibles ; que d'un souffle de feu elle animera les êtres inertes ; que, promenée du pôle à l'équateur, de l'Amérique à l'Asie, elle éveillera dans notre cerveau une fantasmagorie de visions lumineuses, partout créatrice, impétueuse, ardente, universelle, pareille à la grande nature, qui, dans la vie furieuse de ses tropiques, étale une image de sa violence et de son éclat. On dit qu'il y a aujourd'hui trois poëtes[1] en France : celui-ci est le quatrième, et sa prose pour l'art et le génie vaut leurs vers.

1. Alfred de Musset, Lamartine, Victor Hugo. Béranger est un grand prosateur qui a mis des rimes à sa prose.

Juillet 1856.

LES JEUNES GENS DE PLATON.

Le laid est beau, j'y consens, mais le beau est plus beau. Boileau Despréaux, ce célèbre romantique, a bien osé dire :

> D'un pinceau délicat l'artifice agréable
> Du plus affreux objet fait un objet aimable.

Aimable? La rime ici fait dire une sottise à la raison. Il n'y a d'objets aimables que ceux qu'on peut aimer; voilà pourquoi je demande au lecteur de passer une demi-heure avec les jeunes gens de Platon. J'ai encore une autre excuse : ce monde moderne est fort triste, parce qu'il est fort civilisé. Chacun y fait effort; chacun peine et travaille de corps et d'esprit, et les œuvres d'art, qui devraient nous calmer, nous agitent, depuis que nos poëtes cherchent ce qui intéresse, non ce qui est beau, et se font artisans de passions, non de bonheur. Platon est plus heureux; l'antiquité est la jeunesse du monde, et partant la nôtre. Reportons-nous vers ces belles années que nous n'avons pas vécues, et jouissons-en du moins par le souvenir.

Quoique philosophe, il fut poëte, je veux dire créateur de formes vivantes. Un Grec eût été bien embarrassé de ne pas l'être. Parménide, le Spinoza du temps, écrivit son système en vers, et souvent ces vers sont beaux. Platon mit ses syllogismes en conversations, et fit de ses théories une peinture de mœurs. Il est le seul parmi les philosophes qui ait su donner la vie à des dissertations. Le Théotime de Malebranche, les Philalèthe de Leibnitz, sont des abstractions sous des noms d'hommes. Ces fictions ôtent le naturel sans apporter l'intérêt, et les raisonnements plairaient mieux sans les raisonneurs. Le dialogue n'est là qu'un ornement d'emprunt, ajouté après coup, par un effort d'imagination, pour cacher la sécheresse du sujet et ne pas effaroucher le lecteur. Au contraire, si Platon représente des personnages, c'est qu'il les copie; s'il écrit des dialogues, c'est qu'il en écoute. Il trouve le beau en peignant le vrai, et, parce qu'il est historien, il est poëte : car la philosophie naquit en Grèce, non comme chez nous dans un cabinet et parmi des paperasses, mais en plein air, au soleil, lorsque, fatigués de la palestre et appuyés contre une colonne du gymnase, les jeunes gens conversaient avec Socrate sur le bien et sur le vrai.

On peut s'arrêter un instant devant ces contemporains de Périclès, qui, la première année de la guerre, disait sur leur tombe : « L'année a perdu son printemps. »

Platon a pris plaisir à figurer aux yeux les plus jeunes, ceux en qui la pensée pour la première fois s'éveille, et qui sont encore presque enfants. Son style si aisé, si doux, presque fluide, convient pour peindre ces âmes molles et tendres, ces corps flexibles. Corrège eut le même don et le même amour. La beauté naissante est la plus belle, simple et riante comme le premier rayon du jour.

On les rencontre partout, dans les palestres, sous les portiques, dans l'agora, interrogeant Socrate et lui répondant sur tous les sujets avec une liberté entière. « On les laisse, comme de jeunes chevaux consacrés aux dieux, paître et errer au hasard, pour voir s'ils trouveront la sagesse et la vertu. » Jusqu'à ce moment, ils n'ont eu qu'une éducation de poëtes et d'athlètes. Ils ont passé la journée dans le gymnase à lutter, à sauter, à courir ; ils ont répété des vers de Tyrtée et d'Homère, et chanté des hymnes. « Les enfants d'un même quartier, dit Aristophane, allaient chez le maître de cithare, marchant ensemble et en bon ordre, nus, quand même la neige serait tombée comme de la grosse farine. Là, ils apprenaient l'hymne : « Pallas terrible, qui ravages les villes, » ou : « Un cri perce au loin, » et tendaient leur voix avec la forte harmonie que leurs pères leur avaient transmise. Si quelqu'un faisait le bouffon ou chantait avec des inflexions molles, on le chargeait de coups comme un ennemi des Muses. — O jeune homme, dit le Juste dans sa plaidoirie contre l'Injuste, prends-moi hardiment pour ton guide, moi qui suis le meilleur conseil, et tu iras à l'Académie courir sous les oliviers sacrés, couronné de joncs aux fleurs blanches, avec un sage ami de ton âge, respirant l'odeur du smilax, du blanc peuplier, jouissant du loisir et du beau printemps, lorsque l'ormeau murmure auprès du platane. » Ainsi formés, ils commencent maintenant à réfléchir, aidés de Socrate qui « accouche » leurs esprits, et leur donne le plaisir de penser.

Entrés dans le gymnase, dit-il, nous trouvâmes que les jeunes garçons avaient sacrifié, et que les cérémonies étaient déjà presque achevées. Ils jouaient aux osselets et étaient tous parés ; la plupart s'amusaient au dehors, dans la cour ; quelques-uns, dans un coin du vestiaire, jouaient à pair impair avec un grand nombre d'osselets qu'ils prenaient dans des corbeilles. D'autres alentour les regardaient, et parmi eux Lysis qui se tenait debout dans un groupe de jeunes gens et d'enfants, la couronne sur la tête, d'une figure vraiment rare, et digne d'être appelé non-seulement beau, mais beau et bon. Pour nous, nous allâmes nous asseoir du côté opposé, où l'on était tranquille, et nous commençâmes à nous entretenir sur quelque sujet. Lysis se retournait souvent pour nous regarder, et on voyait bien qu'il désirait venir auprès de nous ; mais il était embarrassé et n'osait approcher tout seul. En ce moment, Ménexène, qui revenait de la cour, entra tout en jouant, et, dès qu'il me vit avec Ctésippo, il vint s'asseoir auprès de moi ; Lysis le suivit et s'assit à côté de lui : les autres s'approchèrent aussi. Alors je levai les yeux vers Ménexène et je lui dis : « O fils de Démophon, lequel de vous deux est le plus âgé ? — Nous ne sommes pas d'accord là-dessus, répondit-il. — Et si je demandais lequel est le plus brave, vous contesteriez aussi ? — Certainement. — Et lequel est le plus beau ? encore de même ? » Tous deux se mirent à rire. « Je ne vous demande pas lequel est le plus riche, car vous êtes amis, n'est-ce pas ? — Très-grands amis, dirent-ils. — En effet, on dit que tout est commun entre amis, de sorte qu'en fait de richesse, il n'y a pas de différence entre vous, si vous êtes amis comme vous le dites. » — Ils l'accordèrent.

Cela est généreux et charmant ; aussi voyez de quel ton Socrate parle de cette amitié, comme il félicite ces enfants, avec combien de grâce, de bonhomie et de tendresse :

Depuis mon enfance, je me trouve désirer un bien, comme les autres hommes qui tous en désirent un, chacun le sien. Car celui-ci désire des chevaux, celui-là des chiens, l'un des richesses, l'autre des honneurs. Pour moi, à l'égard de toutes ces choses, je suis fort tranquille ; mais je souhaite très-ardemment acquérir des amis, et j'aimerais mieux avoir un bon ami que la meilleure caille et le meilleur coq de la terre, oui par Jupiter, et que le plus beau cheval et que le plus beau chien. Et par le chien ! je voudrais, je crois, posséder un ami plutôt que le trésor de Darius, plutôt que Darius lui-même, tant je suis désireux d'amitié. Aussi en vous voyant, Lysis et toi, je suis tout surpris, et je vous trouve heureux de ce qu'étant si jeunes, vous avez été capables d'acquérir un tel bien si aisément et promptement.

Là-dessus Socrate engage l'entretien et fait trouver à Ménexène ce qu'est l'amitié et ce qu'elle n'est pas. Lysis est si attentif qu'il oublie qu'on ne l'interroge point, et répond tout d'un coup à la place de son compagnon. « Aussitôt il rougit, et il me parut que ce mot lui était échappé malgré lui, tant il appliquait fortement son esprit aux choses qu'on disait. En effet, on voyait bien à son air qu'il écoutait de toute sa force. »

Il a autant de franchise que de pudeur. Sur les questions de Socrate, il raconte sans embarras combien de choses son père lui défend, comment il est forcé d'obéir à son gouverneur, à tous ses maîtres. « Lorsque tu reviens à la maison, auprès de ta mère, te laisse-t-elle, pour te rendre heureux, faire ce qu'il te plaît de sa laine ou de son métier, si elle travaille? Ou bien t'empêche-t-elle de toucher à la navette et aux autres instruments du tissage? — Par Jupiter, dit-il en riant, Socrate, non-seulement elle m'en empêche, mais je serais battu si j'y touchais. » Et il avoue de bon cœur qu'il ne sait presque rien encore, qu'il a grand besoin de ses maîtres. En ce moment revient Ménexène, qui était sorti un instant ; Lysis, jugeant utile ce qu'il vient d'entendre, se penche vers Socrate, et lui dit tout bas très-naïvement et très-affectueusement : « O Socrate, ce que tu viens de me dire, dis-le aussi à Ménexène. » Ce mot fait sourire, mais avec complaisance ; l'enfant est si bon et si sincère, que tous les mouvements de son âme le font aimer.

Ce que j'aime ici, c'est la nature. Ces enfants s'y laissent aller ; elle fait tout en eux. Que nous sommes loin d'elle ! Les hommes se sont formés, je le veux, mais il se sont déformés ; vingt siècles de préceptes pèsent sur nos têtes. On trouvait Joas naturel au dix-septième siècle, et le pauvre petit, âgé de huit ans, infligeait à la reine Athalie des sentences morales :

> Le bonheur des méchants comme un torrent s'écoule.

Ou des axiomes théologiques :

> Aux petits des oiseaux Dieu donne la pâture,
> Et sa bonté s'étend sur toute la nature.

Écartez ces livres, fermez ce piano, ne contez à l'enfant que des contes ; qu'il coure au soleil, dans le jardin, qu'il regarde les plantes, les bêtes et les beaux nuages. Ne détruisez pas sous une discipline la beauté native de son corps et de son âme. Ce sang nouveau qui court dans ces jeunes veines et vient tendre cette peau si fraîche, cette chair rosée où semble vivre encore le lait maternel, ces grands yeux attentifs, cette pensée curieuse et mobile, ce mouvement souple et incessant, cette joie de vivre et de comprendre, cet abandon de soi-même à soi-même : voilà l'homme primitif, tout voisin de sa source, encore parent des êtres inférieurs, simple et heureux comme l'eau qui coule, se ploie autour des roches, bruit du plus doux murmure, et s'étale riante sous les agiles rayons du soleil. Il parut en Grèce à l'origine de la pensée et de l'histoire; chaque fois que notre civilisation nous lasse, nous revenons à lui; Rabelais, Rousseau y sont remontés; mais j'apprends moins à lire *Gargantua* ou *l'Émile* qu'à regarder les jeunes gens des Dialogues ou le petit Cyrus de Xénophon.

Mais déjà les jeunes garçons se font disciples des sophistes; ils courent vers la science qu'ils ont une fois goûtée, d'un élan impétueux et aveugle. Quand pour la première fois on désire, on désire de tout son cœur, sans seulement regarder si la chose est difficile ou impossible. On ne doute pas de soi, parce qu'on n'a pas mesuré ses forces; il semble qu'il n'y a pas d'intervalle entre le but et le souhait, qu'il suffit d'étendre la main pour l'atteindre, qu'espérer c'est avoir. Et qu'y a-t-il de plus beau et de plus doux que ce développement audacieux des facultés et des passions, lorsqu'elles se portent vers la science? Rappelons-nous l'âge où, pour la première fois, nous avons entrevu des vérités générales, non pas enseignées par nos maîtres ou apprises dans nos livres, mais découvertes par nous, les filles aînées de notre esprit, les plus chères, si charmantes que nulle joie depuis n'a pu effacer ni égaler le souvenir de ce premier bonheur. C'est vers quatorze ou quinze ans qu'on les trouve. Elles sont incomplètes, fausses, qu'importe? Vingt autres les avaient rencontrées avant nous, qu'importe encore? Elles nous appartenaient bien véritablement, puisque nous les avions inventées comme eux et que nous ne nous savions pas de devanciers. L'esprit, à ce moment, part d'un essor subit; cette force imprévue dont il n'avait pas conscience, et qui depuis longtemps s'était accumulée en lui sans qu'il la sentît, se déploie, et l'emporte à travers toutes les pensées, toutes les vérités et toutes les erreurs. On touche à toutes choses en véritable enfant, témérairement, en tranchant d'un coup des difficultés que plus tard on trouvera invincibles; mais on croit les avoir vaincues, et cette joie de vaincre n'est attristée ni par la prévision d'une défaite, ni par le sentiment d'une faiblesse, ni par la satiété de la jouissance, ni par la fatigue de l'effort. C'est la force et le plaisir d'un homme qui, assis depuis sa naissance, s'élancerait pour la première fois dans une plaine ouverte, ravi de la liberté de sa course, de la variété des objets, de l'éclat de la lumière, enivré par les ondées de sang généreux qui font battre ses veines et palpiter sa poitrine. Je ferais bien mieux de me taire : Platon, qui a tout dit, a dit cela divinement. Je le traduis, et qu'on me pardonne. « Le jeune homme qui, pour la première fois, a goûté de cette source, s'en réjouit comme s'il avait trouvé un trésor de sagesse ; il se sent transporté de plaisir. Il est charmé de remuer tous les discours, de ramasser tantôt toutes les idées et de les mêler en une seule, tantôt de les dérouler et de les diviser en parcelles, de jeter dans l'embarras d'abord et surtout lui-même, ensuite tous ceux qui l'approchent, jeunes, vieux, gens de son âge, quels qu'ils soient, sans épargner son père, ni sa mère, ni aucun de ceux qui l'écoutent ; ce n'est pas assez pour lui de s'en prendre aux hommes ; peu s'en faut qu'il n'attaque tous les êtres vivants. Il ne ferait pas grâce aux barbares, s'il trouvait seulement un interprète. »

Cette peinture est un mélange de raillerie et d'enthousiasme. Il admire ces jeunes gens et s'en moque. Voyez maintenant cette folie charmante mise en comédie :

Au point du jour, Hippocrate, fils d'Apollodore, frappa

très-fort à la porte avec son bâton. Quelqu'un ayant ouvert, il entra aussitôt en toute hâte, et parlant très-haut : « O Socrate, dit-il, es-tu éveillé ou dors-tu? » Je reconnus sa voix et je lui dis : « Eh bien ! Hippocrate, qu'apportes-tu de nouveau? — Rien que de bon. — Fort bien; mais qu'est-ce, et pourquoi es-tu venu à cette heure? — Protagoras, dit-il, est arrivé. »

Ne dirait-on pas que le grand roi vient d'aborder au Pirée?

« Que t'importe? lui dis-je. Est-ce que Protagoras t'a fait quelque tort? » Il répond en riant : « Oui, par les dieux, Socrate, puisqu'il est sage tout seul, et ne me fait point part de sa sagesse. — Mais, par Jupiter, si tu lui donnes de l'argent et que tu le persuades, il te rendra sage, toi aussi. — Plût à Jupiter et aux dieux que la chose en fût là ! Je n'épargnerais rien ni de mon bien ni de celui de mes amis. Mais c'est pour cela même que je viens te trouver à présent, afin que tu lui parles de moi. Car, outre que je suis trop jeune, je n'ai jamais vu Protagoras, et je ne l'ai jamais entendu ; j'étais encore enfant lorsqu'il vint ici pour la première fois. Mais, Socrate, tous le louent, et disent qu'il n'y a point d'homme plus habile dans la parole. Que n'allons-nous vers lui, afin de le trouver encore au logis? Il loge, à ce qu'on m'a dit, chez Callias, fils d'Hipponicus ; oui, allons. — Pas encore, mon ami, il est trop matin ; mais levons-nous et allons dans la cour. Nous passerons le temps à nous promener jusqu'à ce qu'il soit jour ; puis nous irons : ordinairement Protagoras reste au logis ; ainsi ne crains rien, nous le trouverons selon toute apparence. »

Là-dessus, Socrate interroge Hippocrate, qui est plus ardent qu'avisé, et le met dans l'embarras; il lui montre que l'élève d'un peintre devient peintre, et celui d'un joueur de flûte joueur de flûte, si bien que le disciple prend toujours le nom du maître qui l'instruit et de l'art qu'on lui enseigne. Puis il lui demande ce qu'il veut devenir, en prenant des leçons de Protagoras. « Et lui, rougissant (car il y avait déjà un peu de jour, en sorte qu'on voyait son visage) : « Si cet art est semblable aux autres, il est évident que je veux devenir un sophiste. » Après cette petite moquerie, Socrate lui fait voir combien il est inconsidéré et précipité, et l'ayant ainsi muni de réflexions, il le conduit chez Protagoras.

Nous arrivâmes en causant dans le vestibule. Mais le portier, un eunuque, nous entendit, ce me semble; et il paraît qu'à cause de la multitude des sophistes, il est en colère contre ceux qui viennent à la maison. Quand nous eûmes frappé à la porte, il ouvrit, et nous ayant vus : « Allons, dit-il, des sophistes ! Il n'a pas le temps. » Et ce disant, des deux mains il poussa la porte de tout son cœur, aussi fort qu'il put. Nous frappâmes de nouveau; et il nous répond la porte fermée : « Hommes, n'avez-vous point entendu qu'il n'a pas le temps? — Mais, mon ami, lui dis-je, nous ne venons pas pour Callias, et nous ne sommes pas sophistes, ne crains rien. C'est pour voir Protagoras que nous sommes venus. Annonce-nous à lui. »

Avec tout cela, l'homme eut bien de la peine à nous ouvrir la porte. Lorsque nous fûmes entrés, nous trouvâmes Protagoras qui se promenait sous l'avant-portique, et tout près de lui; d'un côté, Callias, fils d'Hipponicus, et son frère de mère Paralus, fils de Périclès, et Charmide, fils de Glaucon; de l'autre côté, Xanthippe, l'autre fils de Périclès, Philippide, fils de Philomèle, et Antimère, de Mende, le plus fameux des disciples de Protagoras, qui apprenait pour exercer l'art de son maître et afin d'être sophiste. Derrière eux marchait une troupe de jeunes gens qui écoutaient ce qu'on disait. La plupart paraissaient étrangers et du nombre de ceux que Protagoras emmène de toutes les villes où il passe, en les charmant de sa voix comme Orphée; et eux charmés le suivent au son de sa voix. Il y avait aussi quelques Athéniens dans ce chœur. Pour moi, voyant cette belle troupe, je fus tout réjoui, tant ils prenaient garde de ne jamais se trouver devant Protagoras de peur de le gêner. Lorsqu'il se retournait avec ceux de sa compagnie, ils s'ouvraient en bel ordre de çà et de là, puis, faisant le tour, ils se remettaient toujours par derrière de la plus belle façon du monde.

Aussi, lorsque les jeunes gens revenaient à la maison, séduits par l'exemple, ils priaient leur père de les mettre aux mains de quelque habile sophiste. Ils s'enflammaient d'eux-mêmes dans leurs entretiens, et cet amour contagieux du raisonnement alarmait les pères. Démodécus vient consulter Socrate pour son fils Théagès. « Quelques jeunes gens, dit-il, de sa tribu et de son âge, qui descendent dans la ville, lui répètent certains discours qui le troublent, et il leur porte envie. Depuis longtemps, il me tourmente, en me disant que je dois prendre soin de lui et donner de l'argent à un des sophistes qui le rende sage. Moi, je pense que, s'il va chez eux, il ne s'exposera pas à un petit danger. Jusqu'ici, je l'ai maintenu par mes avertissements; mais je ne le peux plus maintenant. Ainsi, je pense que le meilleur est de lui céder, de peur qu'il ne fréquente quelqu'un sans moi et ne se corrompe. »

Le jeune garçon se fâche un peu contre son père qui lui résiste, et quand Socrate lui demande dans quelle science il veut être instruit :

« Mon père le sait bien, Socrate, je le lui ai dit souvent; mais il te parle exprès ainsi, comme s'il ne savait pas ce que je désire. C'est par ce moyen et par d'autres encore, qu'il s'oppose à moi et ne veut pas me laisser aller chez un maître. »

On voit que la famille n'est pas gouvernée à Athènes comme à Rome. Elle y est fondée sur l'affection plutôt que sur l'obéissance. Le père n'y est pas un roi, mais presque un égal. Rien ne gêne ni n'arrête les mouvements de ces âmes nouvelles. La nature humaine se montre en eux tout entière, telle qu'elle est, et toute nue. Un peu plus loin, Théagès dit qu'il veut apprendre l'art du commandement pour être le chef de l'État. « Mais quoi, dit Socrate, tu veux donc être tyran? — Sans doute, je souhaiterais être le tyran de tous les hommes, ou du moins du plus grand nombre possible. Et toi aussi, je pense, et tous les autres hommes, et peut-être même devenir dieu. » Le dieu en Grèce n'est pas un être tout-puissant, mystérieux, reculé dans l'infini hors des atteintes de l'homme : il n'est que l'homme même, plus beau, plus fort, immortel. Ceci ajoute encore un trait au caractère de ces jeunes gens. Leur âme n'a pas été accablée dès l'enfance sous la pensée d'un pouvoir unique et formidable. Ils n'ont rien vu dans le monde réel ni dans le monde imaginaire qui les opprimât de sa grandeur. Hérodote raconte que les habitants d'une ville de Sicile adorèrent un jeune homme pour sa beauté et le mirent au rang des dieux. Il n'y a point en Grèce de disproportion entre le dieu et l'homme. De là ces désirs hardis et cette fière attitude. Ils n'ont jamais appris ni à craindre ni à fléchir.

Mais l'amour de la justice, naturel à l'homme, est au fond de leur cœur, et ils y reviennent d'eux-mêmes.

« Je ne voudrais pas commander par force ni comme les tyrans, dit Théagès, mais du consentement des citoyens, comme les hommes illustres de la ville. »

Ces sentiments plaisent d'autant plus que ces enfants disent d'abord tout ce qu'ils sentent, et surtout comme ils le sentent. Une seule de leurs paroles réfute ceux qui déclarent l'homme mauvais par nature. La bonté est la première entre nos inclinations primitives. Platon peintre pense, comme

Platon philosophe, que l'idée divine et immortelle qui fait notre âme témoigne de son origine. Il l'honore par ses personnages comme par ses théories, et prouve sa croyance par la science et par l'art.

Considérez maintenant l'esprit de ces enfants, dont vous connaissez le caractère. Platon l'a marqué d'une main délicate et légère dans le portrait de Protarque et de quelques autres. Ils inventent peu d'eux-mêmes, ils sont trop jeunes encore ; parfois cependant ils rencontrent des mots heureux et tournent leurs jugements d'une façon agréable. Mais un signe particulier de pénétration et de curiosité, est qu'ils suivent sans se lasser les plus longues discussions sur les matières les plus abstraites, et se divertissent à des questions toutes viriles. Ils ne sentent pas le poids des idées; ils courent sous la lourde cuirasse de la dialectique. Quand Achille essaye les armes de Vulcain, il semble, dit Homère, qu'elles le soulèvent comme des ailes. Dès le premier jour aussi, « leurs pieds agiles les emportent » dans la science, et ils manient sans effort la vérité. Ils exhortent Socrate à continuer, ils l'empêchent de s'en aller, ils ne veulent pas qu'il retranche rien de l'entretien. Pourtant cette violence est aimable; de temps en temps, au milieu de cette attention soutenue et parmi ce grand désir de philosophie, partent des éclats de gaieté enfantine :

« Ne vois-tu pas, Socrate, notre multitude, et que nous sommes tous jeunes, et ne crains-tu pas que nous ne fondions sur toi avec Philèbe, si tu nous insultes? » — Chez nous quand un homme en philosophant laisse échapper un sourire, on se scandalise, chacun crie haro, et répète tout bas ou tout haut : « Cet homme-là déshonore la philosophie ; il est incapable de jamais bien raisonner. »

Mais, ce qui est surtout admirable, c'est que, dans ces longues séries de raisonnements enchaînés, l'auditeur ne détourne jamais le discours à droite ni à gauche et se tient toujours dans la question proposée. Cette suite des idées nous manque. Essayez de discuter avec quelqu'un ; vingt fois vous êtes obligé de le ramener au sujet. Notre esprit est trop bondissant : nous courons trop par brusques saillies ; nous voyons subitement une vive lueur de vérité, et nous voilà lancés de ce côté, oubliant tout ce que nous avons fait de l'autre, rompant notre ouvrage au moment où un seul effort allait l'achever. Platon n'invente pas cette liaison qu'il donne aux idées de ses personnages ; vous trouverez le même ordre et la même justesse dans Homère. L'esprit ionien pratique d'instinct la logique délicate et sévère ; dès ses premières œuvres on devine qu'il est l'ouvrier prédestiné de la science humaine. Comparez, par exemple, les deux sources primitives de notre civilisation. Homère et la Bible. Dans l'une les pensées sont coupées, séparées les unes des autres, poussées violemment au dehors comme par les bouillonnements inégaux d'une âme qui fermente et ne sait pas se contenir. Les alliances de mots y sont étranges, les métaphores excessives; les images noient les idées. L'homme, oppressé par les sensations qui montent à son cerveau comme un vin fumeux, n'aperçoit pas la pure lumière du vrai; la chair et le sang se troublent en lui; il menace, il tressaille de joie, il souffre, il crie, il ne raisonne pas. Dans le vieux poëte grec, les héros développent de longs récits sur le champ de bataille avant de se donner des coups de lance. Ils expliquent tout, ils ne laissent rien d'obscur, ils ne touchent point une idée sans avoir traversé toutes celles qui précèdent. Jamais le lecteur n'a besoin d'effort pour entendre leurs pensées. Elles se suivent une à une, comme les flots d'un beau fleuve limpide, et se portent d'un cours égal et continu vers un but qu'on aperçoit d'abord. Platon n'est qu'un historien exact lorsqu'il donne à ses jeunes gens l'instinct du vrai et le talent naturel de bien penser.

Protarque et la plupart d'entre eux ont deux traits qui paraissent contraires, qui pourtant s'accordent, et dénotent à la fois l'enfance et l'excellence de l'esprit.

L'un est l'aveugle ingénu de leur ignorance et de leurs incertitudes : ils se défient d'eux-mêmes, ils n'osent prendre sur eux de résoudre les questions difficiles; ils se laissent guider par Socrate et le suivent docilement.

L'autre point est la liberté et l'assurance parfaite avec laquelle ils donnent leur avis, lorsqu'ils ont bien entendu ce qu'on leur demande. Ils trouvent naturel de juger par eux-mêmes et non par l'autorité d'autrui. N'est-il pas plaisant et touchant de voir un enfant de quinze ans dire de bonne foi et sans nulle prétention à Socrate : « Selon moi, Socrate, ceci est tout à fait bien dit? » C'est que tous les esprits ont les mêmes droits devant la vérité; personne n'a dans ce pays d'autre roi que soi-même : c'est la patrie de la liberté. Socrate le sait, et sa méthode consiste à instruire l'esprit, et non les oreilles de l'élève; il ne dicte rien en maître, d'une voix commandante et du haut d'une chaire; il veut que l'auditeur trouve lui-même tout ce qu'il croira; qu'interrogé, il invente ses croyances et ne récite pas celles des autres. Cette manière d'enseigner convenait au génie grec; car les Athéniens aimaient autant la liberté dans la science que dans la politique, et voulaient gouverner leurs opinions comme leurs affaires. Aussi « leur âme vagabonde voltigeait dans les prairies des Muses, » et, cherchant le vrai sur tous les chemins, amassait pour la postérité la plus ample récolte de connaissances. Ajoutez que Socrate ne leur présentait pas la science sèche et aride. Pour attirer les esprits poétiques, il s'attardait parmi des fables et des allégories riantes, et couvrait ses idées de paroles splendides, leur disant par exemple :

« Puisque tu veux qu'il y ait trois sortes de vies, suppose, pour nous servir de plus beaux noms, que l'une soit de l'or, l'autre de l'argent, la troisième, ni l'un ni l'autre. »

Il se faisait mythologue et parlait comme Homère :

« Invoquons les dieux, Protarque, en mêlant la volupté avec la sagesse, que ce soit Bacchus ou Vulcain, ou quelque autre dieu qui préside à ce mélange. Comme certains échansons, nous avons deux fontaines : celle du plaisir, qu'on peut comparer à une fontaine de miel ; celle de la sagesse, source sobre qui ne contient pas de vin, et d'où sort une eau austère et salutaire ; il faut nous efforcer de les mêler ensemble le mieux qu'il se pourra. »

On connaît maintenant les plus jeunes enfants des Dialogues. Laissons-les « dans la poétique vallée de Platon, » se promener, jouer, causer et se rappeler les paroles d'or de Socrate. On peut, si l'on veut, aller voir l'un d'eux au Musée. C'est un jeune athlète qui tient à la main une branche de laurier, d'une figure calme, point pensive ni expressive, intelligente et belle pourtant, mais où la passion ni la réflexion n'ont laissé leurs traces. Les bras sont encore faibles; sans doute le prix qu'il a gagné est celui de la course. Mais rien n'est plus souple que ce corps, rien de plus aisé que les attaches des membres. Tout en lui repose, mais tout est prêt au mouvement. L'œil glisse doucement sur les lignes molles de cette chair jeune et vivante. Il est debout, immobile, ses yeux ne regardent pas. Mais qu'il dise une parole, et dans cette figure sereine vous reconnaîtrez un des compagnons de Ménexène et de Lysis.

II

Dans les jeunes gens qui deviennent hommes, le caractère se marque plus fortement, les passions sont plus vives, la volonté plus arrêtée. Nos sentiments dans l'enfance se répandent de tous côtés, incertains de la route qu'ils prendront; plus tard, accumulés et portés tous vers un même point, ils forment un courant unique, et l'homme se lance à travers la vie par un chemin qu'il sait ou qu'il ignore, mais qu'il ne quitte plus.

Ctésippe est violent et bouillant, surtout pour défendre ceux qu'il aime. Platon a fait de lui un combattant et l'a employé contre les sophistes. Deux disputeurs, Euthydème et Dionysodore, viennent d'arriver à Athènes. Ils annoncent « qu'ils enseignent la vertu. Ils prennent pour disciple quiconque leur donne de l'argent; ni l'âge, ni la lenteur d'esprit, ni les affaires, n'empêchent d'apprendre à leur école. » Pour en donner la preuve, ils forcent les gens par des questions ambiguës à faire des réponses contradictoires. Les curieux Athéniens viennent rire et s'étonner; Ctésippe en est avec son jeune ami Clinias. Mais lorsque Euthydème, par je ne sais quel raisonnement captieux, a conclu que les amis de Clinias veulent le perdre, Ctésippe indigné se lève et s'écrie : « O étranger de Thurium, si cela n'était pas trop grossier, je dirais : Retombe sur ta tête le mensonge que tu fais sciemment contre moi et contre les autres, en nous imputant, ce qui est impie même à dire, de désirer la mort de Clinias ! » Puis il les presse et les accable de paroles amères. — « Tu nous injuries Ctésippe, dit alors Dionysodore, tu nous injuries. — Non pas moi, par Jupiter! Dionysodore, car je t'aime, et je te conseille comme un ami, et j'essaye de te persuader de ne jamais me dire aussi grossièrement en face que je veux la mort de ceux que j'aime le plus. » Socrate, qui est fort calme et d'une malice plus cachée, arrête la dispute. Mais Ctésippe, irrité, s'acharne après les sophistes, déchire les toiles d'araignée de leurs raisonnements, les poursuit de questions ironiques. Ils se tournent en tous sens, ils font cent efforts pour s'échapper. On croirait voir une chasse, tant le jeune homme y met de fougue. Les deux sophistes prétendaient tout savoir. « Au nom de Jupiter, Dionysodore, donnez-« moi une marque qui puisse me faire reconnaître « que vous dites vrai. — Quelle marque? — Sais-« tu combien Euthydème a de dents, et sait-il com-« bien tu en as? Si vous dites combien, et s'il se « trouve, après que nous aurons compté, que vous « saviez ce nombre, nous vous croirons dans tout « le reste. » Eux, pensant qu'il se moquait, ne voulaient pas répondre, mais déclaraient savoir toutes choses à mesure que Ctésippe en nommait une. Et Ctésippe les interrogeait sans cesse, et sans rien épargner, sur toutes choses et sur les plus honteuses, leur demandant s'ils les savaient. Ceux-ci, le plus bravement du monde, disaient qu'ils les savaient, allant tête baissée contre la question, comme des sangliers qui se jettent sur le fer.

Enfin il finit par deviner leur méthode, leur fait une question à double sens, et les force à se contredire en face de leurs disciples et de tous les assistants. Puis avec un grand éclat de rire : « O Eu-« tydème, ton frère a tourné le discours des deux « côtés et l'a perdu, et il est battu. » Clinias se réjouit beaucoup et se mit à rire, de sorte que Ctésippe en devint dix fois plus fort. »

Quelques-uns de ces jeunes gens ont déjà pris les leçons des sophistes, Ménon, par exemple. Ils en sont très-fiers, « et se reposent tranquillement et superbement dans le luxe de leur sagesse. » Ils ne peuvent manquer de l'avoir, ils en ont quittance. Socrate les raille avec une gravité imperturbable. Il faut dire que Platon l'enthousiaste est le prince des moqueurs. Il est, comme le veut Pascal, à la fois aux deux extrêmes, et remplit tout l'entre-deux, tour à tour comique et lyrique, et en un instant passant de l'un à l'autre, aussi à son aise sur la terre que dans le ciel. Mais cette moquerie est fine, ces piqûres sont légères, et ce sourire, divin ou ironique, est toujours délicat et charmant.

« Gorgias, dit-il, vous a habitués à répondre sans crainte et magnifiquement lorsqu'on vous demande une chose, comme il convient à des gens qui savent; lui-même il s'offre à tout le monde pour être interrogé, et ne manque jamais de réponse. Mais ici, mon cher Ménon, le contraire est arrivé. Nous avons comme une sécheresse et une stérilité de sagesse, et la sagesse court bien risque d'avoir quitté ce lieu pour aller chez vous. »

Ménon ne devine pas l'ironie, et, quand Socrate lui demande ce que c'est que la vertu, il répond avec une pleine assurance :

« Cela n'est pas difficile à dire, Socrate. D'abord, si tu

veux connaître la vertu d'un homme, il est aisé de voir qu'elle consiste à administrer les affaires de sa ville, et, en les administrant, à faire du bien à ses amis, du mal à ses ennemis, et à prendre garde soi-même de ne rien souffrir de tel. »

Il continue, et répand ainsi devant Socrate « un essaim » de vertus. Il est si novice dans l'art de raisonner, qu'il comprend à peine ce qu'on lui demande. Quand enfin il s'aperçoit qu'il faut donner une définition commune à toutes les vertus, il tombe de faux pas en faux pas « dans tous les trous et dans tous les puits, » et dit, entre autres sottises, que la vertu est le talent de gouverner les hommes. Il paraît que Ménon n'avait jamais été gouverné. A son compte, un maître qui aurait de bons bras, un bon fouet, et qui en userait, serait le plus vertueux des hommes; je ne sais si les sujets seraient de cet avis.

Le plaisant est qu'il s'étonne de voir ses définitions par terre, et ne s'accuse pas, mais Socrate :

« O Socrate, j'avais déjà entendu dire, avant de te rencontrer, que tu ne fais rien autre chose que douter et mettre les autres dans le doute. Voilà qu'à présent, à ce qu'il me paraît, tu me fascines et m'ensorcelles comme un véritable enchanteur, de façon que je suis rempli de doutes. Et, s'il faut un peu plaisanter, tu me sembles parfaitement semblable pour la figure et pour le reste à cette large torpille marine qui engourdit ceux qui l'approchent et la touchent. Il me semble que tu m'as fait quelque chose de pareil, car véritablement je suis tout engourdi de l'âme et de la bouche, et je ne sais que répondre. Pourtant, plus de mille fois certes j'ai fait toutes sortes de discours sur la vertu devant toutes sortes de personnes, et fort bien, à ce qu'il me paraissait. »

Ménon s'admire de si bonne foi et si franchement qu'on ne lui en veut pas. Ce solide contentement lui donne une sérénité parfaite et une gravité de langage très-louable. Ayant disserté nombre de fois en public, il a pris le ton posé et la dignité oratoire. Sa vanité n'a rien de léger, de gai, ni d'évaporé. Il marche avec un visage sérieux, d'un pas lent, drapé noblement dans son amour-propre. Il aime les mots qui ont un air tragique, les définitions pompeuses. Il donne son opinion d'une voix imposante, en élève de Gorgias, et gouverne la discussion à son caprice, comme s'il était le maître de son interlocuteur.

Un de ces portraits est développé avec plus de soin que les autres, celui d'Alcibiade. Platon y donne un exemple du plus excellent naturel perverti par l'éducation. Que de dons de l'âme et du corps réunis en un seul homme! Quelle beauté, quelles espérances de vertu! Jamais il n'y eut sur la terre de nation pour qui la nature fût plus prodigue ni sur qui elle ait répandu tant d'heureux dons.

« Tu penses, Alcibiade, que tu n'as besoin d'aucun

homme en aucune chose, et que tes avantages sont si grands, à commencer par le corps et à finir par l'âme, qu'il n'est personne dont tu ne puisses te passer. Car tu crois d'abord que tu es très-beau et très-grand (et en cela, chacun voit aisément que tu ne mens pas); ensuite, tu es de la race la plus noble dans cette ville, qui est la plus grande des villes grecques, et tu y as, par ton père, beaucoup d'amis et de parents excellents, qui, s'il le fallait, te serviraient. Ceux que tu as par ta mère ne sont ni moins bons ni moins nombreux. Mais une puissance plus grande est celle que tu as par Périclès, fils de Xanthippe, que ton père a laissé pour tuteur à ton frère et à toi, et qui peut faire ce qu'il veut, non-seulement dans cette ville, mais dans toute la Grèce et dans beaucoup de grandes nations barbares. J'ajouterai que tu es riche, quoique tu sembles te glorifier de cela moins que du reste. »

Sans doute, Alcibiade est fier de tant d'avantages; mais il n'est point insolent dans sa vanité; on sourit en l'écoutant, on ne s'irrite pas contre lui. Ses sentiments sont si naturels, et ses paroles si sincères, qu'il est toujours aimable. Écoutez le jeune homme noble qui sait la liste de ses aïeux. Quand Socrate lui rappelle que les rois de Perse et de Lacédémone sont nés de Jupiter :

« Et ma famille, Socrate, remonte à Eurysacès, et celle d'Eurysacès à Jupiter ! »

Déjà il fait voir ces passions profondes, ce vaste cœur, cette audace de désirs qui, comme la flamme, montent d'abord au faîte. On reconnaît l'homme qui entraînera son pays dans la guerre de Sicile, qui embrassera de ses espérances Carthage, l'Égypte, la mer entière ; que le peuple athénien, son émule et son imitateur, aimera comme une idole ; le plus brillant, le plus téméraire, le plus heureux des généraux et des orateurs, victorieux tour à tour dans les deux partis contraires, détruisant ses victoires par ses victoires, et à qui il n'a manqué pour être le plus grand homme de la Grèce que d'avoir eu toujours Socrate auprès de lui.

« Si quelqu'un des dieux te disait : « O Alcibiade, lequel « aimes-tu mieux, ou bien de vivre avec les avantages « que tu as à présent, ou bien de mourir à l'instant, s'il « ne t'est pas permis d'en acquérir de plus grands ? » je crois que tu aimerais mieux mourir. Dans quelle espérance vis-tu maintenant ? je vais te le dire : tu penses que, dès que tu paraitras devant le peuple athénien (et il est probable que ce sera dans peu de jours), tu leur montreras que tu es digne d'être honoré comme ni Périclès ni personne ne l'a jamais été, et qu'après cela tu deviendras tout-puissant dans la ville, et par suite dans toutes les villes grecques, et non-seulement chez les Grecs, mais aussi chez les barbares qui habitent notre continent. Si, à ce moment, ce même dieu te disait que tu seras le premier en Europe, mais qu'il ne te sera pas permis de passer en Asie et d'y être le maître des affaires, tu ne voudrais pas vivre à cette condition, je crois, à moins de remplir pour ainsi dire tous les hommes du bruit de ton nom et de ta puissance. Et je pense que, sauf Cyrus et Xerxès, tu ne fais cas d'aucun homme. »

Ce cœur ambitieux ne désire pas moins la vertu

que l'empire. La jeunesse pleine de sève et de force aspire à tout et, dans le large champ de la beauté, veut cueillir toutes les belles choses.

« Que dis-tu du courage? A quel prix consentirais-tu à en être privé?—Je ne voudrais pas même vivre, étant lâche. »

Aussi ce naturel incline vers l'honnêteté, et s'y attache de lui-même avec ardeur, sitôt qu'on la lui montre :

« Quand donc viendra ce temps, Socrate? Qui m'instruira? L'homme qui le fera, avec quelle joie je le verrai! Qu'il dissipe mes ténèbres et tout ce qu'il voudra, puisque je suis préparé à ne rien fuir de tout ce qu'il me prescrira, quel que soit cet homme, pourvu que je devienne meilleur. »

Une marque plus sûre d'un caractère vraiment bon est qu'il avoue lui-même son ignorance et ses défauts, sans franchise calculée, sans artifice d'orgueil, comme on fait presque toujours pour tirer gloire de son aveu :

« Par les dieux, Socrate, je ne sais moi-même ce que je dis, et il me semble que, sans m'en apercevoir, j'étais depuis longtemps dans le plus honteux état. ».

Il ne s'irrite pas contre celui qui l'instruit; au contraire, il remercie Socrate de ses reproches, et pour le remercier lui met sa couronne sur la tête. Il est religieux, et, quand Socrate l'a rencontré, il allait au temple l'air recueilli, les yeux baissés vers la terre, dans l'attitude de la vénération. Cette piété de l'ancienne Grèce survivait encore dans la jeunesse ignorante et respectueuse, souvenir charmant du passé, qui n'était pour ce beau front qu'une grâce de plus.

Presque enfant, il a le goût le plus sensible et le plus délicat. En véritable Athénien, il ne peut souffrir les termes bas et vulgaires : il veut que le discours soit riche et choisi. Il est déjà pénétrant, et, quand il tient la vérité, il la serre avec force, et ne se laisse détourner du sujet par aucun artifice. Il est divertissant de voir Protagoras qui s'agite et sue, et, avec l'aide des autres sophistes, essaye d'éluder les questions de Socrate, mais qui sans cesse est ramené sur le terrain par Alcibiade pour y être battu et confondu.

« Si Protagoras, dit-il, avoue qu'il est plus faible que Socrate dans la discussion, cela suffira à Socrate ; sinon, que Protagoras discute en interrogeant et en répondant, et qu'à chaque demande il n'étale pas une longue harangue, déjouant le discours et refusant de donner ses raisons, jusqu'à ce que la plupart des auditeurs aient oublié de quoi il est question. » Un peu plus loin, quand un autre sophiste, Hippias, veut intervenir, il l'arrête, et mène déjà toute la dispute en capitaine habile et impérieux.

Avec tous ces avantages de corps, d'esprit, de cœur, de fortune, de famille, comment est-il tombé dans les derniers des vices, tour à tour flatteur, ennemi, tyran du peuple, lui qui était né pour la philosophie, et dont Socrate fut le maître et l'ami? Tout ce mal vint de la mauvaise éducation et des mœurs d'Athènes. La cause qui ruina l'État corrompit le jeune homme. Il avait appris à lutter, à jouer de la cithare, à chanter les vers des poëtes, mais rien de plus. Son gouverneur était Zopire, vieil esclave de Périclès, le rebut de la maison. Puis, lorsqu'il entra dans les années fougueuses de la jeunesse, il tomba parmi les flatteurs et les séductions de la place publique; ainsi élevé par le peuple, « qui est le plus grand des sophistes, » il oublia la philosophie, passa la nuit en débauches et le jour en intrigues, et finit par ne plus rien désirer que la puissance et le plaisir. En décrivant cet état de l'âme, Platon s'emporte jusqu'aux métaphores les plus poétiques et les plus audacieuses. Il parle comme Alcibiade agissait : il compare ce désir furieux du pouvoir à un grand frelon ailé, « autour de qui les passions couronnées de fleurs, parfumées d'essences, enivrées de vin et de tous les plaisirs effrénés qui marchent à leur suite, viennent bourdonner, le nourrissant, l'élevant, l'armant enfin de l'aiguillon de l'ambition. Alors ce tyran de l'âme, escorté de la démence, s'agite avec fureur; s'il trouve autour de lui des pensées ou des sentiments honnêtes qui pourraient encore rougir, il les tue et les chasse, jusqu'à ce qu'il ait purgé l'âme de toute tempérance et l'ait remplie de la fureur qu'il amène. » Après ses premiers excès, cette âme ravagée et privée de toute règle a pris ce que Platon appelle les mœurs démocratiques, et, comme un vaisseau sans lest, flotte çà et là à travers toutes les occupations et tous les désirs. « Il vit au jour le jour, contentant le désir qui se présente; tantôt il s'enivre au son des flûtes, puis il boit de l'eau et fait abstinence; tantôt il s'exerce au gymnase; quelquefois il est oisif et n'a souci de rien. D'autres fois, il est philosophe. Souvent il redevient homme d'État, et, s'élançant tout d'un coup, il va dire et faire la première chose qui s'offrira à son esprit. S'il porte envie aux hommes de guerre, il va de ce côté; si c'est aux hommes d'argent, il va de cet autre. Il n'y a ni ordre ni loi dans sa vie; il appelle cela une vie douce, libre, heureuse, et la mène jusqu'au bout. »

Sous toutes ces marques de folie, il y a pourtant toujours les traces de l'ancienne beauté. Il entre dans la salle du banquet, ivre, avec une joueuse de flûte, et vient inviter les convives à boire. Mais ses propos sont de bon goût, et ses discours ont une grâce naturelle, un tour vif et fin, une aisance et une élégance enrichies de poésie et égayées d'esprit. Il parle de ses amours avec la liberté d'un jeune homme ou d'un Grec : c'est de l'impudence ou de l'impudeur, je le veux, mais si dégagée de vanité qu'elle est presque aimable. Le cœur est demeuré généreux et juste. « On m'a décerné, dit-il, le prix du courage à Potidée ; c'est Socrate qui le méritait, il m'avait sauvé. » Enfin, il avoue le plus franchement du monde sa propre folie et ses propres misères, et par quelle faiblesse il flotte sans cesse entre les deux extrêmes.

« Quand j'écoute Socrate, le cœur me bat encore plus qu'aux Corybantes. Je verse des larmes lorsqu'il parle, et je vois beaucoup d'autres en faire autant. Souvent même ce Marsyas m'a touché au point que la vie que je mène me paraissait insupportable. Et tu ne diras point, Socrate, que ceci n'est pas vrai ; car en ce moment même, je sens bien que si je voulais te prêter l'oreille, je n'y résisterais point, et je serais ému comme d'ordinaire. Il me contraint d'avouer qu'ayant besoin de beaucoup de choses, je me néglige moi-même pour m'occuper des affaires des Athéniens. Aussi je m'enfuis de force, comme d'auprès des Sirènes, me bouchant les oreilles, afin de ne pas vieillir assis à côté de lui. J'éprouve devant lui une chose dont personne ne me croirait capable, la honte. Je rougis devant lui seul : car, je le sens moi-même, je ne puis lui rien opposer, ni dire que je ne dois pas faire ce qu'il me conseille ; et pourtant, quand je l'ai quitté, je succombe au désir d'être honoré par le peuple. Je l'évite donc, comme fait un esclave fugitif, et, quand je le vois, je rougis de ce que je lui ai confessé. Souvent je serais content qu'il ne fût plus parmi les hommes. Mais je sais bien que, si cela arrivait, j'en serais encore plus fâché ; de sorte que je ne sais comment faire avec cet homme. »

Cette hésitation d'un noble caractère à demi gâté exprime en abrégé les sentiments incertains d'un peuple balancé entre la sagesse nouvelle et la corruption nouvelle ; car jamais mère ne se reconnut mieux dans les traits de son fils que la Grèce dans ceux d'Alcibiade.

Mais il en est d'autres que leur excellent naturel a préservés, ou que la philosophie a déjà « mordus : » Cébès, Glaucon, Adimante, Agathon, qui pourtant aime trop les beaux discours riants et fleuris, et parmi les raisonnements s'oublie à cueillir les roses poétiques. Le plus ardent de tous est Apollodore. Il pousse sa passion à l'extrême, suit en tous lieux Socrate, se remplit de ses actions et de ses discours, et ne croit pas qu'il y ait une autre vie digne d'un homme.

« Lorsque je parle ou que j'entends parler sur la philosophie, outre le profit que j'y ai, je ressens un plaisir extraordinaire. Mais lorsque ce sont d'autres discours, surtout les vôtres, vous riches et gens d'affaires, je me mets en colère, et j'ai pitié de vous et de vos amis, qui croyez faire quelque chose de bon et ne faites rien qui vaille. Peut-être, de votre côté, me trouvez-vous malheureux, et il me semble que vous pensez vrai. Pour moi, non-seulement je pense, mais je sais certainement que vous l'êtes. »
— « Tu es toujours le même, Apollodore ; tu dis toujours du mal de toi et des autres. Il me semble vraiment qu'ex-

cepté Socrate, tu trouves tout le monde malheureux, à commencer par toi. D'où as-tu reçu ton surnom de *Furieux*, je n'en sais rien, moi. Mais dans tes discours tu es toujours le même, irrité contre toi et contre les autres, sauf Socrate. »

Cet emporté d'Apollodore continuerait sa diatribe si on ne l'arrêtait. D'autres, plus âgés, sont plus calmes; Phèdre, par exemple, qui pourtant est passionné pour les discours, et en demande à tout le monde. Socrate le raille joliment sur sa manie. Ces conversations grecques sont toutes françaises, légères, vives, piquantes, et pourtant pleines d'aménité et d'obligeance, sauf les moments où elles tournent brusquement à l'enthousiasme et au dithyrambe. C'est le vol sinueux et agile d'une abeille qu'un coup de vent emporte tout à coup dans le ciel.

« O Phèdre, si je ne connais pas Phèdre, je me suis oublié moi-même. Mais ce n'est ni l'un ni l'autre, et je sais bien que Phèdre, lorsqu'il a écouté les discours de Lysias, n'a pas écouté une fois seulement, mais l'a fait répéter plusieurs fois, et celui-ci a obéi volontiers. Tout cela n'a pas suffi à Phèdre. Il a fini par emporter le cahier afin d'y revoir ce qu'il aimait le plus. Assis depuis ce matin, il n'a pas fait autre chose ; puis, fatigué, il est allé se promener. Et par le chien! il savait déjà le discours, j'imagine, à moins qu'il ne fût extrêmement long ! Il est sorti des murs afin de le méditer. Puis, ayant rencontré un homme qui a la manie des discours, il s'est réjoui de le voir venir, espérant avoir un compagnon d'enthousiasme, et l'a obligé d'avancer avec lui. L'amateur de discours le priant de parler, il a fait des façons comme s'il n'en avait pas envie; tandis que, s'il n'eût pas eu d'auditeur, il l'eût, à la fin, forcé de l'être. Ainsi, Phèdre, supplie-toi toi-même de faire ce que de toute manière tu feras tout à l'heure. »

Mais Phèdre raille aussi agréablement que Socrate; et, quand il voit que son ami refuse d'improviser un discours sur l'amour, il reprend contre lui ses propres paroles :

« Ne me force pas à dire à mon tour : « O Socrate, si je ne connais pas Socrate, je me suis oublié moi-même; » et encore : « Il avait envie de parler, mais il faisait des façons. » Songe bien que nous ne nous en irons pas d'ici avant que tu n'aies dit ce que tu as confessé avoir dans le cœur. Nous sommes seuls, dans un lieu désert; je suis le plus fort et le plus jeune. Comprends donc bien ce que je dis; et ne prends pas le parti de parler par force, quand tu peux parler de bon gré. »

On est étonné de trouver la philosophie si peu pédante et si naturelle. On ne lui a point vu ailleurs cette malice spirituelle ni ces grâces simples. On connaissait une vieille ridée, habitante des bibliothèques, les yeux attachés sur des in-folio jaunis. La voilà jeune, souriante, une couronne sur la tête, au bord de l'Ilissus. « Par Junon, dit Socrate, quel bel endroit pour se reposer! Comme ce platane est haut et touffu! et l'agnus-castus, comme il est grand et que son ombrage est beau! Il est dans sa fleur et parfume toute la place! Et sous le platane coule la plus agréable source de l'eau la plus fraîche, comme on en peut juger en y trempant les pieds. C'est un lieu consacré aux nymphes et au fleuve Achéloüs, à ce qu'il semble par les statues et les figures. Vois aussi, je te prie, comme l'air qui souffle ici est suave et tout à fait doux. Il sent l'été et retentit du bruissement des cigales. Mais ce qu'il y a de plus agréable est le gazon en pente douce, en sorte qu'étant couchés notre tête sera très-bien. Ainsi tu nous as parfaitement conduits, mon cher Phèdre. »

Phèdre n'est pas moins passionné qu'Apollodore pour la science. Il dit que ce ne serait pas la peine de vivre si l'on n'avait le plaisir des discours. Il s'élève aux pensées les plus nobles parmi les rires du Banquet, et loue l'amour, guide de la vie honnête, qui n'enseigne que le beau et le bien.

Mais le philosophe voulait peindre un esprit tout philosophique; il a montré dans Théétète l'auditeur qu'il aurait choisi. Ce jeune homme est géomètre, et, selon la méthode de Platon, passe peu à peu de la notion des figures à la contemplation des pures idées. Déjà, de tous côtés, il cherche la science, embarrassé d'une foule de doutes qui ne retiennent point les esprits ordinaires, et particulièrement des contradictions de la nature sensible. Il a lu les livres de Protagoras, mais il n'en est point satisfait. Il sent que, sous les apparences qui sans cesse s'écoulent, est un fond stable. Derrière les phénomènes « qui roulent entre le néant et l'être, » il entrevoit les formes fixes et les lois éternelles. Enfin il suit sans se fatiguer, et avec une pénétration singulière, le philosophe éléate qui l'interroge sur les matières les plus abstraites. Du seul élan de son esprit, il est déjà monté dans la région des intelligibles. Aussi voyez quel éloge fait de lui son maître, le grave et sage Théodore :

« Ce jeune homme, Socrate, n'est pas beau, et, soit dit sans t'offenser, il te ressemble, ayant le nez relevé et les yeux à fleur de tête, mais cela un peu moins que toi. Sache que, de tous ceux que j'ai rencontrés (et j'en ai connu un très-grand nombre), je n'en ai jamais vu un seul si merveilleusement doué. Car avoir comme lui une facilité singulière pour apprendre, une douceur extrême, et avec cela un courage qui ne le cède à celui de personne, je n'ai jamais vu, je ne vois nulle part tant de qualités dans un seul caractère. Ceux qui, comme lui, sont vifs, pénétrants, et ont une bonne mémoire, sont la plupart du temps précipités dans leurs désirs, ballottés et emportés comme des navires sans lest, et plutôt bouillants que courageux. Au contraire, ceux qui ont plus de constance dans le caractère abordent lourdement les sciences et oublient vite. Pour lui, il va parmi les sciences et les recherches sans heurt, d'une course unie, rapide, aussi doucement que l'huile qui coule sans bruit, tellement que tu l'admirerais de le voir faire ainsi à son âge. »

Cet endroit est, je crois, le seul où Platon ne mette pas ensemble la beauté et la jeunesse; un artiste comme lui cherche toujours à les unir; c'est le plaisir de son imagination; elle s'y porte comme une plante vers la lumière, et trouve le portrait de Charmide le dernier et le plus parfait.

« Il me parut admirable pour la taille et pour la beauté. Tout le monde fut frappé et troublé lorsqu'il entra. Qu'il fît cette impression sur nous autres hommes, cela était moins étonnant; mais je remarquai que, parmi les enfants aussi, personne ne regardait autre part, pas même les plus petits, et que tous le contemplaient comme une statue. »

Voilà cette beauté des corps grecs nés d'un sang pur, fils d'une race libre et oisive, nourris dans les gymnases. Aujourd'hui on forme encore des chevaux, mais point d'hommes. Les races sont mêlées; le travail manuel les a gâtées; l'éducation du corps consiste à passer dix heures par jour, courbé sur un pupitre; il ne nous reste que celle de l'esprit. Aussi n'y a-t-il plus de sculpture, et la seule beauté est celle de la tête et de l'expression. Voyez à quoi Socrate attribue celle de Charmide :

« Il est naturel, Charmide, que tu l'emportes sur tous les autres. Car personne ici, je pense, ne pourrait montrer à Athènes deux autres maisons dont l'alliance puisse produire quelqu'un de plus beau et de meilleur que celles dont tu es issu. En effet, votre famille paternelle, celle de Critias fils de Dropide, a été célébrée par Anacréon, Solon, et par beaucoup d'autres poëtes, comme excellente en beauté, en vertu, et dans tous les biens où l'on met le bonheur. Et de même celle de ta mère : car personne ne parut plus beau ni plus grand que ton oncle Pyrilampe, toutes les fois qu'on l'envoyait en ambassade auprès du grand roi, ou auprès de quelque autre sur le continent. Cette autre maison ne le cède en rien à la première. Étant né de tels parents, il est naturel que tu sois en tout le premier. »

Il a puisé aussi dans son noble sang les dons de l'esprit et de l'âme ; ses compagnons disent qu'il est déjà philosophe et poëte ; et, pour prendre le mot d'Homère et de Platon, sa mère a engendré un homme heureux : car il a l'intelligence prompte, il n'est point orgueilleux de tant de grands avantages ; sa modestie et sa beauté s'ornent l'une l'autre. Socrate lui demande s'il croit avoir déjà assez de sagesse. « Il rougit d'abord et parut encore plus beau (car cette pudeur convenait à son âge) ; puis il répondit d'une façon assez noble que pour le présent il ne lui était pas facile de répondre à ce qu'on lui demandait. « Car si je dis que je n'ai
« pas de sagesse, d'abord il est étrange de dire de
« telles choses sur soi-même ; ensuite je démentirai
« Critias et les autres qui, selon lui, me trouvent
« sage. Si je dis que je le suis et si je me loue moi-
« même, cela choquera peut-être, de sorte que je
« ne sais que te répondre. » Il élude ainsi une question difficile, et dans tout le reste de l'entretien il ne demeure pas au-dessous de lui-même. Il suit fort bien une discussion subtile, et propose des

définitions assez solides. Un moment on voit sur ses lèvres un fin sourire, lorsque, par une ironie détournée et légère, il engage son cousin Critias à prendre sa place, et le livre aux réfutations de Socrate; l'esprit est la dernière parure de sa beauté.

On a dû remarquer le calme de ces discours. Cette tranquillité n'exclut pas l'élan ni l'enthousiasme; elle n'est que la sérénité d'un esprit qui sans effort trouve le vrai, se déploie sans précipitation et jouit de sa force. Les personnages ne s'interrompent pas les uns les autres; les auditeurs de Socrate suivent tous les détours de la discussion sans la hâter. Ils s'attardent volontiers aux digressions qu'il y mêle; ils sont de loisir. Lorsqu'ils parlent, ils laissent couler leurs pensées du ton le plus simple et le plus aisé, sans chercher l'esprit ou l'éloquence, suivant la pente unie où ils glissent sans se presser ni se retenir. Ils s'abandonnent à leur nature, qui est belle et qui fait tout bien.

Il me semble que les statues antiques qui nous restent sont un commentaire de ce tableau. Elles expriment, comme les dialogues, la perfection de la race, le plein développement, la jeunesse et l'heureuse sérénité des âmes. Je montrerais au musée celle de Charmide[1]. La beauté du corps est

---

1. Collection des plâtres, derrière les statues du Parthénon, à droite, près du colosse.

merveilleuse, svelte et fort, d'une proportion exquise. Ces sculpteurs n'eussent jamais fait l'Ève massive ni les trois Grâces charnues de Raphaël. Il est nu, debout, la tête un peu inclinée sur la poitrine, l'air sérieux et calme, immobile comme un être qui se laisse vivre; l'attitude est d'une noblesse étonnante; il semble au-dessus de toute agitation. La tête n'est pas plus expressive que le reste du corps; le spectateur n'est pas attiré, comme dans les figures modernes, par la pensée du front, par la passion du regard ou des lèvres. On contemple aussi volontiers ces pieds agiles et cette forte poitrine que ce beau visage; on est aussi heureux de sentir ce corps vivre que de voir cet esprit penser. La nature humaine ne s'est pas en lui, comme chez nous, développée toute d'un côté; elle est encore en équilibre; elle jouit de ses sensations autant que de ses sentiments, et de sa vie physique autant que de sa vie morale. Les Grecs honorent l'athlète vainqueur comme le poëte ou le philosophe, et les combats de force et d'agilité qui sont chez nous les divertissements de la populace sont chez eux une fête de la nation. Le corps nu est chaste comme tous les vrais antiques. Ce qui rend la nudité impudique, c'est l'opposition de la vie du corps et de celle de l'âme. La première étant abaissée et méprisée, on n'ose plus en montrer les actions ni les organes. On les cache;

l'homme veut paraître tout esprit. Ici, il ne rougit de rien et trouve beau tout ce qui est naturel. Enfin ces yeux sans prunelle conviennent à une tête qui n'est pas expressive. Leur sérénité divine ne descend pas jusqu'à l'action et n'a pas besoin de regard. Peu à peu, en contemplant la statue, on devine son âme. On se rappelle le sérieux profond et le regard vague des chevaux de noble race qui paissent l'herbe et s'arrêtent un instant, levant la tête vers le voyageur qui passe. Une vie sourde se déroule silencieusement dans cet esprit calme; il ne raisonne pas, il rêve; de lentes images passent en lui, comme la suite des nuages sur le bleu lumineux du ciel. Mais qu'on considère l'ovale pur et fier de ce visage, on verra que ce jeune homme qui repose est un soldat de Périclès et un disciple de Platon.

Octobre 1855.

MÉMOIRES DU DUC DE SAINT-SIMON.

I

L'édition [1].

L'éditeur ne met point en tête de ces Mémoires : *Nouvelle édition;* c'est dire que les précédentes n'existent pas; en effet, il le pense, non sans raison. Il y a découvert beaucoup de bévues, dont plusieurs fort amusantes. « Chamillart, disaient-elles, se fit adorer de ses ennemis. » Le grand homme ! Comment a-t-il pu faire ? Attendez un peu; le vrai texte change un mot : « commis, » au lieu d'ennemis. Vous et moi nous serons aussi habiles que Chamillart quand nous serons ministres; il nous suffira d'un sac d'écus. — D'autres corrections nous humilient. Nous lisions avec étonnement cette phrase étonnante : « Il n'y eut personne dans le chapitre qui ne le louât extrêmement, mais sans louanges.

---

1. Par M. Chéruel

M. de Marsan fit mieux que pas un. » Nous cherchions le secret de ce galimatias avec une admiration respectueuse. L'admiration était de trop; le galimatias appartenait aux éditeurs; il y a un point après *extrêmement;* « mais sans louanges, M. de Marsan fit mieux que pas un. » La phrase redevient sensée et claire. — Les anciens éditeurs, trouvant des singularités dans Saint-Simon, lui ont prêté des bizarreries; on est libéral avec les riches : « La nouvelle comtesse de Mailly, disent-ils, avait apporté tout le gauche de sa province, et *entra* dessus toute la gloire de la toute-puissante faveur de Mme de Maintenon. » Cette métaphore inintelligible vous effarouche; ne vous effarouchez pas. Saint-Simon a mis *enta;* s'il y a là une broussaille littéraire, ce sont les éditeurs qui l'on plantée. Ils en ont planté bien d'autres, plus embarrassantes, car elles sont historiques : des noms estropiés, des dates fausses, Villars à la place de Villeroy; le comte de Toulouse et la duchesse de Berry mariés avant leur mariage; et, ce qui est pis, des contresens de mœurs. En voici un singulier : « Le roi, tout *content* qu'il était toujours, riait aussi. » On s'étonnait de trouver Louis XIV bon homme, guilleret et joyeux compère, et l'on ne savait pas que le manuscrit porte *contenu* au lieu de *content.* — Le pis, c'est que le Saint-Simon prétendu complet ne l'était pas. Les éditeurs l'avait écourté, comme autrefois les ministres; l'inadvertance littéraire lui avait nui comme la pruderie monarchique. Plusieurs passages, et des plus curieux, manquaient, entre autres les portraits de tous les grands personnages du conseil d'Espagne. Celui-ci, par exemple, était-il indigne d'être conservé? « Escalona, mais qui plus ordinairement portait le nom de Villena, était la vertu, l'honneur, la probité, la foi, la loyauté, la valeur, la piété, l'ancienne chevalerie même, je dis celle de l'illustre Bayard, non pas celle des romans et des romanesques. Avec cela beaucoup d'esprit, de sens, de conduite, de hauteur et de sentiment, sans gloire et sans arrogance; de la politesse, mais avec beaucoup de dignité; et par mérite et sans usurpation, le dictateur perpétuel de ses amis, de sa famille, de sa parenté, de ses alliances, qui tous et toutes se ralliaient à lui. Avec cela, beaucoup de lecture, de savoir, de justesse et de discernement dans l'esprit, sans opiniâtreté, mais avec fermeté; fort désintéressé, toujours occupé, avec une belle bibliothèque et commerce avec force savants dans tous les pays de l'Europe, attaché aux étiquettes et aux manières d'Espagne sans en être esclave; en un mot, un homme de premier mérite, et qui par là a toujours été compté, aimé, révéré beaucoup plus que par ses grands emplois, et qui a été assez heureux pour n'avoir contracté aucune tache de ses malheurs militaires en Catalogne. » Ce portrait épanouit le cœur. On s'étonne et on se réjouit qu'il y ait eu un si honnête homme dans un pays si perdu, parmi tant de coquins et d'imbéciles, aux yeux d'un juge si pénétrant, si curieux, si sévère. On loue l'édition, et l'on remarque, en relisant la première page, que l'on aurait pu sans examen la louer sur le titre : c'est M. Chéruel qui a corrigé le texte ; c'est M. Sainte-Beuve qui a fait l'introduction.

II

Le siècle.

Il y a des grandeurs dans le dix-septième siècle, des établissements, des victoires, des écrivains de génie, des capitaines accomplis; un roi homme supérieur qui sut travailler, vouloir, lutter et mourir. Mais les grandeurs sont égalées par les misères; ce sont les misères que Saint-Simon révèle au public.

Avant de l'ouvrir, nous étions au parterre, à distance, placés comme il fallait pour admirer et admirer toujours. Sur le devant du théâtre, Bossuet, Boileau, Racine, tout le chœur des grands écrivains, jouaient la pièce officielle et majestueuse. L'illusion était parfaite; nous apercevions un monde sublime et pur. Dans les galeries de Versailles, près des ifs taillés, sous les charmilles géométriques, nous regardions passer le roi, serein et régulier comme le soleil son emblème. En lui, chez lui, autour de lui, tout était noble. Les choses basses et excessives avaient disparu de la vie humaine. Les passions s'étaient contenues sous la discipline du devoir. Jusque dans les moments extrêmes, la nature désespérée subissait l'empire de la raison et des convenances. Quand le roi, quand Monsieur serraient Madame mourante de si tendres et de si vains embrassements, nul cri aigu, nul sanglot rauque ne venait rompre la belle harmonie de cette douleur suprême; les yeux un peu rougis, avec des plaintes modérées et des gestes décents, ils pleuraient, pendant que les courtisans, « autour d'eux rangés, » imitaient par leurs attitudes choisies les meilleures peintures de Lebrun. Quand on expirait, c'était sur une phrase limée, en style d'académie; si l'on était grand homme, on appelait ses proches et on leur disait :

> Dans cet embrassement dont la douceur me flatte,
> Venez et recevez l'âme de Mithridate.

Si l'on était coupable, on mettait la main sur ses yeux avec indignation, et l'on s'écriait:

> Et la mort, à mes yeux dérobant la clarté,
> Rend au jour qu'ils souillaient toute sa pureté.

Dans les conversations, quelle dignité et quelle politesse ! Il nous semblait voir les grands portraits de Versailles descendre de leurs cadres, avec l'air de génie qu'ils ont reçu du génie des peintres. Ils s'abordaient avec un demi sourire, empressés et pourtant graves, également habiles à se respecter et à louer autrui. Ces seigneurs aux perruques majestueuses, ces princesses aux coiffures étagées, aux robes traînantes, ces magistrats, ces prélats agrandis par les magnifiques plis de leurs robes violettes, ne s'entretenaient que des plus beaux sujets qui puissent intéresser l'homme; et si parfois, des hauteurs de la religion, de la politique, de la philosophie et de la littérature, ils daignaient s'abaisser au badinage, c'était avec la condescendance et la mesure de princes nés académiciens. Nous avions honte de penser à eux; nous nous trouvions bourgeois, grossiers, polissons, fils de M. Dimanche, de Jacque Bonhomme et de Voltaire; nous nous sentions devant eux comme des écoliers pris en faute; nous regardions avec chagrin notre triste habit noir, héritage des procureurs et des saute ruisseaux antiques; nous jetions les yeux au bout de nos manches, avec inquiétude, craignant d'y voir des mains sales. Un duc et pair arrive, nous tire du parterre, nous mène dans les coulisses, nous montre des gens débarrassés du fard que les peintres et les poëtes ont à l'envi plaqué sur leurs joues. Eh! bon Dieu! quel spectacle! Tout est habit dans ce monde. Otez la perruque, la rhingrave, les canons, les rubans, les manchettes; reste Pierre ou Paul, le même hier et aujourd'hui.

Allons, s'il vous plaît, chez Pierre et chez Paul: ne craignez pas de vous compromettre. Le duc de Saint-Simon nous conduit d'abord chez M. le Prince, fils du grand Condé, en qui le grand Condé, comme dit Bossuet, « avait mis toutes ses complaisances. » Voici un intérieur de ménage : Mme la Princesse était sa continuelle victime. Elle était également laide, vertueuse et sotte ; elle était un peu bossue, et avec cela un gousset fin qui se faisait suivre à la piste, même de loin. Toutes ces choses n'empêchèrent pas M. le Prince d'en être jaloux jusqu'à la fureur et jusqu'à sa mort. La piété, l'attention infatigable de Mme la Princesse, sa douceur, sa soumission de novice, ne purent la garantir ni des injures fréquentes, ni des coups de pied et de poing, qui n'étaient pas rares. » Il avait couru après l'alliance des bâtards, et, pendant que sa fille était chez le roi, faisait antichambre à la porte. Nous ne savions pas qu'un prince eût l'âme et les mœurs d'un laquais.

Celui-là est le seul sans doute. Courons chez les princesses. Ces charmantes fleurs de politesse et de décence nous feront oublier ce charretier en habit brodé. « Monseigneur, en entrant chez lui, trouva Mme la duchesse de Chartres et Mme la duchesse qui fumaient avec des pipes qu'elles avaient envoyé chercher au corps de garde suisse. Monseigneur, qui en vit les suites, si cette odeur gagnait, leur fit quitter cet exercice. Mais la fumée les avait trahies. » C'était une gaieté, n'est-ce pas, un enfantillage ? — Non pas, c'était une habitude. Elles recommencèrent à plusieurs reprises, et le roi fut obligé de les gourmander à plusieurs reprises. Un jour, Mme la princesse de Conti, à haute voix, devant toute la cour, appela Mme de Chartres « sac à vin. » Celle-ci, faisant allusion aux basses galanteries de l'autre, riposta par « sac à guenilles. » Les effets se devinent. « Mme la duchesse de Bourgogne fit un souper à Saint-Cloud avec Mme la duchesse de Berry. Mme la duchesse de Berry et M. le duc d'Orléans, mais elle bien plus que lui, s'y enivrèrent au point que Mme la duchesse de Bourgogne, Mme la duchesse d'Orléans, et tout ce qui était là ne surent que devenir. L'effet du vin, par haut et bas, fut tel qu'on en fut en peine, et ne la désenivra point, tellement qu'il fallut la ramener en cet état à Versailles. Tous les gens des équipages le virent, et ne s'en turent pas. » C'était la Régence avant la Régence. Les énormes soupers de Louis XIV et les indigestions de Monseigneur, « tout noyé dans l'apathie et dans la graisse, » en donnaient un avant-goût.

A tout le moins, le roi se respecte; s'il avale en loup, il mange en monarque. Sa table est noble; on n'y voit point les bouffonneries d'une cour du moyen âge, ni les grossières plaisanteries d'un régal d'étudiants. Attendez; voici un de ses soupers et un de ses convives : « Mme Panache était une petite et fort vieille créature avec des lippes et des yeux éraillés à y faire mal à ceux qui la regardaient, une espèce de gueuse qui s'était introduite à la cour sur le pied d'une manière de folle, qui était tantôt au souper du roi, tantôt au dîner de Monseigneur et de Mme la Dauphine, où chacun se divertissait de la mettre en colère, et qui chantait pouille aux gens à ces dîners-là pour faire rire, mais quelquefois fort sérieusement et avec des injures qui embarrassaient et divertissaient encore plus les princes et les princesses, qui lui emplissaient ses poches de viandes et de ragoûts, dont la sauce découlait tout du long de ses jupes; les autres lui donnaient une pistole ou un écu; les autres des chiquenaudes et des croquignoles dont elle entrait en furie, parce qu'avec des yeux pleins de chassie, elle ne voyait pas au bout de son nez, ni qui l'avait frappée, et c'était le passe-temps de la cour. » Aujourd'hui l'homme qui s'amuserait d'un tel passe-temps passerait probablement pour un goujat de bas étage, et je ne raconterais pas ici ceux qu'on prit avec la princesse d'Harcourt.

On répondra que ces gens s'ennuyaient, que ces mœurs étaient une tradition, qu'un amusement est un accident, qu'au fond le cœur n'était pas vil : « Nanon, la vieille servante de Mme de Maintenon, était une demi fée à qui les princesses se trouvaient heureuses quand elles avaient occasion de parler et d'embrasser, toutes filles de roi qu'elles étaient, et à qui les ministres qui travaillaient chez Mme de Maintenon faisaient la révérence bien bas. » L'intendant Voysin, petit roturier, étant devenu ministre, « jusqu'à Monseigneur se piqua de dire qu'il était des amis de Mme Voysin, depuis leur connaissance en Flandre. » On verra dans Saint-Simon comment Louvois, pour se maintenir, brûla le Palatinat, comment Barbezieux, pour perdre son rival, ruina nos victoires d'Espagne. Les belles façons et le superbe cérémonial couvrent les bassesses et les trahisons; on est là comme à Versailles, contemplant des yeux la magnificence du palais, pendant que l'esprit compte tout bas les exactions, les misères et les tyrannies qui l'ont bâti. J'omets les scandales; il y a des choses qu'aujourd'hui on n'ose plus écrire, et il faut être Saint-Simon, duc et pair, historien secret, pour parler de M. de Brissac, du chevalier de Lorraine et de Mme de Valentinois. Là-dessus les Mémoires de Madame nous édifieraient encore davantage. Les mœurs nobles au dix-septième siècle, comme les mœurs chevaleresques au douzième, ne furent guère qu'une parade. Chaque siècle joue la sienne et fabrique un beau type : celui-ci le chevalier, celui-là l'homme de cour. Il serait curieux de démêler le chevalier vrai sous le chevalier des poëmes. Il est curieux, quand on a connu l'homme de cour par les écrivains et par les peintres, de connaître par Saint-Simon le véritable homme de cour.

Rien de plus vide que cette vie. Vous devez attendre, suer et bâiller intérieurement six ou huit heures chaque jour chez le roi. Il faut qu'il connaisse de longue vue votre visage; sinon vous êtes un mécontent. Quand on demandera une grâce pour vous, il répondra : « Qui est-il ? C'est un homme que je ne vois point. » Le premier favori, l'homme habile, le grand courtisan, est le duc de La Rochefoucauld ; suivez son exemple. « Le lever, le coucher, les deux autres changements d'habits tous les jours, les chasses et les promenades du roi tous les jours aussi, il n'en manquait jamais, quelquefois dix ans de suite sans découcher d'où était le roi, et sur pied de demander un congé, non pas pour découcher, car en plus de quarante ans il n'a jamais couché vingt fois à Paris, mais pour aller dîner hors de la cour et ne pas être de la promenade. » Vous êtes une décoration, vous faites partie des appartements ; vous êtes compté comme un des baldaquins, pilastres, consoles et sculptures que fournit Lepautre. Le roi a besoin de voir vos dentelles, vos broderies, votre chapeau, vos plumes, votre rabat, votre perruque. Vous êtes le dessus d'un fauteuil. Votre absence lui dérobe un de ses meubles. Restez donc, et faites antichambre. Après quelques années d'exercice on s'y habitue; il ne s'agit que d'être en représentation permanente. On manie son chapeau, on secoue du doigt ses dentelles, on s'appuie contre une cheminée, on regarde par la fenêtre une pièce d'eau, on calcule ses attitudes et l'on se plie en deux pour les révérences; on se montre et on regarde; on donne et on reçoit force embrassades; on débite et l'on écoute cinq ou six cents compliments par jour. Ce sont des phrases que l'on subit et que l'on impose sans y donner attention, par usage, par cérémonie, imitées des Chinois, utiles pour tuer le temps, plus utiles pour déguiser cette chose dangereuse, la pensée. On conte des commérages; on s'attendrit sur l'anthrax du souverain. Le style est excellent, les ménagemenis infinis, les gestes parfaits, les habits de la bonne faiseuse; mais on n'a rien dit, et pour toute action on a fait antichambre.

Si vous êtes las, imitez M. le Prince. « Il dormait le plus souvent sur un tabouret, auprès de la porte, où je l'ai maintes fois vu ainsi attendre avec les courtisans que le roi vînt se coucher. » Bloin, le valet de chambre, ouvre les battants. Heureux le grand seigneur qui échange un mot avec Bloin! Les ducs sont trop contents quand ils peuvent dîner avec lui. Le roi entre et se déshabille. On se range en haie. Ceux qui sont par derrière se dressent sur leurs pieds pour accrocher un regard. Un prince lui offre la chemise. On regarde avec une envie douloureuse le mortel fortuné auquel il daigne confier le bougeoir. Le roi se couche, et les seigneurs s'en vont, supputant ses sourires, ses demi-saluts, ses mots, sondant les faveurs qui baissent ou qui montent, et l'abîme infini des conséquences. Iront-ils chez eux se reposer de l'étiquette? Non pas; vite en carrosse. Courons à Meudon, tâchons de gagner Dumont, un valet de pied, Francine ou tout autre. Il faut contre-peser le maréchal d'Uxelles, qui tous les jours envoie des têtes de lapin pour le chien de la maîtresse de Monseigneur. — Mais, bon Dieu! en gagnant Monseigneur, ses domestiques, sa maîtresse et le chien de sa maîtresse, n'aurais-je point offensé Mme de Maintenon et « son mignon, » M. du Maine, le poltron qui va se confesser pour ne point se battre en Flandre? Vite à Saint-Cyr, puis à l'hôtel du Maine. — J'y pense, le meilleur moyen de gagner les nouveaux bâtards, c'est de flatter les anciens bâtards; pour gagner le duc du Maine, saluons bien bas le duc de Vendôme. Cela est dur, l'homme est grossier. N'importe, marchons chez lui, et bon courage; mon étoile fera peut-être que je ne le trouverai ni par terre, ivre sous la table, ni trônant sur sa chaise percée. — O imprudent que je suis! voir les princes, sans avoir vu d'abord les ministres! Vite chez Barbezieux, chez Pontchartrain, chez Chamillard, chez Voysin, chez leurs parents, chez leurs amis, chez leurs domestiques. N'oublions point surtout que demain matin il faut être à la messe et vu de Mme de Maintenon, qu'à midi je dois faire ma cour à Mme la duchesse de Bourgogne, qu'il sera prudent d'aller recevoir ensuite les rebuffades allemandes de Madame et les algarades seigneuriales de M. le Prince; que je ferai sagement de louer la chimie dans l'antichambre de M. le duc d'Orléans, qu'il me faut assister au billard du roi, à sa promenade, à sa chasse, à son assemblée, que je dois être ravi en extase s'il me parle, pleurer de joie s'il me sourit, avoir le cœur brisé s'il me néglige, répandre devant lui, comme La Feuillade et d'Antin, les effusions de ma vénération et de ma tendresse, dire à Marly, comme l'abbé de Polignac, que la pluie de Marly ne mouille point! — Des intrigues et des révérences, des courses en carrosse et des stations d'antichambre, beaucoup de tracas et beaucoup de vide, l'assujettissement d'un valet, les agitations d'un homme d'affaires, voilà la vie que la monarchie absolue impose à ses courtisans.

Il y a profit à la subir. Je copie au hasard un petit passage instructif : M. le duc d'Orléans, ayant fait Law contrôleur général, voulut consoler les gens de la cour. « Il donna 600 000 livres à La Fare, capitaine de ses gardes; 100 000 livres à Castries, chevalier d'honneur de la duchesse d'Orléans; 200 000 livres au vieux prince de Courtenay, qui en avait grand besoin; 20 000 livres de pension au prince de Talmont; 6000 livres à la marquise de Bellefonds, qui en avait déjà une pareille, et, à force de cris de M. le prince de Conti, une de 60 000 livres au comte de La Marche son fils, à peine âgé de trois ans. Il en donna encore de petites à différentes personnes. » La belle curée! Saint-Simon, si fier, y met la main par occasion et en retire une augmentation d'appointements de 11 000 livres. Depuis que la noblesse parade à Versailles en habits brodés, elle meurt de faim, il faut que le roi l'aide. Les seigneurs vont à lui; il est père de son peuple; et qu'est-ce que son peuple, sinon les gentilshommes[1]? — Sire, écoutez mes petites affaires. J'ai des créanciers, donnez-moi des lettres d'État pour suspendre leurs poursuites. J'ai « froqué un fils, une fille, et fait prêtre malgré lui un autre fils; » donnez une charge à mon aîné et consolez mon cadet par une abbaye. Il me faut des habits décents pour monter dans vos carrosses; accordez-moi 100 000 francs de retenue sur ma charge. Un homme admis à vos levers a besoin de douze domestiques; donnez-moi cette terre qu'on vient de confisquer sur un protestant; ajoutez-y ce dépôt qu'il m'avait confié en partant et que je

---

1. Toute la France en hommes remplissait la grand'chambre. » Saint-Simon, tome I, p. 301. La France c'est la cour.

vous révèle[1]. Mes voitures me coûtent gros ; soulagez-moi en m'accordant *une affaire*. Le comte de Grammont a saisi un homme qui fuyait, condamné à une amende de 12 000 écus, et il en a tiré 50 000 livres ; donnez-moi aussi un homme, un protestant, le premier venu, celui qu'il vous plaira, ou, si vous l'aimez mieux, un droit de 30 000 livres sur les halles, ou même une rente de 20 000 livres sur les carrosses publics. La source est bourgeoise, mais l'argent sent toujours bon. — Et comme un roi, en véritable père, entrait dans les affaires privées de ses sujets, on ajoutait : Sire, ma femme me trompe, mettez-la au couvent. Sire, un tel, petit compagnon, courtise ma fille, faites-le jeter à la Bastille. Sire, un tel a battu mes gens, ordonnez-lui de me faire réparation. Sire, on m'a chansonné, chassez le médisant de la cour. — Le roi, bon justicier, faisait la police, et au besoin, de lui-même, commandait aux maris d'enfermer leurs femmes[2], aux pères de « laver la tête à leurs fils. » Nous comprenons maintenant l'adoration, les tendresses, les larmes de joie, les génuflexions des courtisans auprès de leur maître. Ils saluaient le sac d'écus qui allait remplir leurs poches et le bâton qui allait rosser leurs ennemis.

Ils saluaient quelque chose de plus. La soif qui

---

1. Trait du président Harlay, t. 1, p. 414.
2. Par exemple au duc de Choiseul, t. I, p. 41.

brûlait leur cœur, la furieuse passion qui les prosternait aux genoux du maître, l'âpre aiguillon du désir invincible qui les précipitait dans les extrêmes terreurs et jusqu'au fond des plus basses complaisances, était la vanité insatiable et l'acharnement du rang. Tout était matière à distinctions, à rivalités, à insultes. De là une échelle immense, le roi au sommet, dans une gloire surhumaine, sorte de dieu foudroyant, si haut placé, et séparé du peuple par une si longue suite de si larges intervalles, qu'il n'y avait plus rien de commun entre lui et les vermisseaux prosternés dans la poussière, au-dessous des pieds de ses derniers valets. Élevés dans l'égalité, jamais nous ne comprendrons ces effrayantes distances, le tremblement de cœur, la vénération, l'humilité profonde qui saisissaient un homme devant son supérieur, la rage obstinée avec laquelle il s'accrochait à l'intrigue, à la faveur, au mensonge, à l'adulation et jusqu'à l'infamie, pour se guinder d'un degré au-dessus de son état. Saint-Simon, un si grand esprit, remplit des volumes et consuma des années pour des querelles de préséance. Le glorieux amiral de Tourville se confondait en déférences devant un jeune duc qui sortait du collége. Mme de Guise étant petite fille de France, « M. de Guise n'eut qu'un ployant devant madame sa femme. Tous les jours à dîner il lui donnait la serviette, et, quand elle était dans son fauteuil et et qu'elle avait déplié sa serviette, M. de Guise debout, elle ordonnait qu'on lui apportât un couvert. Ce couvert se mettait en retour au bout de la table; puis elle disait à M. de Guise de s'y mettre, et il s'y mettait. » M. de Boufflers, qui à Lille avait presque sauvé la France, reçoit en récompense les grandes entrées : éperdu de reconnaissance, il tombe à genoux et embrasse les genoux du roi. Il n'y avait point d'action qui ne fût un moyen d'honneur pour les uns, de mortification pour les autres. Ma femme aura-t-elle un tabouret? Monterai-je dans les carrosses du roi? Pourrai-je entrer avec mon carrosse jusque chez le roi? Irai-je en manteau chez M. le duc? M'accordera-t-on l'insigne grâce de me conduire à Meudon? Aurai-je le bonheur d'être admis aux Marly? Dans l'oraison funèbre de mon père, est-ce à moi ou au cardinal officiant que le prédicateur adressera la parole? Puis-je me dispenser d'aller à l'adoration de la croix? C'est peu d'obtenir des distinctions pour soi; il faut en obtenir pour ses domestiques; les princesses triomphent de déclarer que leurs dames d'honneur mangeront avec le roi. C'est peu d'obtenir des distinctions pour sa prospérité; il faut en obtenir pour ses supplices : la famille du comte d'Auvergne, pendu en effigie, se désole, non de le voir exécuté, mais de le voir exécuté comme un simple gentilhomme. C'est peu d'obtenir des distinctions de gloire; il faut obtenir des distinctions de honte : les bâtards simples du roi ont la joie de draper à la mort de leur mère, au désespoir des bâtards doubles qui ne le peuvent pas. Dans quel océan de minuties, de tracasseries poussées jusqu'aux coups de poings « et de griffes, » dans quel abîme de petitesses et de ridicules, dans quelles chicanes inextricables de cérémonial et d'étiquette la noblesse était tombée, c'est ce qu'un mandarin chinois pourrait seul comprendre. Le roi confère gravement, longuement, comme d'une affaire d'État, du rang des bâtards; et pour établir ce rang, on invente, par le plus pénétrant effort d'un sublime génie, trois moyens sûrs : Premièrement, M. du Maine aura le bonnet qu'ont les princes du sang et que n'ont pas les pairs; mais il prêtera le serment que font les pairs et que ne font pas les princes du sang; et de plus il entrera simplement comme les pairs et non comme les princes du sang, qui ont l'honneur de traverser le parquet. Secondement, on l'appellera par son nom comme les pairs pour lui demander son avis, mais avec le bonnet à la main, un peu moins baissé que pour les princes du sang, qui ne sont que regardés sans être nommés. Troisièmement, il sera reçu et conduit en carrosse par un seul huissier, à la différence des princes du sang qui le sont par deux, et des pairs qui ne le sont point du tout. Par cette invention d'huissiers et de bonnets, un rang est fondé, une puissance instituée, la succession fixée, et la monarchie sauvée.

Ces détails suffisent : de 1689, on aperçoit 1789.

III

L'homme.

Il y a deux parts en nous : l'une que nous recevons du monde, l'autre que nous apportons au monde ; l'une qui est acquise, l'autre qui est innée ; l'une qui nous vient des circonstances, l'autre qui nous vient de la nature. Toutes deux vont dans Saint-Simon au même effet, qui est de le rendre historien.

Il fut homme de cour et n'était point fait pour l'être ; son éducation y répugnait ; pour être bon valet, il était trop grand seigneur ; dès l'enfance, il avait pris chez son père les idées féodales. Ce père, homme hautain, vivait, depuis l'avénement de Louis XIV, retiré dans son gouvernement de Blaye, à la façon des anciens barons, si absolu dans son petit État que le roi lui envoyait la liste des demandeurs de place avec liberté entière d'y choisir ou de prendre en dehors, et de renvoyer ou d'avancer qui bon lui semblait. Il était roi de sa famille comme de son gouvernement, et de sa femme comme de ses domestiques. Un jour Mme de Montespan envoie à Mme de Saint-Simon un brevet de dame d'honneur ; il ouvre la lettre, écrit « qu'à son âge il n'a pas pris une femme pour la cour, mais pour lui. Ma mère y eut grand regret, mais il n'y parut jamais. » Je le crois ; on se taisait sous un pareil maître. — Il se faisait justice, impétueusement, impérieusement, lui-même, avec l'épée, comme sous Henri IV. Un jour, ayant vu une phrase injurieuse dans les mémoires de La Rochefoucauld, « il se jeta sur une plume, et mit à la marge : *L'auteur en a menti.* » Il alla chez le libraire, et fit de même aux autres exemplaires ; les MM. de La Rochefoucauld crièrent : il parla plus haut qu'eux, et ils burent l'affront. — Aussi roide envers la cour, il était resté fidèle pendant la Fronde, par orgueil, repoussant les récompenses, prédisant que, le danger passé, on lui refuserait tout, chassant les envoyés d'Espagne avec menace de les jeter dans ses fossés s'ils revenaient, dédaigneusement superbe contre le temps présent, habitant de souvenir sous Louis XIII, « le roi des nobles, » que jusqu'à la fin il appelait le roi son maître. Saint-Simon fut élevé dans ces enseignements ; ses premières opinions furent contraires aux opinions utiles et courantes ; le mécontentement était un de ses héritages ; il sortit de chez lui frondeur.

A la cour il l'est encore : il aime le temps passé, qui paraissait gothique ; il loue Louis XIII, en qui on ne voyait d'autre mérite que d'avoir mis Louis XIV au monde. Dans ce peuple d'admirateurs il est déplacé ; il n'a point l'enthousiasme profond ni les genoux pliants. Mme de Maintenon le juge « glorieux. » Il ne sait pas supporter une injustice, et donne sa démission faute d'avancement. Il a le parler haut et libre ; « il lui échappe d'abondance de cœur des raisonnements et des blâmes. » Très-pointilleux et récalcitrant, « c'est chose étrange, dit le roi, que M. de Saint-Simon ne songe qu'à étudier les rangs et à faire des procès à tout le monde. » Il a pris de son père la vénération de son titre, la foi parfaite au droit divin des nobles, la persuasion enracinée que les charges et le gouvernement leur appartiennent de naissance comme au roi et sous le roi, la ferme croyance que les ducs et pairs sont médiateurs entre le prince et la nation, et par-dessus tout l'âpre volonté de se maintenir debout et entier dans « ce long règne de vile bourgeoisie. » Il hait les ministres, petites gens que le roi préfère, chez qui les seigneurs font antichambre, dont les femmes ont l'insolence de monter dans les carrosses du roi. Il médite des projets contre eux pendant tout le règne, et ce n'est pas toujours à l'insu du maître; il veut « mettre la noblesse dans le ministère aux dépens de la plume et de la robe, pour que peu à peu cette roture perde les administrations et pour soumettre tout à la noblesse. » — Après avoir blessé le roi dans son autorité, il le blesse dans ses affections. Quand il s'agit « d'espèces, » comme les favoris et les bâtards, il est intraitable. Pour empêcher les nouveaux venus d'avoir le pas sur lui, il combat en héros, il chicane en avocat, il souffre en malade; il éclate en expressions douloureuses comme s'il était coudoyé par des laquais. C'est « la plus grande plaie que la pairie pût recevoir, et qui en devint la lèpre et le chancre. » Lorsqu'il apprend que d'Antin veut être pair, « à cette prostitution de la dignité, » les bras lui tombent; il s'écrie amèrement que « ce triomphe ne coûtera guère sur des victimes comme lui. » Quand il va faire visite chez le duc du Maine, bâtard parvenu, c'est parce qu'il est certain d'être perdu s'il y manque, ployé par l'exemple « des hommages arrachés à une cour esclave, » le cœur brisé, à peine dompté et traîné par toute la volonté du roi jusqu'à « ce calice. » Le jour où le bâtard est dégradé est une « résurrection. » « Je me mourais de joie, j'en étais à craindre la défaillance. Mon cœur, dilaté à l'excès, n'avait plus d'espace pour s'étendre. Je triomphais, je me vengeais, je nageais dans ma vengeance. J'étais tenté de ne me plus soucier de rien. » Il est clair qu'un homme aussi mal pensant ne pouvait être employé. C'était un seigneur d'avant Richelieu, né cinquante ans trop tard, sourdement révolté et disgracié de naissance. Ne pouvant agir, il écrivit; au lieu de combattre ouvertement de la main, il combattit secrètement de la plume. Il eût été mécontent et homme de ligue; il fut mécontent et médisant.

Il choquait par ses mœurs comme par ses prétentions; il y avait en lui toutes les oppositions, aristocratiques et morales : s'il était pour la noblesse comme Boulainvillier, il était, comme Fénelon, contre la tyrannie; le grand seigneur ne murmurait pas plus que l'honnête homme; avec la révolte du rang, on sentait en lui la révolte de la vertu. Dans ce voisinage de la Régence, sous l'hypocrisie régnante et le libertinage naissant, il fut pieux, même dévot, et passa pour tel : c'était encore un legs de famille. « Mme sa mère, dit *le Mercure*, l'a fait particulièrement instruire des devoirs d'un bon chrétien. » Son père, pendant plusieurs années, allait tous les jours à la Trappe. « Il m'y avait mené. Quoique enfant pour ainsi dire encore, M. de la Trappe eut pour moi des charmes qui m'attachèrent, et la sainteté du lieu m'enchanta. » Chaque année, il y fit une retraite, parfois de plusieurs semaines; il y prit beaucoup d'inclination pour les chrétiens sévères, pour les jansénistes, pour le duc de Beauvillier, pour ses gendres. Il y prit aussi des scrupules; lui si prompt à juger, si violent, si libre quand il faut railler « un cuistre violet, » transpercer les jésuites ou démasquer la cour de Rome, il s'arrête au seuil de l'histoire, inquiet, n'osant avancer, craignant de blesser la charité chrétienne, ayant presque envie d'imiter les deux ducs « qu'elle tient enfermés dans une bouteille, » s'autorisant du Saint-Esprit qui a daigné écrire l'histoire, à peu près comme Pascal, qui justifiait ses ironies par l'exemple de Dieu. Cette piété un peu timorée contribua à le rendre honnête homme, et l'orgueil du rang confirma sa vertu. En respectant son titre, on se respecte ; les bassesses semblent une roture, et l'on se défend de la séduction des vices comme des empiétements des parvenus. Saint-Simon est un noble cœur, sincère, sans restrictions ni ménagements, implacable contre la bassesse, franc envers ses amis et ses ennemis, désespéré quand la nécessité extrême le force à quelque dissimulation ou à quelque condescendance, loyal, hardi pour le bien public, ayant toutes les délicatesses de l'honneur, véritablement épris de la vertu. Plus austère, plus fier, plus roide que ses contemporains, un peu antique comme Tacite, on apercevait en lui, avec le défenseur de l'aristocratie brisée l'interprète de la justice foulée, et, sous les ressentiments du passé, les menaces de l'avenir.

Comment un Tacite a-t-il subsisté à la cour ? Vingt fois, pendant ces détails, involontairement je l'ai vu, en chaise de poste, sur la route de Blaye, avec un ordre du roi qui le renvoie dans ses terres. Il est resté pourtant; sa femme fut dame d'honneur de la duchesse de Bourgogne; il a eu maintes fois le bougeoir; le roi l'a grondé parfois, majestueusement, « d'un vrai ton de père, » mais ne l'a jamais foudroyé. Comptez d'abord son beau titre, ses grandes amitiés, ses alliances, M. de Lorges, M. de Beauvilliers, le duc d'Orléans, le duc de Bourgogne. Mais le vrai paratonnerre fut son ambition, instruite par la vue des choses. Il voulait parvenir, et savait comment on parvient. Quand il entra dans le monde, il trouva le roi demi-dieu. C'était au siége de Namur, en 1692 : quarante ans de gloire, point de revers encore; les plus grands réduits, les trois Ordres empressés sous le despotisme. Il prit d'abord des impressions de respect et d'obéissance, et pour faire sa cour accepta et tenta tout ce qu'un homme fier, mais ambitieux, peut entreprendre et subir. Les cavaliers de la maison du roi, habitués aux distinctions, refusaient de prendre des sacs de grain en croupe. « J'acceptai ces sacs, parce que je sentis que cela ferait ma cour après tout le bruit qui s'était fait. » Soldat, il voulait bien obéir en soldat; courtisan, il voulait bien parler en courtisan. Écoutez ce style : « Je dis au roi que je n'avais pas pu vivre davantage dans sa disgrâce, sans me hasarder à chercher à apprendre par où j'y étais tombé.... qu'ayant été quatre ans durant de tous les voyages de Marly, la privation m'en avait été une marque qui m'avait été très-sensible, et par la disgrâce et par la privation de ces temps longs de l'honneur de lui faire ma cour.... que j'avais grand soin de ne parler mal de personne; que pour Sa Majesté j'aimerais mieux être mort (en le regardant avec feu entre deux yeux). Je lui parlai aussi de la longue absence que j'avais faite, de la douleur de me trouver mal avec lui, d'où je pris occasion de me répandre moins en respect qu'en choses affectueuses sur mon attachement à sa personne et mon désir de lui plaire en tout, que je poussai avec une sorte de familiarité et d'épanchement.... Je le suppliai même de daigner me faire avertir s'il lui revenait quelque chose de moi qui pût lui déplaire, qu'il en saurait aussitôt la vérité, ou pour pardonner à mon ignorance, ou pour mon instruction, ou pour voir si je n'étais pas en faute. » On parlait au roi comme à un dieu, comme à un père, comme à une maîtresse ; lorsqu'un homme d'esprit attrapait ce style, il était difficile de le renvoyer chez lui. Le roi sourit, salua, parut bienveillant; Saint-Simon demeura à la cour, sans charge, au bon point de vue, ayant le loisir de tout écouter et de tout écrire, un peu disgracié, point trop disgracié, juste assez pour être historien.

Il l'était autant par nature que par fortune;

son tour d'esprit comme sa position le fit écrivain. Il était trop passionné pour être homme d'action. La pratique et la politique ne s'accommodent pas des élans impétueux ni des mouvements brusques; au contraire, l'art en profite. La sensibilité violente est la moitié du génie; pour arracher les hommes à leurs affaires, pour leur imposer ses douleurs et ses joies, il faut une surabondance de douleur et de joie. Le papier est muet sous l'effort d'une passion vulgaire; pour qu'il parle, il faut que l'artiste ait crié. Dès sa première action, Saint-Simon se montre ardent et emporté. Le voilà amoureux du duc de Beauvilliers; sur-le-champ il lui demande une de ses filles en mariage, n'importe laquelle; c'est lui qu'il épouse. Mais le duc n'ose contraindre sa fille, qui veut être religieuse. Le jeune homme pousse en avant avec la verve d'un poëte qui conçoit un roman, et sur-le-champ passe la nuit à l'écrire.... Il attend le duc « d'un air allumé de crainte et d'espérance. » Son désir l'enflamme; en véritable artiste, il s'échauffe à l'œuvre. «Je ne pus me contenir de lui dire à l'oreille que je ne serais point heureux avec une autre qu'avec sa fille. » On lui oppose de nouvelles difficultés; à l'instant un poëme d'arguments, de réfutations, d'expédients, pousse et végète dans sa tête; il étourdit le duc « de la force de son raisonnement et de sa prodigieuse ardeur; » c'est à peine si enfin, vaincu par l'impossible, il se déprend de son idée fixe. Balzac courait comme lui après des romans pratiques ou non pratiques. Cette invention violente et cet acharnement de désir sont la grande marque littéraire. Ajoutez-y la drôlerie comique et l'élan de jeunesse ; il y a telle phrase dans le procès des ducs qui court avec une prestesse de gamin. La mère de Saint-Simon ne voulait pas donner des lettres d'État, essentielles pour l'affaire » Je l'interrompis et lui dis que c'était chose d'honneur, indispensable, promise, attendue sur-le-champ, et, sans attendre de réplique, pris la clef du cabinet, puis les lettres d'État, et cours encore. » Cependant le duc de Richelieu arrivait avec un lavement dans le ventre, fort pressé, comme on peut croire, « exorcisant » Mme de Saint-Simon entre deux opérations et du plus vite qu'il put : voilà Molière et *le Malade imaginaire.* — Ces gaietés ne sont point le ton habituel ; la sensibilité exaltée n'est comique que par accès ; elle tourne vite au tragique : elle est naturellement effrénée et terrible. Saint-Simon a des fureurs de haine, des ricanements de vengeance, des transports de joie, des folies d'amour, des abattements de douleur, des tressaillements d'horreur que nul, sauf Shakspeare, n'a surpassés. On le voit les yeux fixes et le corps frissonnant, lorsque, dans le suprême épuisement de la France, Desmarets établit l'impôt du dixième :

« La capitation doublée et triplée à la volonté arbitraire des intendants des provinces, les marchandises et les denrées de toute espèce imposées en droit au quadruple de leur valeur, taxes d'aides et autres de toute nature et sur toutes sortes de choses : tout cela écrasait nobles et roturiers, seigneurs et gens d'Église, sans que ce qu'il en revenait au roi pût suffire, qui tirait le sang de ses sujets sans distinction, qui en exprimait jusqu'au pus. On compte pour rien la désolation de l'impôt même dans une multitude d'hommes de tous les états si prodigieuse, la combustion des familles par ces cruelles manifestations et par cette lampe portée sur leurs parties les plus honteuses. Moins d'un mois suffit à la pénétration de ces humains commissaires chargés de rendre leur compte de ce doux projet au Cyclope qui les en avait chargés. Il revit avec eux l'édit qu'ils en avaient dressé, tout hérissé de foudre contre les délinquants. Ainsi fut bâclée cette sanglante affaire, et immédiatement après signée, scellée, enregistrée parmi les sanglots suffoqués. » L'homme qui écrit ainsi palpite et frémit tout entier comme un prisonnier devant des cannibales; le mot y est : « Bureau d'antropophages. » Mais l'effet est plus sublime encore, quand le cri de la justice violentée est accru par la furieuse clameur de la souffrance personnelle. L'impression que laisse sa vengeance contre Noailles est accablante; il semble que lié et fixe, on sente crouler sur soi l'horrible poids d'une statue d'airain. Trahi, presque perdu par un mensonge, décrié auprès de toute la noblesse, il fit ferme, démentit l'homme publiquement « de la manière la plus diffamatoire et la plus démesurée, » sans relâche, en toute circonstance, pendant douze ans. « Noailles souffrit tout en coupable écrasé sous le poids de son crime. Les insultes publiques qu'il essuya de moi sans nombre ne le rebutèrent pas. Il ne se lassa jamais de s'arrêter devant moi chez le régent, en entrant et sortant du conseil de régence, avec une révérence extrêmement marquée, ni moi de passer droit sans le saluer jamais et quelquefois de tourner la tête avec insulte. Et il est très-souvent arrivé que je lui ai fait des sorties chez M. le duc d'Orléans et au conseil de régence, dès que j'y trouvais le moindre jour, dont le ton, les termes et les manières effrayaient l'assistance, sans qu'il répondît jamais un seul mot; mais il rougissait, il pâlissait et n'osait se commettre à une nouvelle reprise. Cela en vint au point qu'un jour, au sortir d'un conseil où, après l'avoir forcé de rapporter une affaire que je savais qu'il affectionnait, et sur laquelle je l'entrepris sans mesure et le fis fondre, je lui dictais l'arrêt tout de suite, et le lisais après qu'il l'eut écrit, en lui montrant avec hauteur et dérision ma défiance et à tout le conseil ; il se leva, jeta son tabouret à dix pas, et lui qui en place n'avait osé répondre un seul mot que de l'affaire même avec l'air le plus embarrassé et le plus respectueux : « Mort.... dit-il, il n'y a plus moyen d'y « durer ! » s'en alla chez lui, d'où ses plaintes me revinrent, et la fièvre lui en prit. » La douzième année, après un an de supplications, Saint-Simon, forcé par ses amis, plia, « mais comme un homme qui va au supplice, » et consentit par grâce à traiter Noailles en indifférent. Cette franchise et cette longueur de haine marquent la force du ressort. Ce ressort se débanda plus encore le jour de la dégradation des bâtards ; là où l'homme d'action se contient, l'artiste s'abandonne ; on voit ici l'impudeur de la passion épanchée hors de toute digue, si débordée qu'elle engloutit le reste de l'homme, et qu'on y sent l'infini comme dans une mer. « Je l'accablai à cent reprises dans la séance de mes regards assénés et forlongés avec persévérance. L'insulte, le mépris, le dédain, le triomphe, lui furent lancés de mes yeux jusqu'en ses moelles. Souvent il baissait la vue, quand il attrapait mes regards ; une fois ou deux, il fixa le sien sur moi, et je me plus à l'outrager par des sourires dérobés, mais noirs, qui achevèrent de le confondre. Je me baignais dans sa rage, et je me délectais à le lui faire sentir. » Un pareil homme ne devait pas faire fortune. Pouvait-il être toujours maître de lui sous

Louis XIV? Il l'a cru; il se trompait; ses regards, le pli de ses lèvres, le tremblement de ses mains, tout en lui criait tout haut son amour ou sa haine; les yeux les moins clairvoyants le perçaient. Il s'échappait; au fort de l'action, l'ouragan intérieur l'emportait; on avait peur de lui; personne ne se souciait de manier une tempête. Il n'était chez lui et dans son domaine que le soir, les verrous tirés, seul, sous sa lampe, libre avec le papier, assez refroidi par le demi-oubli et par l'absence pour noter ses sensations.

Non-seulement il en avait de trop vives, mais encore il en avait trop. Leur nombre aussi bien que leur force lui défendaient la vie pratique et lui imposaient la vie littéraire. Tant d'idées gênent. Le politique n'en voit qu'une qui est la vraie; il a le tact juste, plutôt que l'imagination abondante; d'instinct il devine la bonne route, et la suit sans plus chercher. Saint-Simon est un poëte épique; le pour, le contre, les partis mitoyens, l'inextricable entrelacement et les prolongations infinies des conséquences, il a tout embrassé, mesuré, sondé, prévu, discuté; le plan exact du labyrinthe est tout entier dans sa tête, sans que le moindre petit sentier réel ou imaginaire ait échappé à sa vision. Ne vous souvient-il pas que Balzac avait inventé des théories chimiques, une réforme de l'administration, une doctrine philosophique, une explication de l'autre monde, trois cents manières de faire fortune, les ananas à quinze sous pièce, et la manière de gouverner l'État? Le génie de l'artiste consiste à découvrir vite, aisément et sans cesse, non ce qui est applicable, mais ce qui est vraisemblable. Ainsi fait Saint-Simon ; à chaque volume il trouve le moyen de sauver l'État. Ses amis, Fénelon, le duc de Bourgogne, à huis clos, les domestiques dehors, refaisaient comme lui le royaume. Ils fabriquaient des Salente et autres bonnes petites monarchies bien absolues, ayant pour frein l'honnêteté du roi et l'enfer au bout. C'était une école de « chimériques. » Saint-Simon fonda aussi (sur le papier) sa république; il limitait la monarchie en déclarant les engagements du roi viagers, sans force pour lier le successeur. A son avis cette déclaration réparait tout; quatre ou cinq pages de conséquences étalent à flots pressés le magnifique torrent de bénédictions et de félicités qui vont couler sur la nation; un bout de parchemin délivrait le peuple et relevait la monarchie; rien n'était oublié, sinon cet autre bout de parchemin inévitable, publié par tout roi huit jours après le premier, annulant le premier comme attentatoire aux droits de la couronne. C'est que nulle force ne se limite d'elle-même : son invincible effort est de s'accroître, non de se restreindre; limitons-la, mais par une force différente; ce qui pouvait réprimer la royauté, ce n'était pas la royauté, mais la nation. Saint-Simon ne fut qu'un homme « plein de vues, » c'est-à-dire romanesque comme Fénelon, quoique préservé des pastorales. Mais cette richesse d'invention systématique, dangereuse en politique, est utile en littérature; Saint-Simon entraîne, quoi qu'on en ait; il nous maîtrise et nous possède. Je ne connais rien de plus éloquent que les trois entretiens qu'il eut avec le duc d'Orléans pour lui faire renvoyer sa maîtresse. Nulle part on n'a vu une telle force, une telle abondance de raisons si hardies, si frappantes, si bien accompagnées de détails précis et de preuves; tous les intérêts, toutes les passions appelés au secours, l'ambition, l'honneur, le respect de l'opinion publique, le soin de ses amis, l'intérêt de l'État, la crainte; toutes les objections renversées, tous les expédients trouvés, appliqués, ajustés; une inondation d'évidence et d'éloquence qui terrasse la résistance, qui noie les doutes, qui verse à flots dans le cœur la lumière et la croyance; par-dessus tout, une impétuosité généreuse, un emportement d'amitié qui fait tout « mollir et ployer sous le faix de la véhémence; » une licence d'expressions qui, en face d'un prince du sang, se déchaîne jusqu'aux insultes, « personne ne pouvant plus souffrir dans un petit-fils de France de trente-cinq ans ce que le magistrat et la police eussent châtié il y a longtemps dans tout autre; » étant certain « que le dénûment et la saleté de sa vie le feraient tomber plus bas que ces seigneurs péris sous les ruines de leur obscurité débordée; que c'était à lui, dont les deux mains touchaient à ces deux si différents états, d'en choisir un pour toute sa vie, puisque après avoir perdu tant d'années et nouvellement depuis l'affaire d'Espagne, meule nouvelle qui l'avait nouvellement suraccablé, un dernier affaissement aurait scellé la pierre du sépulcre où il se serait enterré tout vivant, duquel après nul secours humain, ni sien, ni de personne, ne le pourrait tirer. » Le duc d'Orléans fut emporté par ce torrent et céda. Nous plions comme lui; nous comprenons qu'une pareille âme avait besoin de s'épancher. Faute de place dans le monde, il en prit une dans les lettres. Comme un lustre flamboyant, chargé et encombré de lumières, mais exclu de la grande salle de spectacle, il brûla en secret dans sa chambre, et après cent cinquante ans il éblouit encore. C'est qu'il a trouvé sa vraie place; cet esprit qui regorgeait de sensations et d'idées était né curieux, passionné pour l'histoire, affamé d'observations, « perçant de ses regards clandestins chaque physionomie, » psychologue d'instinct, « ayant si fort imprimé en lui les différentes cabales, leurs subdivisions, leurs replis, leurs divers personnages et leurs degrés, la connaissance de leurs chemins, de leurs ressorts, de leurs divers intérêts, que la méditation de plusieurs jours ne lui eût pas développé et représenté toutes ces choses plus nettement que le premier aspect de tous les visages. » « Cette promptitude des yeux à voler partout en sondant les âmes » prouve qu'il aima l'histoire pour l'histoire. Sa faveur et sa disgrâce, son éducation et son naturel, ses qualités et ses défauts l'y avaient porté. Ainsi naissent les grands hommes, par hasard et nécessité, comme les grands fleuves, quand les accidents du sol et sa pente réunissent en un lit tous ses ruisseaux.

IV

L'écrivain.

Au XVIIe siècle, les artistes écrivaient en hommes du monde; Saint-Simon, homme du monde, écrivit en artiste. C'est là son trait. Le public court à lui comme au plus intéressant des historiens.

Ce talent consiste d'abord dans la vue exacte et entière des objets absents. Les poëtes du temps les connaissaient par une notion vague et les disaient par une phrase générale. Saint-Simon se figure le détail précis, les angles des formes, la nuance des couleurs, et il les note avec une netteté de peintre ou de géomètre; je cite tout de suite, pour être précis et l'imiter; il s'agit de La Vauguyon, demi-fou, qui un jour accula Mme Pelot contre la cheminée, lui mit la tête entre ses deux poings, et voulut la mettre en compote. « Voilà une femme bien effrayée qui, entre ses deux poings, lui faisait des révérences *perpendiculaires* et des compliments tant qu'elle pouvait; et lui toujours en furie et en menace. » Legendre, un mathématicien, n'eût pas mieux dit. Chose inouïe dans ce siècle, il imagine le physique, comme Victor Hugo ; sans métaphore, ses portraits sont des portraits : « Harlay était un petit homme, vigoureux et maigre, un visage en *losange*, un nez grand et aquilin, des yeux beaux, parlants, perçants, qui ne regardaient qu'à la dérobée, mais qui, fixés sur un client ou sur un magistrat, étaient pour le faire rentrer en terre; un habit peu ample, un rabat presque d'ecclésiastique, et des manchettes plates comme eux, une perruque fort brune et fort mêlée de blanc, touffue mais courte, avec une grande calotte par-dessus. Il se tenait et marchait un peu courbé, avec un faux air plus humble que modeste, et rasait toujours les murailles pour se faire faire place avec plus de bruit, et n'avançait qu'à force de révérences respectueuses, et comme honteuses, à droite et à gauche, à Versailles. » Voilà une des raisons qui rendent aujourd'hui Saint-Simon si populaire; il décrit l'extérieur, comme Walter Scott, Balzac et tous les romanciers contemporains, lesquels sont volontiers antiquaires, commissaires-priseurs et marchandes à la toilette ; son talent et notre goût se rencontrent : les révolutions de l'esprit nous ont portés jusqu'à lui.

Il voit aussi distinctement le moral que le physique, et il le peint parce qu'il le distingue. Tout le monde sait que le défaut de nos poëtes classiques est de mettre en scène non des hommes, mais des idées générales ; leurs personnages sont des passions abstraites qui marchent et dissertent. Vous diriez des vices et des vertus échappés de l'*Éthique* d'Aristote, habillés d'une robe grecque ou romaine, et occupés à s'analyser et à se réfuter. Saint-Simon connaît l'*individu* ; il le marque par ses traits spéciaux, par ses particularités, par ses différences ; son personnage n'est point le jaloux ou le brutal, c'est un certain jaloux ou un certain brutal ; il y a trois ou quatre mille coquins chez lui, dont pas un ne ressemble à l'autre. Nous n'imaginons les objets que par ces précisions et ces contrastes ; il faut marquer les qualités distinctives pour rendre les gens visibles ; notre esprit est une toile unie, où les choses n'apparaissent qu'en s'appropriant une forme arrêtée et un contour personnel. Voilà pourquoi ce portrait de l'abbé Dubois est un chef-d'œuvre : « C'était un petit homme maigre, effilé, chafouin, à perruque blonde, à mine de fouine, à physionomie d'esprit, qui était en plein ce qu'un mauvais français appelle un *sacre,* mais qui ne se peut guère exprimer autrement. Tous les vices combattaient en lui à qui en demeurerait le maître. Ils y faisaient un bruit et un combat continuels entre eux. L'avarice, la débauche, l'ambition, étaient ses dieux ; la perfidie, la flatterie, les servages, ses moyens ; l'impiété parfaite, son repos. Il excellait en basses intrigues, il en vivait, il ne pouvait s'en passer, mais toujours avec un but où toutes ses démarches tendaient, avec une patience qui n'avait de terme que le succès ou la démonstration réitérée de n'y pouvoir arriver, à moins que, cheminant ainsi dans la profondeur et les ténèbres, il ne vît jour à mieux en ouvrant un autre boyau. Il passait ainsi sa vie dans les sapes. » Ne voyez-vous pas la bête souterraine, furet furieux, échauffé par le sang qu'il suce, sifflant et jurant au fond des terriers qu'il sonde?« La fougue lui faisait faire quelquefois le tour entier et redoublé d'une chambre, courant sur les tables et les chaises sans toucher du pied la terre. » Il vécut et mourut dans les rages et les blasphèmes, « grinçant les dents, » écumant, « les yeux hors de la tête, » avec une telle tempête et si continue d'ordures et d'injures qu'on ne comprenait pas comment des nerfs d'homme y pouvaient résister; le sang fiévreux de l'animal de proie s'allumait pour ne plus s'éteindre, et par des redoublements exaspérés s'acharnait après le butin. Il y a là une observation pour le physiologiste, il y en a une pour le peintre, pour l'homme du monde, pour le psychologue, pour l'auteur dramatique, pour le premier venu. Le génie suffit à tout et fournit à tout; la vision de l'artiste est si complète que son œuvre offre des matériaux aux gens de tout métier, de toute vie et de toute science. Ame, esprit et caractère, intérieur et dehors, gestes et vêtements, passé et présent, Saint-Simon voit tout et fait tout voir. En rassemblant toutes les littératures, vous ne trouveriez guère que trois ou quatre imaginations aussi compréhensives et aussi nettes que celle-là.

Avec la faculté de voir les objets absents, il a la verve; il ne dit rien sans passion. Balzac, aussi profond et aussi puissant visionnaire que lui, n'était qu'un écrivain lent, constructeur minutieux de bâtisses énormes, sorte d'éléphant littéraire, capable de porter des masses prodigieuses, mais d'un pas lourd. Saint-Simon a des ailes. Il écrit avec emportement, d'un élan, suivant à peine le torrent de ses idées par toute la précipitation de sa plume, si prompt à la haine, si vite enfoncé dans la joie, si subitement exalté par l'enthousiasme ou la tendresse, qu'on croit en le lisant vivre un mois en une heure. Cette impétueuse passion est la grande force des artistes; du premier coup, ils ébranlent; le cœur conquis, la raison et toutes les facultés sont esclaves. Quand un homme nous met le feu au cerveau, nous nous sentons presque du génie sous la contagion de sa verve; par la chaleur, notre esprit arrive à la lumière; l'émotion l'agrandit et l'instruit. Lorsqu'on a lu Saint-Simon, toute histoire paraît décolorée et froide. Il n'est pas d'affaire qu'il n'anime, ni d'objet qu'il ne rende visible. Il n'est point de personnage qu'il ne fasse vivre, ni de lecteur qu'il ne fasse penser.

Cette passion ôte au style toute pudeur. Modération, bon goût littéraire, éloquence, noblesse, tout est emporté et noyé. Il note les émotions comme elles viennent, violemment, puisqu'elles sont violentes, et que, l'occupant tout entier, elles lui bouchent les oreilles contre les réclamations du bon style et du discours régulier. La cuisine, l'écurie, le garde-manger, la maçonnerie, la ménagerie, les mauvais lieux, il prend des expressions partout. Il est cru, trivial, et pétrit ses figures en pleine boue. Tout en restant grand seigneur, il est peuple; sa superbe unit tout. Que les bourgeois épurent leur style, prudemment, en gens soumis à l'Académie; il traîne le sien dans le ruisseau en homme qui méprise son habit et se croit au-dessus des taches. Un jour, impatienté, il dit de deux évêques « ces deux animaux mitrés. » Quand la Choin entra en faveur, « M. de Luxembourg, qui avait le nez fin, l'écuma; » et pour Clermont, son amant, « il se fit honneur de le ramasser. » Ailleurs, il « s'espace » sur Dangeau, « singe du roi, chamarré de ridicules, avec une fadeur naturelle, entée sur la bassesse du courtisan, et recrépie de l'orgueil du seigneur postiche. » Un peu plus haut il s'agit de Monaco, « souveraineté d'une roche, de laquelle on peut pour ainsi dire cracher hors de ses étroites limites. » Ces familiarités annoncent l'artiste qui se moque de tout quand il faut peindre, et fait litière des bienséances sous son talent. Saint-Simon a besoin de mots vils pour avilir; il en prend. Son chien, son laquais, son soulier, sa marmite, sa garde-robe, son fumier, il fait sauter tout pêle-mêle et retire de ce bourbier l'objet qui peut figurer à nos yeux son personnage, nous le rendre aussi présent, aussi tangible, aussi maniable que notre robe de chambre et notre pelle à feu. Il y a tel passage où l'on voit un sculpteur qui tripote dans sa glaise, les manches retroussées jusqu'au coude, pétrissant en pleine pâte, obsédé par son idée, précipitant ses mains pour la transporter dans l'argile. « Mme de Castries était un quart de femme, une espèce de biscuit manqué, extrêmement petite, mais bien prise, et aurait passé pour un médiocre anneau; ni derrière, ni gorge, ni menton, fort laide, l'air toujours en peine et étonné; avec cela une physionomie qui éclatait d'esprit et qui tenait encore plus parole. » Il les palpe, il les retourne, il porte les mains partout, avec irrévérence, fougueux et rude. Rien de tout cela n'étonne quand on se souvient qu'après la condamnation de Fénelon, un jour, disputant avec le duc de Charost sur Fénelon et Rancé, il cria : « Au moins mon héros n'est pas un repris de justice. » M. de Charost suffoquait. On lui versa des carafes d'eau sur la tête, et pendant ce temps les dames semonçaient Saint-Simon. C'est à ce prix qu'est le génie ; uniquement et totalement englouti dans l'idée qui l'absorbe, il perd de vue la mesure, la décence et le respect.

Il y gagne la force ; car il y prend le droit d'aller jusqu'au bout de sa sensation, d'égaler les mouvements de son style aux mouvements de son cœur, de ne ménager rien, de risquer tout. De là cette peinture de la cour après la mort de Monseigneur, tableau d'agonie physique, sorte de comédie horrible, farce funèbre, où nous contemplons en face la grimace de la Vérité et de la Mort. Les passions viles s'y étalent jusqu'à l'extrême ; du premier mot on y aperçoit tout l'homme ; ce n'est pas le mort que l'on pleure, c'est un pot-au-feu perdu. « Une foule d'officiers de Monseigneur se jetèrent à genoux tout du long de la cour, des deux côtés sur le passage du roi, lui criant avec des hurlements étranges d'avoir compassion d'eux qui avaient tout perdu et qui mouraient de faim. » Doré seul rendrait cette scène et ces deux files de mendiants galonnés, agenouillés avec des flambeaux, criant après leur marmite. Dans les salles trottent les valets envoyés par les gens de la cabale contraire, qui questionnent d'un œil étincelant et hument dans l'air la bonne nouvelle. « Plus avant commençait la foule des courtisans de toute espèce. Le plus grand nombre, c'est-à-dire les sots, tiraient des soupirs de leurs talons, et avec des yeux égarés et secs louaient Monseigneur, mais toujours de la même louange, c'est-à-dire de bonté, et plaignaient le roi de la perte d'un si bon fils. Les plus politiques, les yeux fichés en terre et reclus dans des coins, méditaient profondément aux suites d'un événement aussi peu attendu, et bien davantage sur eux-mêmes. » Le duc de Berry, qui perdait tout et d'avance se sentait plié sous son frère, s'abandonnait. « Il versait des larmes pour ainsi dire sanglantes, tant l'amertume en paraissait grande; il poussait non des sanglots, mais des cris, mais des hurlements. Il se taisait parfois, mais de suffocation, puis éclatait, mais avec un tel bruit, et un bruit si fort, la trompette forcée du désespoir, que la plupart éclataient aussi à ces redoublements si douloureux, ou par un aiguillon d'amertume, ou par un aiguillon de bienséance. » Un peu plus loin, la duchesse de Bourgogne profitait « de quelques larmes amenées du spectacle, entretenues avec soin, » pour rougir et barbouiller ses yeux d'héritière. Survint l'Allemande, cérémonieuse et violente, Madame, qui outra tout et barbota à travers les bienséances, « rhabillée en grand habit, hurlante, ne sachant bonnement pourquoi ni l'un ni l'autre, et les inondant tous de ses larmes en les embrassant. » Dans les coins du tableau, on voit les dames en déshabillé de nuit, par terre, autour du canapé des princes, les unes en « tas, » d'autres approchant du lit, et trouvant le bras nu d'un bon gros Suisse qui bâille de tout son cœur et se renfonce sous les couvertures, fort tranquille, cuvant son vin, et doucement bercé par ce tintamarre de l'hypocrisie et de l'égoïsme. Voilà la mort telle qu'elle est, pleurée par l'intérêt et par le mensonge, raillée et coudoyée par des contrastes amers, entrecoupée de rires, ayant pour vraies funérailles le hoquet convulsif de quelques douleurs débordées, accusant l'homme ou de faiblesse, ou de feinte, ou d'avarice, traînée au cimetière parmi des calculs qui ne savent se cacher, ou des « mugissements » qui ne savent se contenir.

Cette crudité de style et cette violence de vérité ne sont que les effets de la passion ; voici la passion pure. Prenez l'affaire la plus mince, une querelle de préséance, une picoterie, une question de pliant et de fauteuil, tout au plus digne de la comtesse d'Escarbagnas : elle s'agrandit, elle devient un monstre, elle prend tout le cœur et l'esprit ; on y voit le suprême bonheur de toute une vie, la joie délicieuse avalée à longs traits et savourée jusqu'au fond de la coupe, le superbe triomphe, digne objet des efforts les plus soutenus, les mieux combinés et les plus grands ; on pense assister à quelque victoire romaine, signalée par l'anéantissement d'un peuple entier, et il s'agit tout simplement d'une mortification infligée à un Parlement et à un président. « Le scélérat tremblait en prononçant la remontrance. Sa voix entrecoupée, la contrainte de ses yeux, le saisissement et le trouble visible de toute sa personne, démentaient le reste de venin dont il ne put refuser la libation à lui-même et à sa compagnie. Ce fut là où je savourai, avec toutes les délices qu'on ne peut exprimer, le spectacle de ces fiers légistes (qui osent nous refuser le salut) prosternés à genoux et rendant à nos pieds un hommage au trône, tandis que nous étant assis et couverts, sur les hauts siéges, aux côtés du même trône, ces situations et ces postures, si grandement disproportionnées, plaident seules avec tout le perçant de l'évidence la cause de ceux qui véritablement et d'effet sont *laterales regis* contre ce *vas electum* du tiers état. Mes yeux fichés, collés sur ces bourgeois superbes, parcouraient tout ce grand banc à genoux ou debout, et les amples replis de ces fourrures ondoyantes à chaque génuflexion longue et redoublée, qui ne finissait que par le commandement du roi par la bouche du garde des sceaux, vil petit-gris qui voudrait contrefaire l'hermine en peinture, et ces têtes découvertes et humiliées à la hauteur de nos pieds. » Qui songe à rire de ces pédanteries latines et de ces détails de costumier? L'artiste est une machine électrique chargée de foudres, qui illumine et couvre toute laideur et toute mesquinerie sous le petillement de ses éclairs ; sa grandeur consiste dans la grandeur de sa charge ; plus ses nerfs peuvent porter, plus il peut faire ; sa capacité de douleur et de joie mesure le degré de sa force. La misère des sciences morales est de ne pouvoir noter ce degré ; la critique, pour définir Saint-Simon, n'a que des adjectifs vagues et des louanges banales ; je ne puis dire combien il sent et combien il souffre ; pour toute échelle, j'ai des exemples, et j'en use. Lisez encore celui-ci ; je ne sais rien d'égal. Il s'agit de la conduite du duc de Bourgogne après la mort de sa femme. Quiconque a la moindre habitude du style y sent non-seulement un cœur brisé, une âme suffoquée sous l'inondation d'un désespoir sans issue, mais le roidissement des muscles crispés et l'agonie de la machine physique qui, sans s'affaisser, meurt debout : « La douleur de sa perte pénétra jusque dans ses plus intimes moelles. La piété y surnagea par les plus prodigieux efforts. Le sacrifice fut entier, mais il fut sanglant. Dans cette terrible affliction, rien de bas, rien de petit, rien d'indécent. On voyait un homme hors de soi, qui s'extorquait une surface unie, et qui y succombait. »

Ce genre d'esprit s'est déployé en Saint-Simon seul et sans frein ; de là son style, « emporté par la matière, peu attentif à la manière de la rendre, sinon pour la bien expliquer. » Il n'était point homme d'Académie, discoureur régulier, ayant son renom de docte écrivain à défendre. Il écrivait seul, en secret, avec la ferme résolution de n'être point lu tant qu'il vivrait, n'étant guidé ni par le respect de l'opinion, ni par le désir de la gloire viagère. Il n'écrivait pas sur des sujets d'imagination, lesquels dépendent du goût régnant, mais sur des choses personnelles et intimes, uniquement occupé à conserver ses souvenirs et à se faire plaisir. Toutes ces causes le livrèrent à lui-même. Il violenta le français à faire frémir ses contemporains, s'ils l'eussent lu ; et aujourd'hui encore il effarouche la moitié des lecteurs. Ces étrangetés et ces abandons sont naturels, presque nécessaires ; seuls ils peignent l'état d'esprit qui les produit. Il n'y a que des métaphores furieuses capables d'exprimer l'excès de la tension nerveuse ; il n'y a que des phrases disloquées capables d'exprimer les soubresauts de la verve inventive. Quand il peint les liaisons de Fénelon et de Mme Guyon, en disant que « leur sublime s'amalgama, » cette courte image, empruntée à la singularité et à la violence des affinités chimiques, est un éclair. Quand il montre chez les courtisans joyeux de la mort de Monseigneur, « un je ne sais quoi de plus libre en toute la personne à travers le soin de se tenir et de se composer, un vif, une sorte d'étincelant autour d'eux qui les distinguait malgré qu'ils en eussent, » cette expression folle est le cri d'une sensation ; s'il eût mis « un air vif, des regards étincelants, » il eût effacé toute la vérité de son image ; dans sa fougue, le personnage entier lui semble petillant, entouré par la joie d'une sorte d'auréole. Nul ne voit plus vite et plus d'objets à la fois ; c'est pourquoi son style a des raccourcis passionnés, des idées explicatives attachées en appendice à la phrase principale, étranglées par le peu d'espace, et emportées avec le reste comme par un tourbillon. Ici cinq ou six personnages sont tracés à la volée, chacun par un trait unique. « L'après-dînée nous nous assemblâmes ; M. de Guéménée rêva à la Suisse, à son ordinaire ; M. de Lesdiguières, tout neuf encore, écoutait fort étonné ; M. de Chaulnes raisonnait en ambassadeur, avec le froid et l'accablement d'un courage étouffé par la douleur de son échange, dont il ne put jamais revenir. Le duc de Béthune bavardait des misères, et le duc d'Estrées grommelait en grimaçant sans qu'il en sortît rien. » — Ailleurs, les mots entassés et l'harmonie imitative impriment dans le lecteur la sensation du personnage. « Harlay aux écoutes tremblait à chaque ordinaire de Bretagne, et respirait jusqu'au suivant. » La phrase file comme un homme qui glisse et vole effaré sur la pointe du pied. — Plus loin le style lyrique monte à ses plus hautes figures pour égaler la force des impressions. « La mesure et toute espèce de décence et de bienséance étaient chez elle dans leur centre, et la plus exquise superbe sur son trône. » Cette même phrase, qu'il a cassée à demi, montre, par ses deux commencements différents, l'ordre habituel de ses pensées. Il débute, une autre idée jaillit, les deux jets se croisent, il ne les sépare pas et les laisse couler dans le même canal. De là ces phrases décousues, ces entrelacements, ces idées fichées en travers et faisant saillie, ce style épineux tout hérissé d'additions inattendues, sorte de fourré inculte où les sèches idées abstraites et les riches métaphores florissantes s'entre-croisent, s'entassent, s'étouffent et étouffent le lecteur. Ajoutez des expressions vieillies, populaires, de circonstance ou de mode, le vocabulaire fouillé jusqu'au fond, les mots pris partout, pourvu qu'ils suffisent à l'émotion présente, et par-dessus tout une opulence d'images passionnées digne d'un poëte. Ce style bizarre, excessif, incohérent, surchargé, est celui de la nature elle-même ; nul n'est plus utile pour l'histoire de l'âme ; il est la notation littérale et spontanée des sensations.

Un historien secret, un géomètre malade de corps et d'esprit, un bonhomme rêveur, traité comme tel, voilà les trois artistes du dix-septième siècle. Ils faisaient rareté et un peu scandale. La Fontaine, le plus heureux, fut le plus parfait ; Pascal, chrétien et philosophe, est le plus élevé; Saint-Simon, tout livré à sa verve, est le plus puissant et le plus vrai.

Août 1856

MADAME DE LA FAYETTE[1].

Jupiter, disent les vieux poëtes, a le tonneau des maux à sa droite et le tonneau des biens à sa gauche ; mais les deux mains ne vont qu'ensemble, et quand l'une puise, l'autre puise aussi. J'ai admiré les jeunes gens de Platon ; mais, pour vingt mille citoyens, il y avait à Athènes deux cent mille esclaves. L'aristocratie, sous Louis XIV, n'a pas manqué de vices ; mais elle n'a manqué ni d'élégance, ni de grâces, ni même de vertus.

La princesse de Clèves, le plus beau roman du siècle, en offre aux yeux toutes les beautés ; c'est une femme qui parle ; il est naturel qu'elle ait bien choisi ; d'ailleurs elle faisait un roman. Les mémoires de Saint-Simon sont un grand cabinet secret où gisent entassées sous une lumière vengeresse les défroques salies et menteuses dont

1; *La princesse de Clèves.*

s'affublait l'aristocratie servile. Le petit livre de Mme de La Fayette est un écrin d'or où luisent les purs diamants dont se pare l'aristocratie polie. Après avoir ouvert le cabinet, il est à propos d'ouvrir l'écrin.

Involontairement, pour entendre ce roman, on se transporte dans quelque grand hôtel de la place Royale, celui du Carnavalet, par exemple, et l'on aperçoit dans un haut salon, entre les panneaux sculptés et ornés de peintures, la noble et aimable conteuse entourée d'une cour d'amis. Elle parle, mais en grande dame, avec le sentiment secret de sa dignité et de la dignité de ceux qui l'écoutent. Son style imite sa parole; elle présente au public les personnages de son livre, comme elle présenterait à ses amis les hôtes de son salon. Les compliments graves coulent naturellement de ses lèvres; et l'imagination se trouve portée comme dans un monde sublime au spectacle de tant de perfections et de splendeurs. « Jamais cour, dit-elle, n'a eu tant de belles personnes et d'hommes admirablement faits. Il semblait que la nature eût pris plaisir à placer ce qu'elle donne de plus beau dans les plus grandes princesses et dans les plus grands princes. Le roi de Navarre attirait le respect de tout le monde par la grandeur de son rang et par celle qui paraissait en sa personne. Le chevalier de Guise, qu'on appela depuis le grand prieur, était un prince aimé de tout le monde, bien fait, plein d'esprit, plein d'adresse, et d'une valeur célèbre par toute l'Europe. Le prince de Condé, dans un petit corps peu favorisé de la nature, avait une âme grande et hautaine, et un esprit qui le rendait aimable aux yeux même des plus belles femmes. Le duc de Nevers, dont la vie était glorieuse par la guerre et par les grands emplois qu'il avait eus, quoique dans un âge un peu avancé, faisait les délices de la cour. Il avait trois fils parfaitement bien faits.... » Je m'arrête ; les louanges et les respects ne s'arrêtent point. De ces habitudes de salon naissait le style noble que nous admirons et que nous avons perdu. Quand aujourd'hui Alfred de Musset met en scène les grands seigneurs, il a beau être le plus délicat et le plus charmant esprit de notre siècle, il leur prête des phrases de plébéien et d'artiste malappris. Ses comtes et ses marquises eussent choqué chez Mme de La Fayette. Si une femme avait lâché ce mot : « Vous autres, hommes à la mode, vous n'êtes que des confiseurs déguisés[1], » on l'aurait trouvée boutiquière. Si un homme eût dit à une femme, en se jetant à ses genoux : « Je vais vous faire une déclaration vieille comme les rues et bête comme une oie, » on l'eût mis à la porte en lui répondant : « Monsieur, je n'écoute

---

1. *Il faut qu'une porte soit ouverte ou fermée.*

pas de pareilles ordures[1]. » Son dialogue moqueur, brusque, rempli d'images osées et inventées coup sur coup, aurait effarouché les gens, comme un feu d'artifice tiré à l'improviste et à brûle-pourpoint entre les pieds dorés de leurs fauteuils. Mme de La Fayette et ses hôtes ne supposaient pas qu'il y eût au monde des confiseurs ni des oies. Des festins somptueux, des ameublements magnifiques, des palais réguliers, des princes et des princesses d'une âme grande et d'une contenance majestueuse, voilà les souvenirs où puisait leur style. En tout temps le langage copie la vie; les habitudes du monde forment les expressions des livres; comme on agit on écrit. Rien d'étonnant si une société de grands seigneurs, hommes du monde, a inventé le plus beau style qui ait paru.

Ce style est aussi mesuré que noble; au lieu d'exagérer, il atténue. Mme de La Fayette n'élève jamais la voix. Son ton uniforme et modéré n'a point d'accent passionné ni brusque. D'un bout à l'autre de son livre brille une sérénité charmante; ses personnages semblent glisser au milieu d'un air limpide et lumineux. L'amour, la jalousie atroce, les angoisses suprêmes du corps brisé par la maladie de l'âme, les cris saccadés de la passion,

---

[1]. Le mot est de Molière ; Mme de Sévigné l'eût hasardé, Mme de La Fayette en aurait peut-être eu peur.

le bruit discordant du monde, tout s'adoucit et s'efface, et le tumulte d'en bas arrive comme une harmonie dans la région pure où nous sommes montés. C'est que l'excessif choque comme le vulgaire ; une société si polie repousse les façons de parler basses; on ne crie pas dans un salon. Mme de La Fayette ne s'abandonne pas comme un artiste et comme une actrice ; elle se contient comme une grande dame et comme une femme du monde. D'ailleurs même à demi-mot, surtout à demi-mot, ses hôtes l'entendent. Ce sont les nerfs grossiers ou les esprits obtus qui veulent des éclats de voix ; un sourire, un tremblement dans l'accent d'une parole, un mot ralenti, un regard glissé suffisent aux autres. Ceux-là devinent ce qu'on ne dit pas et entendent ce qu'on indique. Leur délicatesse et leur promptitude aperçoivent à l'instant et sans peine ce qu'on dissimule ou ce qu'on n'achève pas. Ils comprennent ou imaginent les transports et les tempêtes cachés sous les phrases régulières et calmes. Ils ne veulent pas les voir : ils les entrevoient; au même moment, ils en détournent les yeux ; ils veulent rester maîtres d'eux-mêmes. Ils se sentent en spectacle, ils redouteraient d'être troublés par des peintures trop véhémentes. Leur finesse n'en a pas besoin, leur dignité en a peur, leur bon goût s'en écarte. Lorsque Mme de Chartres mourante appelle sa fille pour lui dire adieu, elle lui parle du *déplaisir* qu'elle a de la quitter. Lorsque Mme de Clèves avoue enfin à M. de Nemours ce qu'elle sent pour lui, une demi-phrase indique à peine l'émotion si touchante et si profonde qui les remplit tous les deux. « Elle céda pour la première fois au penchant qu'elle avait pour M. de Nemours, et, le regardant avec des yeux pleins de douceur et de charme : « Je ne vous dirai point que « je n'ai pas vu l'attachement que vous avez eu « pour moi ; peut-être ne me croiriez-vous pas « quand je vous le dirais ; je vous avoue donc, « non-seulement que je l'ai vu, mais que je l'ai vu « tel que vous pouvez souhaiter qu'il m'ait paru. » Rien de plus. Devant cette retenue et cette pudeur de style, on trouve grossier et médical *le Lys dans la vallée*, de Balzac.

Une autre grâce est la simplicité. La moitié des mots que nous employons est inconnue à Mme de La Fayette. Elle ressemble à ces anciens peintres qui faisaient toutes les nuances avec cinq ou six couleurs. Il n'y a point de lecture si facile. Un enfant entendrait du premier coup toutes ses expressions et tous ses tours. Le regard les pénètre dès l'abord jusqu'au fond, comme des eaux unies et transparentes ; jamais les paroles n'ont rendu les idées plus visibles ; jamais le lecteur n'a pensé avec autant d'aisance et de clarté. Aujourd'hui tout écrivain est pédant, et tout style est obscur. Chacun a lu trois ou quatre siècles de trois ou quatre littératures. La philosophie, la science, l'art, la critique, nous ont surchargés de leurs découvertes et de leur jargon. L'esprit en s'étendant s'est encombré et s'est troublé. Nous sommes devenus économistes, mathématiciens, métaphysiciens, dilettantes, Anglais, Allemands surtout, et nous avons cessé d'être écrivains et Français. Bien plus et bien pis, par besoin de nouveauté et par raffinement d'intelligence, nous avons recherché les nuances imperceptibles, les images extraordinaires, les paradoxes de style, les accouplements d'expressions, les tours inattendus; nous avons voulu être piquants et nouveaux, nous avons écrit pour réveiller la curiosité lassée, nous avons sacrifié le naturel et la justesse pour surmonter l'inattention et l'ennui. Au temps de Mme de La Fayette, la littérature naissait, et personne ne naît dégoûté et savant. Elle disait les événements du monde en femme du monde, et n'apportait point les termes des langues spéciales dans la description des mouvements du cœur. Elle peignait les événements de la vie, sans autre envie que de les peindre, et ne songeait pas à surpasser des prédécesseurs qu'elle n'avait pas. En tout art, ceux qui viennent les premiers sont les plus heureux; ils ont plus de succès et moins de peine; ils imitent plus aisément la nature et atteignent plus sûrement la vérité. Ce premier moment est comme une aurore: celle-ci est une des plus limpides; je ne sais qu'une lumière plus belle, celle qui parut en Grèce au quatrième siècle avec les *Économiques* de Xénophon et le *Phèdre* de Platon.

Les sentiments sont d'accord avec le style; presque toujours les habitudes de l'esprit annoncent les habitudes du cœur. Ici les émotions sont aussi délicates que la manière de les dire; on reconnaît le tact exquis d'une femme et d'une femme de haut rang. Le propre d'un salon aristocratique est la politesse parfaite, c'est-à-dire le soin scrupuleux d'éviter jusqu'à la plus légère apparence de ce qui pourrait choquer et déplaire; l'âme y est plus sensible; les froissements y sont des blessures; on y est plus prompt à souffrir parce qu'on y est moins habitué à souffrir. Je ne crois pas que la générosité, la pudeur ou la vertu, y soient plus abondantes et plus vivaces qu'ailleurs; mais il semble que, lorsqu'elles s'y rencontrent, elles y fleurissent avec plus d'aisance et sous un meilleur abri. La vie d'un plébéien est une guerre. Il est contraint à l'économie, à la défiance, souvent à la ruse, à la rigueur; il est rempli de pensées d'argent; il assiste chaque jour à des actions grossières; plus d'une fois il y prend part; sa femme est une bourgeoise et une ménagère, et le souci pressant et incessant de faire fortune et de vivre les empêche de s'arrêter aux nuances des sentiments. Faites-les princes dès le berceau ; voyez Mme de La Fayette ou Mme de Clèves élevées parmi les respects et les magnificences. Si elles sont bonnes, elles seront généreuses ; elles n'ont point gagné leur argent écu par écu, et ne savent pas la peine qu'il coûte. Si elles sont honnêtes, elles seront vertueuses ; leur orgueil doublé les munira d'une force double contre les défaillances et les séductions. La délicatesse est une parure de luxe, difficile à porter, que le moindre heurt déchire, mais qui reçoit moins d'accrocs et moins de taches dans un palais que dans un taudis.

Cette délicatesse fait ici le caractère et le charme de l'amour. Mme de Clèves aime sans le savoir ; d'elle-même et sans dessein elle se range aux opinions de M. de Nemours ; sans le vouloir, elle fait ce qu'il veut ; elle est comme sur une pente qui l'emporte et qu'elle ne voit pas. M. de Nemours ayant laissé deviner qu'il aimerait mieux ne pas la savoir à un bal, « elle fut bien aise de trouver une raison de sévérité pour faire une chose qui était une faveur pour M. de Nemours. » Un peu après, lorsqu'on essaye de tromper le prince, en lui assurant que cette absence était l'effet d'une maladie, « Mme de Clèves fut d'abord fâchée que M. de Nemours eût lieu de croire que c'était lui qui l'avait empêchée d'aller au bal ; mais ensuite elle sentit quelque espèce de chagrin que sa mère lui en eût entièrement ôté l'opinion. » Un autre jour, comme les dames regardaient un portrait de la reine Élisabeth, à la main de qui M. de Nemours avait aspiré, « elle le trouva plus beau qu'elle n'avait envie de le trouver, et ne put s'empêcher de dire qu'il était flatté. » Ces commencements d'émotions confuses, ces nuances de sentiments imprévus et mêlés, ces contentements subits et ces peines sourdes, sont comme les rougeurs douteuses du printemps qui couve et veut éclater. Bientôt la plus innocente des imprudences laisse percer un indice de cette passion secrète; le remords vient; mais l'amour subsiste jusque dans le remords qu'il produit. « Ce lui était une grande douleur de voir qu'elle n'était plus maîtresse de cacher ses sentiments, et de les avoir laissés paraître au chevalier de Guise. Elle en avait aussi beaucoup que M. de Nemours les connût; mais cette dernière douleur n'était pas si entière, et elle était mêlée de quelque sorte de douceur. » A chaque instant le cœur trahit la volonté, et la passion se glisse dans les actions que la raison commande. Obligée de consulter avec M. de Nemours sur des intérêts de famille, elle est heureuse de recevoir sous ce nom ses confidences. « Sous prétexte des affaires de son oncle, elle entrait avec plaisir à garder tous les secrets que M. de Nemours lui confiait. » Désormais l'amour est si bien le maître qu'il fait tous les autres sentiments ; Mme de Clèves le retrouve jusque dans ses amitiés : elle s'attache tout d'un coup à Mme de Martigues, « comme à une personne qui avait une passion aussi bien qu'elle, et qui l'avait pour l'ami intime de son amant. » Dans une âme si belle, l'amour ne peut s'exprimer par des actions violentes ; pour qu'elle garde sa noblesse, il faut qu'elle garde toujours sa modération. Si elle s'abandonnait, elle s'abaisserait. Mais ces fines nuances d'émotion dévoilent toute la force du sentiment qui la possède ; tant de petits effets témoignent de sa présence incessante et de sa domination souveraine ; il conserve toute sa pureté sans rien perdre de sa grandeur.

Combien cette pureté paraît plus touchante encore lorsque l'on voit tous les regrets et toutes les résolutions qu'elle excite ! Mme de Clèves est sans cesse en garde contre elle-même ; sitôt qu'elle s'aperçoit de son amour, elle veut le vaincre ; elle se reproche comme un crime les émotions les plus involontaires et les plus fugitives ; il n'y a pas de probité plus haute ni plus scrupuleuse ; la Monime de Racine a moins de pudeur et de générosité. On sent une âme qui a été élevée parmi les plus nobles conseils et les plus saints exemples ; qui, les yeux fixés sur la divine image de la vertu, a conçu pour elle, non-seulement de la vénération, mais de la tendresse ; qui respecte l'honneur, non-seulement comme une loi inviolable, mais comme la plus chère et la plus précieuse partie de la vie humaine; qui non-seulement ne tombera jamais, mais qui n'a jamais eu l'idée de faillir. Elle a recours à son mari contre elle-même ; jusque dans cette confession si hasardée, il y a une modestie exquise ; son honêteté est si entière, qu'elle semble n'entrevoir qu'à demi, à travers un voile, et malgré elle, le sentiment ou l'action qui serait contraire à son devoir : « Eh bien, monsieur, lui répondit-elle en se jetant à ses genoux, je vais vous faire un aveu qu'on n'a jamais fait à son mari; mais l'innocence de ma conduite et de mes intentions m'en donne la force. Il est vrai que j'ai des raisons de m'éloigner de la cour, et que je veux éviter les périls où se trouvent quelquefois les personnes de mon âge. Je n'ai jamais donné nulle marque de faiblesse, et je ne craindrais pas d'en laisser paraître si vous me laissiez la liberté de me retirer de la cour, ou si j'avais encore Mme de Chartres pour m'aider à me conduire. Quelque dangereux que soit le parti que je prends, je le prends avec joie pour me conserver digne d'être à vous. Je vous demande mille pardons ; si j'ai des sentiments qui vous déplaisent, du moins je ne vous déplairai jamais par mes actions. Songez que, pour faire ce que je fais, il faut avoir plus d'amitié et d'estime pour un mari que l'on n'en a jamais eu. Conduisez-moi, ayez pitié de moi, et aimez-moi encore si vous pouvez. »

Ce style et ces sentiments sont si éloignés des nôtres, que nous avons peine à les comprendre. Ils sont comme des parfums trop fins : nous ne les sentons plus ; tant de délicatesse nous semble de la froideur ou de la fadeur. La société transformée a transformé l'âme. L'homme, comme toute chose vivante, change avec l'air qui le nourrit. Il en est ainsi d'un bout à l'autre de l'histoire : chaque siècle, avec des circonstances qui lui sont propres, produit des sentiments et des beautés qui lui sont propres ; et à mesure que la race humaine avance, elle laisse derrière elle des formes de société et des sortes de perfection qu'elle ne rencontre plus. Aucun âge n'a le droit d'imposer sa beauté aux âges qui précèdent ; aucun âge n'a le devoir d'emprunter sa beauté aux âges qui précèdent. Il ne faut ni dénigrer ni imiter, mais inventer et comprendre. Il faut que l'histoire soit respectueuse et que l'art soit original. Il faut admirer ce que nous avons et ce qui nous manque ; il faut faire autrement que nos ancêtres et louer ce que nos ancêtres ont fait. Entrez dans Notre-Dame ; au bout d'une demi-heure, lorsque dans l'ombre des piliers énormes vous avez contemplé l'essor passionné des frêles colonnettes, l'enchevêtrement douloureux des figures bizarres et le rayonnement divin des rosaces épanouies, vous comprenez l'extase mystique de la foule maladive qui, agenouillé aux sons des orgues, apercevait là-bas dans une lumière d'or le sourire angélique de la Vierge et les mains étendues du Christ. Un quart d'heure plus tard, au Musée de la Renaissance, une statue de Michel-Ange vous montrera par la fierté de sa structure héroïque, par l'élan effréné de ses bras tordus, par la montagne des muscles soulevés sur son épaule, les superbes passions, la grandeur tragique, le déchaînement des crimes et le paganisme sublime du xvi° siècle. Ouvrez maintenant un volume de Racine, ou cette *Princesse de Clèves*, et vous y verrez la noblesse, la mesure, la délicatesse charmante, la simplicité et la perfection du style qu'une littérature naissante pouvait seule avoir, et que la vie de salon, les mœurs de cour et les sentiments aristocratiques pouvaient seuls donner. Ni l'extase du moyen âge, ni le paganisme ardent du seizième siècle, ni la délicatesse et la langue de la cour de Louis XIV ne peuvent renaître. L'esprit humain coule avec les événements comme un fleuve. De cent lieues en cent lieues le terrain change : ici des montagnes brisées, et toute la poésie de la nature sauvage ; plus loin de longues colonnades d'arbres puissants qui enfoncent leur pied dans l'eau violente ; là-bas de grandes plaines régulières, et de nobles horizons disposés comme pour le plaisir des yeux ; ici la fourmilière bruyante des villes pressées avec la beauté du travail fructueux et des arts utiles. Le voyageur qui glisse sur cette eau changeante a tort de regretter ou de mépriser les spectacles qu'il quitte, et doit s'attendre à voir disparaître en quelques heures ceux qui passent en ce moment sous ses yeux.

Février 1857.

M. TROPLONG[1]

ET

M. DE MONTALEMBERT[2].

Je me suppose grand amateur d'aristocratie, de démocratie, ou de toute autre sorte de gouvernement. Naturellement, j'écris un livre pour défendre ce que j'aime. Comment faire un livre qui soit lu?

Si j'arrange une grosse théorie, je vais mettre le public en fuite. Qui est-ce qui voudra suivre aujourd'hui la déduction des droits du peuple ou du gouvernement paternel? Cela était bon sous Rousseau ou sous M. de Bonald; mais *le Contrat social* et *la Législation primitive* ne sont plus que des parures de bibliothèque. Ma théorie irait les rejoindre, et personne ne se soucie d'aller dormir avec les morts.

Je découvre un moyen excellent, l'emploi de l'histoire. Il faut bien que les Grecs et les Romains servent à quelque chose; ils me serviront de pa-

---

1. *Chute de la République romaine.*
2. *De l'avenir politique de l'Angleterre.*

ravent, et ce sera bien fait. Si j'aime la souveraineté populaire, je prouverai que les Athéniens de Cimon furent les plus heureux des hommes. Si je goûte l'aristocratie, je montrerai que les sénateurs de Rome furent les plus grands des politiques. J'aiderai un peu à la vérité, ce qui est aisé, car un écrivain croit aisément les choses qu'il désire, et j'aurai la satisfaction de composer, comme M. Troplong et M. de Montalembert, un livre animé, adroit, utile à ma cause, agréable au public, et qui ne fera tort qu'à l'histoire.

M. Troplong et M. de Montalembert ont publié, l'un sur l'aristocratie romaine, l'autre sur l'aristocratie anglaise, deux ouvrages d'histoire qui sont deux ouvrages de politique. Si les auteurs parlent tout haut de Rome ou de l'Angleterre, c'est pour parler tout bas d'autre chose. Pour l'un la soigneuse érudition, pour l'autre la généreuse éloquence, ne sont que des armes. Tous deux ont l'air de soutenir une thèse de science; tous deux défendent des intérêts de parti. Vous les croyez à Westminster ou au Capitole; ils y sont peut-être, mais c'est pour mieux regarder ailleurs.

M. Troplong n'aime pas l'aristocratie en France; c'est pourquoi il écrit contre l'aristocratie romaine en faveur de César. Il pose en principe que le gouvernement républicain ne convient pas à un grand État. « Ce fut un tort de Brutus et de Cassius, esprits médiocres avec une âme vigoureuse, de n'avoir pas vu qu'à leur époque l'empire romain, à cause de son étendue et de ses complications, ne pouvait être gouverné par des consuls et un sénat. » M. Troplong oublie que les États-Unis, quoique fort étendus et compliqués, sont gouvernés par un président, un congrès et un sénat. Les yeux fixés ailleurs que sur les États-Unis, il dénigre les ennemis de César et porte César au ciel. Il juge que Tacite n'est pas philosophe et n'entend rien aux grands événements de l'histoire. Il trouve burlesque et digne des *Plaideurs* ce vers de Lucain sur Caton :

Victrix causa Diis placuit, sed victa Catoni.

Il se moque « des ampoules envenimées de son éloquence sonore. » Il blâme Cicéron qui s'était éloigné de César « pour des mécontentements d'orateur. » Il dit que « les municipes et les gens de la campagne surtout ne voyaient dans Pompée qu'un furieux altéré de sang[1]. » Il montre en César le libérateur des peuples, le pacificateur du monde, le sauveur de l'empire. Il met tout l'univers de son parti, et réduit ses adversaires à une faction de nobles tyranniques. Il s'emporte contre « les instincts rétifs » de Caton, contre « son amour de l'immobilité, » contre sa mort insolente. « Ce suicide fut le

---

[1]. Le texte de Cicéron dit seulement : *Crudelem, iratum.*

désespoir orgueilleux d'un courage impuissant, qui, de défaite en défaite, se voyant chasser de tous les coins de la terre, protestait arrogamment contre l'opinion du monde et les arrêts de la Providence. » Plus loin il ajoute : « Il n'y a qu'un esprit étroit et obstiné qui, lorsqu'il a perdu l'espoir de vaincre, persiste dans la volonté de combattre. » En effet, c'étaient des esprits obstinés et étroits que Judas Machabée, Léonidas, et tous les héros qui ont voulu mourir pour une noble idée qu'accablait la force. M. Troplong est si pressé de voir l'empire, qu'il s'indigne contre Scipion et Caton, qui résistent en Afrique après Pharsale. « Si ce parti était celui de la liberté, comme il s'en vantait, pourquoi n'avait-il avec lui ni Brutus ni Cassius, qui, au lieu de s'obstiner dans une résistance impossible, avaient recherché l'intimité et la faveur du vainqueur? » Maxime qui prouve que, lorsque certains libéraux deviennent absolutistes, les autres libéraux ne méritent plus le nom de libéraux. — Mais ce n'est pas assez de se soumettre, il faut se rallier vite et de bonne grâce. « Il y avait des hommes qui marchandaient leur soumission et attendaient dans une absence affectée et dans une injurieuse abstention je ne sais quel évènement d'où devait renaître la république. » En effet l'impertinence est grande de rester chez soi. — Il loue le grand mouvement d'opinion qui se fit à Rome après Pharsale. « Tandis que les plus passionnés renversaient les statues de Pompée et de Sylla, les plus avisés, voyant avec effroi les préparatifs d'une guerre sanglante et inutile en Afrique, crurent que l'un des meilleurs moyens de la conjurer était de prononcer la condamnation publique du parti pompéien, et de justifier par une adhésion éclatante l'autorité de César. On le nomma consul pour cinq ans, dictateur non pour six mois mais pour un an, et tribun en quelque sorte à vie.... Rome décréta que César *aurait droit de vie et de mort* sur les pompéiens, et qu'il pourrait faire la paix ou la guerre sans en référer au sénat ni au peuple. » L'adhésion était forte et Rome donnait beaucoup.

Vous croirez peut-être qu'en louant ainsi César, l'auteur lui permet tout ; non pas : il laisse un rôle aux grands corps, par exemple au sénat, rôle singulier du reste : c'est à eux de prêter leur nom, quand le maître en a besoin. « Il fallait que le sénat, qui avait aboli la royauté, la rétablît par un décret. Son adhésion seule pouvait mettre une différence entre César et Sp. Cassius, Mélius et M. Manlius, punis de mort pour avoir aspiré à la dignité royale. Il y aurait eu crime de la part de César, si le sénat n'eût été complice. » — A chacun sa part. Rien d'étrange maintenant si M. Troplong regarde l'action de Brutus comme « une lâcheté, une trahison; » César fut un prince légitime tué par des ambitieux égoïstes. Je sais que dans nos mœurs l'assassinat est une action détestable ; mais c'est que l'idée de la patrie a changé. Pour juger les anciens, il faut se mettre au point de vue antique. Ce point de vue différent rendait les maximes différentes, et excusait alors ce que nous condamnons aujourd'hui. Supposez qu'un général anglais se fasse maître absolu dans l'Inde, réduise les colons anglais à l'obéissance et améliore la condition des Hindous ; supposez qu'un général américain dans la Virginie fasse des Américains ses sujets et affranchisse les nègres ; supposez qu'un colon de Londonderry, au dix-huitième siècle, se soit établi roi d'Irlande et ait aboli les lois odieuses qui opprimaient les Irlandais : le colon de Londonderry, le général anglais et le général américain auront fait une action fort semblable à celle de César, et leur action, pour cela, ne sera point meilleure. De Brutus ou de César, on voit aisément qui est l'ambitieux et qui est l'égoïste. César savait qu'il volait le bien public en s'emparant de la toute-puissance ; ses soldats le lui criaient derrière son char de triomphe, et la chose était si claire qu'il a pris les soins les plus minutieux pour s'excuser au commencement de ses *Commentaires*. Pour Brutus, il est à plaindre, car le meurtre d'un homme désarmé est toujours une laide affaire ; mais si quelques lecteurs doutaient de la noblesse de son cœur et de la justice de sa cause, je les prierais de relire l'admirable lettre où il reproche à Cicéron de l'avoir recommandé aux bontés d'Octave[1]. Il n'y a rien dans l'antiquité de plus fier, de plus généreux, de plus digne d'un homme libre, de plus sincère, de plus désintéressé, de plus dévoué à la patrie; il n'y a rien de plus simple, de plus solide, de mieux raisonné, de plus opposé au style d'un fanatique et d'un enthousiaste. Caton et Brutus étaient peut-être le parti du passé; à tout le moins, ils étaient le parti de la vertu. M. Troplong, si grand admirateur de Cicéron, a lu cette lettre; il l'eût comprise s'il n'eût été qu'historien et non politique, si, en racontant le passé, il n'eût été préoccupé du présent, s'il n'eût voulu nous donner une leçon en jugeant Rome.

M. de Montalembert aussi nous donne une leçon, mais toute contraire. M. Troplong nous montrait une aristocratie qui tombe; il nous montre une aristocratie qui subsiste. M. Troplong représentait l'aristocratie comme injuste et tyrannique; il la représente comme juste et bienfaisante. M. Troplong célébrait l'avénement d'un gouvernement absolu, protecteur de la multitude; M. de Montalembert attaque la multitude et le gouvernement absolu. Il combat les institutions qui ruinent l'aristocratie au

[1]. Édition Lemaire, t. III, p. 683.

profit de l'égalité ou du pouvoir central. Il juge que « le morcellement des héritages et l'action dissolvante de l'égalité absolue des partages sont l'instrument le plus efficace que le despotisme ait jamais pu inventer pour broyer toutes les résistances et pulvériser toutes les forces collectives ou individuelles. » Il souhaite que l'Angleterre « refoule le flot continental de la bureaucratie, » et réprime « la tendance démocratique qui multiplie les emplois, qui fait remplir par des agents salariés, nommés et révoqués au gré du gouvernement, les fonctions naguère gratuites, inamovibles ou électives. » Il nous offre pour exemple le génie actif, libéral, indépendant, politique, du peuple anglais. « Là nul gouvernement n'a encore imaginé de se substituer à l'action collective ou individuelle des citoyens, de comprimer partout la force spontanée, la volonté responsable, de vouloir tout subordonner à son initiative, à sa correction, à son autorisation, à sa surveillance, à son intervention, à son intérêt personnel. » Il oppose aux Anglais les peuples du continent, « qui ne savent s'émanciper de la tutelle d'un maître que pour se précipiter dans une orgie anarchique. Après quoi, éperdus, étourdis, épuisés par un effort violent et court, ils deviennent la proie du premier audacieux qui leur offre le joug accoutumé, en attendant que la démagogie revienne et ne trouve en face d'elle que des hommes déshabitués de toute action virile et libre, et endormis dans une léthargie chronique. » Pour achever d'être intelligible, il ajoute : « Éclairés par de si grands exemples, sachons accepter l'humiliation provisoire de la liberté comme un châtiment mérité de l'ingratitude, de la légèreté, de l'esprit de discorde et d'indiscipline qui ont accompagné parmi nous ses premiers bienfaits; mais continuons à croire en elle et à conquérir par l'épreuve, pour nous ou pour notre postérité, les mérites qui nous ont manqué. »

Voilà deux méthodes semblables et deux conclusions opposées. Tous deux regardent l'histoire d'un peuple étranger pour savoir quel gouvernement est bon et durable en France : mais l'un, considérant Rome, trouve que ce gouvernement est la monarchie absolue; l'autre, considérant l'Angleterre, trouve que ce gouvernement est l'aristocratie libérale. La vérité est qu'ils n'ont cherché dans l'histoire que des arguments pour leur doctrine et des armes pour leur cause. De ce que le gouvernement absolu était nécessaire et durable à Rome, il ne suit pas qu'il soit nécessaire et durable partout. De ce que l'aristocratie libérale est utile et durable en Angleterre, il ne suit pas qu'elle soit utile et durable ailleurs. Chaque peuple a son génie distinct ; c'est pourquoi chaque peuple a son histoire distincte. Les gouvernements, comme les plantes sont indigènes. Transplantés, ils périssent où ils languissent. La France n'est point Rome, et l'Angleterre n'est point la France. Nul ne trouvera chez nous les causes qui établirent à Rome la monarchie absolue; nul ne découvrira chez nous les forces qui maintiennent en Angleterre l'aristocratie libérale. Ceux qui aiment mieux la politique que l'histoire effacent ou méconnaissent ces différences. Pour moi, qui aime fort peu la politique, et beaucoup l'histoire, je vais essayer de les marquer, et pour les marquer, j'ai l'esprit très-libre. Le lecteur verra si je songe au temps présent; j'y pense autant qu'au Japon ou au Mexique. Je tâche d'exposer des faits; je ne cherche pas un masque. Je commettrai sans doute bien des fautes; à tout le moins je m'efforcerai de ne point tomber dans celle que j'ai blâmée.

I

Ce qui établit à Rome la monarchie absolue, ce fut la décadence.

La vaillante armée de petits propriétaires qui avait conquis et exercé la liberté avait péri. Elle avait péri par la conquête : la victoire avait usé les vainqueurs. Après avoir supporté seize ans l'effort d'Annibal, le soldat romain, embarqué pour la

Macédoine, avait combattu le roi Philippe, après Philippe les Étoliens, après les Étoliens Antiochus, après Antiochus Persée, après Persée Corinthe, Carthage, Numance. Lorsque, après avoir suivi le char de triomphe, il s'en revenait à sa ferme du Sabinum, le consul lui mettait la main sur l'épaule : « J'ai besoin de toi ; la légion part demain pour la Cisalpine. » Là durait la guerre acharnée, meurtrière, éternelle. Les Boïens en dix ans lassaient quinze consuls, tuaient deux préteurs et plus de légionnaires que n'en coûtèrent en cinquante ans toutes les guerres de Grèce et d'Asie. Les Liguriens luttaient quarante ans. En Espagne, c'était pis. Il fallait conquérir château par château la péninsule entière. Caton en prit quatre cents. Les légionnaires périssaient dans les défilés des *sierras*, égorgés dans les embuscades. Il fallait couper les mains aux captifs, dévaster méthodiquement les cultures. La victoire gagnée, les otages livrés, le pays soumis, le légionnaire se consumait en travaux gigantesques, routes à bâtir, canaux à creuser, ponts à jeter, arsenaux à construire. Devenu colon, il restait soldat sédentaire, sentinelle perdue sur une frontière, parmi des barbares désespérés, sans cesse en alarmes, souvent massacré avec toute sa famille, pendant qu'il usait ses dernières forces à labourer le champ que son consul avait brûlé. Le quart des hommes valides était dans les camps. De dix-sept ans à quarante-cinq, on ne pouvait refuser son nom à l'enrôlement. De la Grèce à l'Asie, de la Macédoine à la Gaule, de l'Afrique à l'Espagne, les citoyens romains laissaient leurs os sur tous les rivages. Dès l'an 180, les levées se faisaient avec peine. Le censeur Métellus effrayé voulut forcer tous les célibataires au mariage. « Rome, dit Tite Live, qui levait contre Annibal vingt-trois légions, ne pourrait aujourd'hui en armer huit. »

La conquête attaquait la classe moyenne par la ruine comme par la mort. Elle était pernicieuse à leurs biens autant qu'à leur vie. La petite propriété disparaissait. Retenu vingt ans sous les drapeaux, le légionnaire vendait son champ ou le laissait en friche. S'il le gardait, il succombait sous la concurrence de l'Afrique, de la Sicile, de la Sardaigne. S'il persistait et vivait de l'argent distribué au triomphe, son riche voisin, ancien préteur, sénateur, ami des juges, déplaçait sa borne et prenait sa terre. S'il allait trouver le riche et lui demandait de tenir à ferme ce champ volé ou acheté, on lui montrait des bandes d'esclaves. Ce sont eux qui désormais mènent les troupeaux dans les terres à blé converties en pâturages ; ce sont eux qui désormais remplacent le petit laboureur libre. Le maître les achète par troupes : la conquête et l'administration des traitants les prodiguent sur les marchés. Il les accouple : le croît appartient au propriétaire. Lui-même, enrichi par son proconsulat ou sa préture, par la dépouille des provinciaux ou de ses petits voisins, par la concession ou l'usurpation des terres publiques, agrandit son domaine, qui devient large comme une province. « Plusieurs, dit Columelle, ne sauraient faire le tour de leurs terres à cheval. » Un Domitius, qui avait vingt mille soldats, promit à chacun d'eux sur ses biens quatre arpents. Sur tout le territoire de Léontini en Sicile, il n'y avait que quatre-vingt-trois propriétaires. Des troupeaux d'esclaves, quelques riches, voilà la population des campagnes. Il n'y a plus de place ici pour le petit propriétaire. Qu'il s'en aille ; qu'il tente la fortune à Rome ; qu'il devienne ouvrier ; que de ses rudes mains, accoutumées à l'épée et à la charrue, il essaye de tisser des étoffes, de polir l'acier des miroirs, de servir le luxe et la civilisation nouvelle : là aussi la place est prise. Les grands possèdent la ville comme la campagne ; ils exploitent l'industrie comme l'agriculture ; ils ont pour ouvriers des esclaves, comme ils ont des esclaves pour laboureurs. Chaque temple, chaque corporation, chaque office de l'administration a les siens. Ce sont eux qui font les travaux publics ; ce sont eux qui font les travaux privés. Chaque grande famille possède, exploite et loue des tisserands, des ciseleurs, des brodeurs, dés peintres, des architectes, des médecins, des précepteurs qui lui appartiennent. Ni les champs ni la ville ne nourrissent plus le citoyen libre. A la ville comme aux champs, le travail est aux esclaves, la propriété est aux riches. César trouva que les trois quarts du peuple romain mendiaient. Le tribun Philippe déclare un jour qu'il n'y a pas dans l'État deux mille citoyens qui possèdent. Si le petit laboureur veut vivre, il faut qu'il vienne à Rome; s'il veut vivre à Rome, il faut qu'il se fasse vendeur de votes, coupe-jarret ou mendiant.

Le voilà donc enrôlé parmi les gladiateurs de Sulpicius, ou solliciteur de distributions dans l'atrium de Crassus. Y est-il seul? Cette tourbe du champ de Mars et ces applaudisseurs du cirque descendent-ils des orgueilleux paysans qui sont morts à Cannes, et qui au commencement de la guerre de Macédoine ont fait sous leur volonté plier la volonté du sénat? Celui-ci peut-être : ce visage anguleux et énergique, ce front bas et cicatrisé, ces mains calleuses, ce reste de fierté romaine, annoncent un compagnon de Ligustinus, un compatriote de Marius. Mais son voisin qui s'agite et gesticule comme un spectateur d'Olympie, cet autre aux cheveux parfumés comme un danseur de Lydie, celui-là aux yeux bleus, tout farouche encore, qui sont-ils? Les captifs ont envahi la cité ; les affranchis font la moitié du peuple ; la race altérée a reçu comme une sentine toute la lie de l'univers. Le maître, au bout de quelques années, a conduit devant le préteur son esclave, s'il est docile. Le Grec, l'Asiatique, touché de la baguette, est devenu citoyen. Il vote pour son patron, il porte son nom, il lui paye une somme chaque année, il lui laisse une partie de son héritage. La générosité est une spéculation politique : cent mille étrangers ou barbares devinrent Romains en soixante-dix ans. Mais la formule du préteur et la toge n'avaient point changé leur cœur. « Quand Jupiter fait un homme esclave, dit Homère, il lui ôte la moitié de son âme. » A la vue de son ancien maître le nouveau citoyen se rappelait les verges dont son dos gardait l'empreinte, ou la fourche qui avait déformé son cou ; il rentrait à l'instant dans la stupeur de l'obéisance. Un jour Scipion Émilien, qu'ils interrompaient, osa leur dire : « Silence, faux fils de l'Italie ! Vous avez beau faire : ceux que j'ai amenés garrottés à Rome ne me feront jamais peur, tout déliés qu'ils sont maintenant. » Ils se turent sous cette vérité et sous cette insulte. Ni ces mendiants ni ces esclaves ne disputeront la chose publique à Sylla ni à César.

Ils vont la donner à qui voudra la prendre. Les durs paysans qui labouraient nus sous le soleil et défrichaient les rochers du Sabinum, sont restés laboureurs et pauvres tant que les campagnes ont été courtes, et que pour butin ils n'ont eu que des pâtres samnites ou des troupeaux gaulois. Maintenant les guerres longues et lointaines retiennent le soldat sous les drapeaux. Il n'est plus ni citoyen, ni laboureur, ni père de famille. Son épée est son gagne-pain, ses aigles sont sa patrie, son chef est son serviteur ou son dieu. Avec Manlius, avec Sylla, avec Lucullus, il campe et promène son brigandage dans la voluptueuse Asie. Les rois, les tétrarques, les riches cités, trop heureux de vivre, lui ouvrent leurs trésors, le comblent de leur luxe. Sous les longs portiques de marbres précieux, entre les tableaux d'Apelle, le légionnaire s'assoit à une table chargée d'argenterie ciselée, emplit son estomac de congres, de surmulets, de vins de Chio et de Chypre, fait danser devant lui des eunuques et des farceurs, et commande à son hôte de lui amener les jeunes filles et les femmes libres du gynécée. Si le père de famille hésite, le Romain a l'épée, et il en use. Sylla a donné aux siens l'Asie en proie et en pâture : seize drachmes par jour à chaque soldat, avec un festin pour tous les amis qu'il invite; au départ, six cents millions pour le général. Le brutal vétéran joue aux dés sur un tableau d'Apelle, et brise d'un coup de pied un Cupidon de Phidias; il a des courtisans, des baladins, des cuisiniers, des joueurs de harpe; il emporte des tapis, des lits de bronze, des buffets d'ivoire. Piller et jouir, telle est désormais sa vie. Il appartient au chef qui lui donne le plus d'argent et le plus de licence. Quand Sylla revint en Italie, tous lui offrirent leur pécule. La guerre était une si bonne spéculation, qu'ils voulaient en avancer les frais. Si on leur distribue des terres, ils les vendent et vont faire la débauche dans les tavernes de Rome, pour s'enrôler quand ils n'auront plus rien. En quelques années, tous les colons d'Antium, de Locres, de Tarente, s'étaient enfuis. Un consul trouva Sipontum et Bruxentum désertes. La conquête, qui a dépeuplé la cité, qui a ruiné la classe moyenne, qui l'a déshonorée par des recrues d'esclaves, change les soldats en mercenaires. Le peuple qui gouvernait Rome, affaibli par la mort des hommes, par la perte des biens, par le changement des cultures, par la concurrence des esclaves, par le mélange des affranchis, par la contagion du luxe, par la corruption des mœurs, ne voulait plus et ne pouvait plus gouverner Rome ; et l'armée, sa dernière force, se livrait et le livrait aux grands ambitieux, aux grands hommes et aux grands scélérats.

Ni les uns ni les autres ne manquèrent : la victoire et la conquête les avaient formés. On voyait déjà dans les grands la force et la volonté de tout accaparer et de tout usurper. Depuis Manlius, qui rançonna les petits princes d'Asie, la guerre et la paix étaient un brigandage contre les hommes et contre les dieux. « Athènes, Pergame, Cyzique, Milet, Chio, Samos, l'Asie entière, l'Achaïe, la Grèce, la Sicile, disait Cicéron, sont enfermées maintenant dans quelques villas de nos campagnes. » La terre et l'homme, pressurés, lâchaient leur ancienne et leur nouvelle richesse, et le flot d'or qui coulait sur Rome allait s'engloutir dans deux cents maisons. Les cités, pour subvenir aux exactions, engageaient leurs portiques, leurs murailles et leurs autels. Des hommes libres vendaient leurs enfants. Les richesses immenses, accumulées par le vol, s'accroissaient par l'usure. L'intérêt ordinaire était si terrible, qu'un citoyen intègre pouvait sans se déshonorer demander 48 pour 100. La puissance venait avec l'argent; avec l'argent et la puissance le noble achetait ou usurpait les terres voisines. A son domaine d'Italie il ajoutait dix domaines en Sicile, en Afrique, en Épire, en Gaule, en Espagne; il y nourrissait des troupes d'esclaves, gladiateurs, pâtres farouches, pépinières de meurtriers et de soldats. Ses esclaves forgerons, maçons, charpentiers, artisans, barbiers, cuisiniers, fournissaient Rome; ses esclaves commerçants, navigateurs, transportaient à Rome les produits du monde; ses affranchis, ses clients, ses obligés, ses locataires, ses débiteurs, remplissaient les tribus.

Des provinces, des rois, des peuples vivaient sous son patronage héréditaire, lui produiguant les ambassadeurs, les lions et les esclaves, trop heureux de subsister à l'abri de son nom, agenouillés devant ses statues comme devant celle des dieux. Par ses gladiateurs, ses clients et son argent, il règne sur la place publique. Il s'attribue les charges, les honneurs, les gouvernements et les armées. S'il sait vaincre, s'il est politique, ses soldats deviendront son patrimoine, et marcheront à sa volonté contre la patrie. Que va-t-il faire de cette puissance énorme? Il a pris beaucoup, il veut prendre davantage. Il a conquis la Gaule ou l'Asie, il veut conquérir Rome. Il a tout osé contre les provinces, il osera tout contre ses concitoyens. Le plaisir de vaincre, d'abattre, de tenir dans sa main la vie et les biens des hommes, de commander, de fonder, de remplacer par sa pensée et par sa volonté toutes les pensées et toutes les volontés des autres, s'accroît par la jouissance et par l'espérance, et le conquérant, comme l'avare, n'est jamais assouvi. Un patricien, bourreau méthodique, un plébéien massacreur brutal, un général heureux à demi honnête, un grand homme téméraire, un soldat d'avant-garde, un hypocrite patient, tour à tour dominèrent Rome et le monde. Le hasard établissait ou renversait les hommes; la nécessité amenait et ramenait l'empire. Les uns avaient perdu la force et la volonté d'être libres; les autres avaient gagné la force et la volonté d'être injustes. Le peuple était trop pauvre, trop dépendant, trop servile; les grands étaient trop riches, trop forts, trop audacieux. L'égalité s'était rompue et les mœurs s'étaient perdues; la chose publique avait trop peu de défenseurs et trop d'ennemis. Après cinquante années de batailles, de proscriptions et d'aventures, elle devint la chose privée d'un homme.

Le décadence avait fait l'empire, la décadence le conserva. De temps en temps un empereur, parvenu éprouvé par la vie privée, gouverne avec un peu de modération et de sagesse auparavant et ensuite; mais on trouve cent ans de restauration et d'équilibre sous les Antonins; quels princes! et jusqu'à quelles créatures le gouvernement transmis va-t-il tomber! Un fou, puis un imbécile, puis un parricide, histrion et incendiaire : ainsi finissent les Césars. Un bourreau amateur de tortures: ainsi finissent les Flaviens. Un gladiateur poltron : ainsi finissent les Antonins. Que dire de l'empire mis à l'encan, des assassins militaires, des géants barbares, des fanatiques d'Asie, et de cette tourbe de brutes, de furieux et de monstres, que la monarchie romaine lâcha pendant deux siècles sur le genre humain? Comment se fait-il que personne ne se lève, que nul peuple ne s'affranchisse, que nul gouvernement sensé ne rende un peu de dignité au cœur de l'homme et un peu de liberté au corps de l'homme; qu'insensiblement la pesante oppression devienne plus pesante; que la servilité croissante érige en dieux des misérables dignes de l'hôpital ou du bagne; que chacun voie sous l'avidité du fisc la terre s'épuiser, les hommes disparaître, l'empire se vider[1], et que personne ne s'efforce d'arracher le monde civilisé au gouvernement qui le détruit? — Les courages manquent, et les hommes commencent à manquer. La conquête, qui a consumé le peuple romain, a consumé les peuples conquis. Polybe déjà disait qu'il ne donnerait pas six mille talents de tout le Péloponèse. Selon Plutarque, il n'y avait pas trois mille hommes de guerre dans la Grèce entière. La moitié des villes y étaient ruinées. En Épire, en Étolie, en Acarnanie, on ne trouvait que des masures. L'Arcadie était remplie de troupeaux libres, comme les savanes inhabitées de l'Amérique. Pas un navire en Crète. « Qui veut voir des déserts, disait Sénèque, qu'il aille dans la Lucanie et le Brutium. » La Grande-Grèce, le Samnium, restaient vides. Le reste de l'Italie n'était que villas et solitudes. Depuis César jusqu'au principat d'Auguste, soixante-trois villes avaient été données aux vétérans, et

---

[1]. Après un siècle de bon gouvernement, les hommes manquaient sous Marc-Aurèle; il était obligé, pour défendre l'Italie contre les Barbares, d'enrôler des gladiateurs.

l'on sait ce qu'entre leurs mains devenaient les villes. César déjà se plaignait « du terrible manque d'hommes. » Mais le cœur des nations était encore plus brisé que leurs forces. La conquête n'avait laissé en elles ni espérance, ni volonté, ni objet d'intérêt, ni source d'action. On vivait, et l'on ne s'occupait plus que de vivre. Il y avait encore des hommes, il n'y avait plus de peuples. Leurs dieux étaient dans le Panthéon de Rome, les statues de leurs dieux dans les villas de la Campanie. Leurs meilleurs citoyens, devenus esclaves, marchands ou citoyens romains, ne connaissaient plus leur patrie. Strabon trouva que les Bithyniens, les Mysiens, les Phrygiens, les Lydiens, avaient perdu leur langue. Les prêtres d'Égypte n'entendaient plus leurs inscriptions ni leurs mystères. La Gaule, l'Espagne et l'Afrique, étaient latines. Nulle ombre de vie publique : la violente conquête et la savante administration romaine avaient changé les cités libres et les peuples indépendants en autant de fermes régulières où l'unique souci était d'obtenir une exemption d'impôt. Plus d'invention : la littérature, au bout d'un siècle, devient un amusement de rhéteurs et de sophistes[1] ; la philosophie, réduite à la pratique, est une exhortation à jouir ou à bien mourir ; les artistes font des copies ; les

---

[1]. Sous les Antonins il y a un siècle de demi-restauration intellectuelle qui correspond à la demi-restauration politique.

habiles ouvriers meurent et n'ont point d'élèves ; l'industrie s'amoindrit ; l'esclave s'abrutit ; les curiales s'enfuient ; le mariage devient rare. Dans cet affaissement de toutes les forces et de toutes les espérances terrestres, devant ce spectacle de l'injustice organisée, de la tyrannie invincible, de la décadence croissante, dans cette ruine de la religion, de la cité, de la famille, des arts, de la philosophie, des lettres, que reste-t-il à l'homme qui n'est point encore descendu dans l'abrutissement ou dans l'orgie ? Le rêve. Il avait commencé dès les guerres d'Asie : les furieuses bacchanales avaient apporté à Rome le panthéisme impur de l'Orient mystique et la vision frénétique de la grande Nature, qui demande pour offrandes la prostitution et le sang. Les vieilles religions se transformaient ; les philosophies se corrompaient ; la Kabbale s'accroissait. De désespoir et de dégoût on s'enfuyait dans le monde imaginaire. La vie réelle semblait un songe. L'univers, transfiguré par le délire, apparaissait comme une hiérarchie d'êtres surnaturels, émanations d'un principe obscur, d'autant plus grossières qu'elles s'en éloignaient davantage, et dont l'homme était la plus vile. La perfection était de mépriser cette terre ; la félicité était de la quitter et de remonter l'échelle qui conduisait à l'unité suprême. De la Perse, de l'Inde, de l'Égypte, de la Syrie, arrivait un souffle mystique, et le vertige religieux, comme une contagion, gagnait les âmes. Des prophètes paraissaient en Judée. Simon le mage se disait Dieu le père, et promenait avec lui une femme, symbole de la pensée rachetée. Le magicien Dosithée se croyait le Messie. Apollonius de Tyane ressuscitait les morts. Les miracles se multipliaient, les sectes foisonnaient. Les débris des anciennes religions, le naturalisme sensuel, le mysticisme exalté, le panthéisme profond, les textes de la Bible, les évangiles apocryphes, les dogmes des philosophes, les interprétations symboliques, les rêveries astrologiques, se fondaient en doctrines incohérentes, abîme mouvant de disputes et d'extases; prodigieux chaos où fermentaient confondus le divin et l'humain, la matière et l'esprit, le surnaturel et la nature, parmi les ténèbres et les éclairs. Quiconque lit les dogmes des gnostiques, des valentiniens, des ophites, des osséniens, des carpocratiens, respire l'odeur de la fièvre et se croit dans un hôpital, parmi des hallucinés qui contemplent leur pensée fourmillante et fixent sur le vide leurs yeux brillants. Dans ce tourbillon de fantômes, une pâle et touchante figure se dégage : l'homme opprimé et misérable aperçoit le visage du juste supplicié, qui loue la résignation, qui glorifie la souffrance, qui commande l'espérance, qui offre la pitié, et qui ouvre au pauvre, à l'esclave, à la femme, au condamné, le divin refuge de la bonté infinie et de l'éternel amour. Que César garde la terre : dure la monarchie, dure la servitude ; leur cœur comme leur pensée est ailleurs.

II

Ce portrait convient-il à la France ? On en peut douter.

Ce qui fait durer un gouvernement, c'est l'impuissance des autres ; ce qui fit durer la monarchie à Rome, ce fut l'impuissance du peuple avili et mendiant, des provinces épuisées et meurtries : ce qui éternisa la souveraineté d'une force et d'une volonté unique, ce fut la décadence de toutes les volontés et de toutes les forces. Y a-t-il encore en France des forces et des volontés ?

Depuis huit cents ans, nous voyons se développer chez nous cette classe moyenne dont la décadence abolit à Rome la liberté. Accrue par ses amis, par ses ennemis, par elle-même, elle est devenue la nation. Sous l'effort du temps et sous le sien, le clergé s'est changé en un corps de fonctionnaires, la noblesse en un salon de gens bien mis, la royauté en un souvenir d'histoire. La Révolution lui a donné les terres des privilégiés. Les progrès inouïs du bien-être ont ajouté en soixante ans un tiers à son nombre. La connaissance et la domination de la nature ont multiplié sa richesse. Le revenu de l'État a quadruplé; la science et l'industrie nouvelles sont allées dans les plus lointains villages, nourrir, habiller, transporter, agiter les hommes. L'invention et l'activité croissantes ont remué et fécondé toutes les provinces du travail et de la pensée humaine, et l'espérance, autorisée par la réussite, a confirmé la prospérité du présent par les promesses de l'avenir.

C'est l'invention qui mesure la force morale. Pour chercher, pour découvrir, pour appliquer, il faut souhaiter avec passion. La décadence de l'invention attestait à Rome l'affaiblissement des courages; la fécondité de l'invention annonce chez nous l'énergie du ressort intérieur. Ce siècle, qui n'est pas achevé, a produit plus que ses aînés. La chimie naissante, la géologie ébauchée, sont tout d'un coup devenues adultes. La physique agrandie a défini et manié le plus mystérieux et le plus puissant des impondérables. Les sciences physiques ont fait jaillir des arts et des industries entières. Les sciences naturelles renouvelées ont reçu des lois philosophiques et se sont formées en système. L'histoire est née et a refondu les sciences morales. L'élan intérieur de l'invention originale s'est dirigé et accéléré sous l'élan extérieur de l'intervention étrangère. Nous commençons à écouter le profond murmure qui roule jusqu'à nous, sorti d'Allemagne, retentissement lointain de l'étonnant laboratoire où toutes les pensées humaines éprouvées et reforgées reçoivent une nouvelle empreinte et un nouvel ordre de la plus grande philosophie qui ait vécu. Une littérature s'est déployée, aussi abondante en pensées, aussi riche en chefs-d'œuvre que les précédentes, appropriée par ses idées, comme par sa forme, à la classe et à la civilisation qui la produisaient. Plus grossière, plus hardie, moins asservie aux bienséances, plus universelle, elle a découvert et peint des classes de la société dédaignées, des scènes de l'histoire méprisées, des parties de l'âme inconnues, et a montré la démocratie introduite dans le goût comme dans l'État. Plus passionnée, plus douloureuse, plus avide de bonheur, plus sensible à la pitié, plus précipitée vers la rêverie et l'espérance, elle a témoigné des généreux désirs et des aspirations violentes qui, arrachant l'homme aux améliorations qu'il a conquises, le poussent sans relâche sur la route obscure de l'avenir.

La force véritable fait la fierté légitime, et avec le sentiment de son énergie on acquiert la conscience de son droit. Avec cette force et cette énergie, on avait perdu à Rome cette fierté et cette conscience; avec cette force et cette énergie, on a gardé en France cette conscience et cette fierté. La doctrine du droit divin a péri. Particuliers et gouvernements, chacun reconnaît aujourd'hui que l'unique propriétaire d'un peuple est lui-même, que la nation n'est pas faite pour le gouvernement, mais le gouvernement pour la nation, que nulle autorité n'est légitime que par le consentement du public, que nulle autorité n'est stable que par l'appui de l'opinion, que si le peuple paye des impôts et fournit des soldats, c'est pour que ses intérêts soient défendus, pour que son bien-être soit augmenté, pour que sa volonté soit exécutée. La théorie, descendant dans la pratique, s'est prouvée par les événements, et depuis soixante ans fait l'histoire. Au-dessus de tous les gouvernements, à travers tous les gouvernements, à régné un seul roi, l'opinion publique. Ils ont été les instruments, elle a été la maîtresse ; ils ont agi, elle a voulu. Si grande que fût leur puissance ou si ingénieux que fût leur mécanisme, leur puissance s'est affaissée et leur mécanisme s'est déconcerté lorsqu'elle s'est retirée d'eux. Elle les a employés tous et ne s'est attachée à aucun. Elle les prend comme ils viennent, tel que le hasard, la défaite, l'émeute, l'intrigue, la loi, l'illégalité les présentent; mais elle ne les garde que lorsqu'ils suivent sa pente. Quels qu'ils soient, elle les subit sans beaucoup de choix ; quels qu'ils soient, elle les défait sans beaucoup de peine. Elle les rencontre comme des chars sur sa route ; elle y monte; sauf à les quitter s'ils dévient; elle les quitte, sauf à les reprendre après qu'elle les a quittés.

Ce n'est donc point dans Rome qu'il faut chercher l'image de la France. Nous y trouvons la décadence, et nous trouvons ici la prospérité. Nous y voyons la monarchie absolue amenée et maintenue par la dépopulation, par la ruine de la classe moyenne, par l'avilissement du peuple, par l'abaissement de l'invention, par l'affaissement de l'intelligence, par le débordement du mysticisme, et nous voyons ici la population croissante, la classe moyenne étendue, le bien-être augmenté, la richesse multipliée, l'invention développée, la nation proclamée souveraine, et, à travers dix constitutions successives, exerçant sa souveraineté par l'ascendant de l'opinion. Là-bas, quelle que soit la révolution, le pouvoir retombe toujours aux mains d'un despote ; ici, quelle que soit la révolution, le pouvoir ressent toujours la pression du peuple. Là-bas à travers tous les accidents, la force des choses intronisait une volonté privée ; ici, à travers toutes les aventures, elle intronise la volonté publique. Là-bas, un empereur disait à son fils : « Payez bien les soldats, et moquez-vous du reste. » Ici, dans les moments décisifs, les soldats, par leur appui ou par leur immobilité, soutiennent le public ou le laissent faire, et dernièrement, au milieu de la guerre, un homme à la tête de huit cent mille hommes disait : « C'est l'opinion seule qui peut décider la victoire et faire la paix. »

III

Ce qui a donné le gouvernement en Angleterre à une aristocratie libérale, ce sont des circonstances politiques et des dispositions morales qui ne se sont rencontrées nulle part ailleurs.

Au xie siècle, l'aristocratie implantée par la conquête se trouva unie par la communauté d'intérêts, par l'habitude d'agir en commun, par la nécessité de résister au peuple conquis, par la régularité de son organisation nouvelle, et fit un corps[1]. Ici, comme en France, elle lutta contre le roi; mais en France elle n'était qu'une multitude dispersée qui tomba homme par homme; ici elle formait une armée compacte, où chaque soldat fut défendu par tous les soldats. En France, le roi était faible, et, pour se fortifier, se présenta comme protecteur du peuple; ici le roi était fort, et, pour lui résister, les barons se présentèrent comme les protecteurs de la nation. Sous Henri Ier, sous Étienne, sous Henri II, sous Jean sans Terre, sous Henri III, sous Édouard Ier, ils réclamèrent et stipulèrent en corps pour eux et pour le public. Par leur union et leur

---

1. M. Guizot, *Essai sur l'origine du système représentatif en Angleterre.*

popularité, ils obtinrent des chartes, ils arrachèrent des garanties, ils fondèrent le Parlement, ils conquirent pour eux et pour la nation des institutions libérales, une part dans l'autorité et le gouvernement représentatif. A la fin du XIII° siècle, cette œuvre était achevée : « C'est la coutume du royaume d'Angleterre, disait au pape un archevêque de Cantorbéry, que dans toutes les affaires relatives à l'état de ce royaume on prenne l'avis de tous ceux qui y sont intéressés. »

Ce n'est pas assez pour une aristocratie qui veut durer d'être unie et d'être utile; il faut encore qu'elle se mêle au peuple pour éviter l'envie, et qu'elle se recrute dans le peuple pour éviter l'appauvrissement. Les chevaliers députés des comtés siégeaient dès le XIV° siècle avec les bourgeois députés des villes. Tandis qu'en France les simples nobles, votant avec les grands seigneurs, laissaient sans lien le tiers état et l'aristocratie, ici les simples nobles, votant avec les bourgeois, unissaient l'aristocratie et le tiers état. En même temps que les deux pouvoirs s'alliaient l'un à l'autre, les deux classes se fondaient l'une dans l'autre [1]. Des membres de l'aristocratie rentraient dans le peuple; des membres du peuple entraient dans l'aristocratie. Le riche bourgeois pouvait devenir chevalier; le

---

1. Macaulay, t. I", page 37.

petit-fils d'un pair cédait la préséance au chevalier fait la veille. Le gentilhomme pouvait devenir pair; le fils d'un pair n'était qu'un simple gentilhomme. Des filles de duc épousaient des membres de la Chambre des communes; plusieurs membres de la Chambre des communes étaient aussi nobles que les plus nobles pairs. « D'une part, il y avait des Bohuns, des Mowbrays, des De Vère, des parents des Plantagenêts sans autre titre que celui d'*esquire*, sans autres priviléges que ceux d'un boutiquier ou d'un fermier; » de l'autre part, un marchand de Lincoln anobli, député de son comté, pouvait siéger au Parlement entre des gentishommes cousins du roi, et voir son fils, titré par le roi, assis à Westminster entre le duc de Norfolk et le duc de Clarence. Le grand seigneur ne méprisait point une classe où ses enfants devaient descendre; le *yeoman* ne haïssait pas une classe où ses enfants pouvaient monter.

Par ce recrutement incessant et par ce constant mélange, la haute aristocratie, en se faisant des amis, se préparait des successeurs. Elle imprimait dans le peuple des habitudes orgueilleuses, l'esprit d'indépendance, l'amour des institutions libérales, le besoin de contrôler le gouvernement et de prendre part aux affaires. Elle formait une nation aristocratique capable de la remplacer, de défendre les droits acquis et de reconquérir au besoin la liberté.

A la fin du xvᵉ siècle, la guerre des Deux Roses, le progrès de la civilisation et l'abolition du droit de maintenance renversèrent les mœurs féodales et la renversèrent ; on crut que sa place était vide ; elle ne l'était pas. Les Tudors semblèrent absolus ; leur despotisme eut des bornes. Ils menèrent et ramenèrent d'une religion à l'autre la nation incertaine entre deux religions ; ils décapitèrent les grands seigneurs devenus courtisans ; ils humilièrent le Parlement privé de sa tête. Mais quand Henri VIII, sans le consentement de ce Parlement, voulut taxer ses sujets au sixième de leurs biens, il ne trouva que des révoltés et point de soldats : il plia sous le mécontentement public, quoique obstiné et téméraire ; il révoqua ses commissions, pardonna à tous les rebelles, et s'excusa publiquement d'avoir violé la loi. Quand Élisabeth, si impérieuse, si populaire après quarante-trois ans de règne et de succès, voulut multiplier les monopoles, elle vit se redresser contre elle la Chambre irritée appuyée sur la nation menaçante, et retira la loi en remerciant la nation de son zèle et la Chambre de ses avertissements. Cent vingt ans de paix avaient enrichi, éclairé, multiplié la classe moyenne ; la force lui était venue ; la volonté lui venait avec la force, et déjà l'on pouvait prévoir qu'elle livrerait aux Stuarts la bataille que les grands barons avaient livrée aux Plantagenêts.

Les circonstances qui en Angleterre ont fondé le gouvernement libre ne sont donc pas ordinaires : elles sont spéciales. Elles ne se sont donc pas rencontrées dans toute nation ; elles ne se sont réunies que pour cette nation. C'est la conquête qui, établissant un corps d'aristocratie et un roi puissant, a institué une aristocratie démocratique capable de résistance, et préparé une nation aristocratique capable de liberté. C'est la conquête qui par ses suites prochaines forma la ligue des barons qui obtinrent la grande Charte. C'est la conquête qui par ses suites lointaines forma le peuple de bourgeois hardis et de gentilshommes de campagne qui prirent la tête de Stratford et tirèrent l'épée contre le roi Charles. C'est la conquête qui, à huit cents ans de distance, maintint les institutions et les habitudes par lesquelles dure aujourd'hui la liberté.

Je n'en veux pour témoin que M. de Montalembert lui-même. Les coutumes qu'il expose et qu'il admire en grand seigneur, en homme de cœur et en homme de parti, sont des héritages. Elles sont toutes spéciales dans le présent, parce qu'elles étaient toutes spéciales dans le passé. Elles sont toutes des effets et des soutiens de l'esprit aristocratique conservé dans la haute classe, implanté dans la nation. Telle est cette liberté de tester, cet usage des substitutions et ce droit d'aînesse aptions et ce droit d'aînesse appliqué aux terres, qui fonde l'orgueil de race, les traditions de famille, l'influence locale, et donne la force, l'indépendance, la fierté et l'autorité. Telles sont ces magistratures libres et gratuites, qui mettent aux mains des gentilshommes terriens le commandement de la milice, l'administration, la justice, les fonctions municipales, et toute cette foule d'emplois que le gouvernement central exerce chez nous par ses préfets, sa police, ses ingénieurs et ses magistrats. Telle est cette popularité de la haute noblesse qui ouvre ses rangs aux gloires nouvelles, de la petite noblesse qui ouvre ses rangs aux nouveaux propriétaires terriens, de la noblesse entière qui laisse retomber ses fils cadets parmi les simples citoyens, administre le pays, et mène les réformes. Si le bourgeois, au lieu de haïr la noblesse, cherche à devenir noble; si la loi, au lieu d'empêcher le renouvellement de l'aristocratie, le favorise; si la noblesse, au lieu de repousser la classe moyenne, se recrute chez elle; si le gouvernement municipal appartient non au pouvoir du centre, mais à l'aristocratie du lieu; si l'aristocratie est populaire et puissante, c'est que l'aristocratie a toujours été populaire et puissante. Si la nation considère les nobles comme ses chefs et ses représentants, c'est qu'elle les a toujours considérés comme ses représentants et ses chefs. L'Angleterre d'aujourd'hui continue l'Angleterre d'autrefois. Il a fallu le hasard unique d'une conquête systématique et d'une royauté menaçante pour donner à l'aristocratie l'unité avec la force, et pour la contraindre à se donner l'appui de la reconnaissance et de l'opinion.

Ce n'était pas assez, pour maintenir le gouvernement libre, de circonstances politiques particulières; il fallait encore des dispositions morales particulières. Quoi qu'en dise M. de Montalembert, elles se sont rencontrées en Angleterre. Les événements y ont aidé le caractère national; mais le caractère national a mis à profit les événements.

La faculté qui conquiert et maintient les droits politiques est la volonté énergique et persistante. Dès l'origine, on en trouve ici les sources. Pour jaillir, elle exige une âme passionnée : car on ne veut que ce que l'on désire, et une résolution durable n'est qu'une passion fixée. Elle exige une âme repliée sur elle-même : car pour surmonter les difficultés et résister à la peine, il faut être absorbé par les idées et sentir en soi comme ressort un motif moral. Elle exige une âme solitaire et capable d'inventer ses convictions : car on ne veut obstinément que ce qu'on s'est persuadé soi-même à soi-même, et les seules résolutions solides sont celles qu'on tire de son propre fonds. A travers la littérature anglaise, vous découvrez à tous les âges cet homme passionné, concentré, intérieur. Vous apercevez cette passion dans la fougue lyrique et dans la sombre exaltation des poésies primitives, dans le style enflammé et dans le délire tragique de la Renaissance, dans le fanatisme visionnaire de la Réforme, dans la sensibilité bizarre ou amère des romans du dernier siècle, dans la fièvre de sympathie douloureuse ou de désespoir incurable qui a inspiré et désolé la littérature de celui-ci. Vous apercevez cette faculté de regarder en soi-même dans la peinture des émotions morales qui remplit la poésie saxonne, dans la profonde composition des caractères dramatiques et dans la science du cœur qu'on rencontre chez les écrivains de la Renaissance, dans le développement de l'homme spirituel et dans le culte de la révélation intérieure qui établirent le protestantisme, dans les romans psychologiques, dans l'analyse lyrique des sentiments intimes, par-dessus tout dans l'impuissance des arts du dessin et dans l'éternelle tristesse qui, depuis Cœdmon jusqu'à Byron, a étendu un voile noir sur tous leurs écrits. Vous apercevez cette originalité solitaire dans les monologues continus et dans la concentration farouche de leur poésie barbare, dans la surabondance de l'invention et de l'inspiration personnelle au temps de la Renaissance, dans l'avénement de la religion qui consacre la foi indépendante et l'appel à soi-même, dans la peinture récente ou contemporaine des singularités individuelles, dans le haut relief des caractères excentriques, dans la description répétée de la dignité froide, de la réserve hautaine et de l'orgueil silencieux. Cette force de désirs, cet attachement aux choses invisibles, cette personnalité concentrée, étaient les matériaux d'une volonté puissante et tenace. L'homme ainsi construit pouvait s'éprendre d'un intérêt moral et le poursuivre avec persévérance. Il s'est épris de celui que lui offraient les circonstances, et il a persévéré dans son effort. La protection d'une aristocratie populaire lui montrait des droits politiques à instituer et à défendre : il les a institués et défendus. L'éducation a aidé la nature : la longueur de la lutte a accru sa vigueur, et l'habitude de l'action lui a donné l'art d'agir. Sous l'effort de ces inclinations innées et de ces habitudes acquises, un caractère s'est formé, le plus énergique, le plus opiniâtre, le mieux armé pour la résistance, muni de toutes les facultés pratiques, pénétré du plus absolu et du plus indomptable orgueil. Ces facultés pratiques, manifestées par l'impuissance métaphysique, par l'amour des faits, des chiffres et de l'utile, par le grand développement du commerce et de l'industrie, le rendent capable de gouverner et d'être gouverné. Elles lui inspirent l'aversion de la politique spéculative, le goût de l'expérience; le sentiment du possible, le respect de l'antiquité, le culte de la loi, bref toutes les habitudes qui peuvent contenir et diriger l'essor de la liberté imprudente. Cet orgueil manifesté par la morgue solitaire, par l'empire de soi, par la morale rigide, le révolte contre toute loi qu'il n'a pas consentie et contre toute autorité qu'il n'a pas faite; il lui inspire la persuasion que les affaires publiques sont ses affaires privées, la résolution d'y prendre part, l'attachement à son droit, la volonté de le conserver contre tous les empiétements, par tous les sacrifices, bref, toutes les habitudes qui peuvent protéger et maintenir la liberté attaquée. C'est ainsi qu'elle dure, préservée des égarements, défendue contre les dangers, avec l'orgueil pour ressort, avec le sens pratique pour guide. Elle n'est point l'effet d'un accident que le hasard puisse envoyer aux autres ni d'une institution que l'imitation puisse importer chez les autres, ni d'une vertu qu'un effort de volonté puisse engendrer dans les autres, mais d'antiques et puissantes circonstances, qui pendant huit cents ans ont agi sur toute la race, et d'une forme de cerveau originelle dont l'hérédité et peut-être l'alimentation[1] ont augmenté la force. L'histoire et la physiologie sont ses créatrices. Pour la détruire, il faudrait effacer le passé et refondre le type; et

1. La viande et l'ale.

la volonté qui fermente en ce moment dans une de ces têtes est le contre-coup d'un mouvement spécial imprimé par la race primitive et transmis par vingt-cinq générations de volontés.

IV

Ni ce naturel ni ces circonstances ne se sont rencontrés en France. Il s'en est rencontré d'autres aussi spéciales et tout opposées.

Pendant sept cents ans de suite on y voit tomber tous les pouvoirs qui peuvent instituer la résistance politique, et on y voit s'agrandir le pouvoir central. Tandis que les barons d'Angleterre, soldats d'une même armée, réunis par l'hostilité des vaincus, luttaient et duraient en corps, les barons de France, établis au hasard par les accidents de l'anarchie carlovingienne, rivaux ou ennemis les uns des autres, succombaient tour à tour ou ne se liguaient que pour se séparer. La lente formation du royaume fut la soumission de vingt petits États isolés par un petit État. Le grand baron de l'Ile-de-France, bon politique, paré d'un beau titre, appuyé sur le souvenir de Charlemagne, conquit par les armes ou acquit par des mariages les autres parties de la Gaule, et fit la France. Quand il est mineur ou qu'il se trouve faible, les seigneurs s'allient contre lui ; mais chacun d'eux ne songeant qu'à soi, au premier accident ils se dispersent. Révoltés contre Louis IX, ils se trouvent embarrassés par une sortie des Parisiens, se séparent et tombent sur l'un d'eux, qu'ils jugent infidèle. Soutenus par le puissant duc de Bourgogne, ils forment la ligue du *bien public*, puis deux ou trois autres ; avec de l'argent et des concessions, Louis XI les désunit, puis les abat. Soulevés sous Anne de Beaujeu, une négociation et un combat leur font poser les armes. Relevés par l'anarchie du seizième siècle, ils sont achetés un à un par Henri IV, le duc de Guise moyennant quatre cent mille écus, Mayenne par un gouvernement, un autre pour des abbayes, celui-ci pour une pension, celui-là pour un titre. Quatre fois ils prennent les armes sous Marie de Médicis ; plus tard ils complotent contre Richelieu, et font la Fronde ; avec des écus, avec des piques de vanité, avec des aumônes de titres, on a toujours raison de leurs serments et de leurs menaces. Braves, spirituels, prodigues, hommes de tournois, hommes d'avant-garde, hommes de salons, qu'importe ? Je ne vois là que de petits rois vaincus tour à tour, puis des courtisans qui, à l'occasion, pressurent leur maître. Le propre d'une aristocratie est d'agir ensemble et d'avoir pour but l'indépendance et l'empire. Ils agissent isolés et désunis, et n'ont pour but que la gloire, la gloriole et l'argent.

Les barons d'Angleterre doublaient par leur popularité leur puissance; ceux-ci doublent leur impuissance par leur impopularité. Au dehors, ils sont toujours alliés avec les ennemis de la nation, avec l'empereur Othon à Bouvines, avec Henri III d'Angleterre pendant la minorité de Louis IX. Les ducs de Bourgogne, chefs de la noblesse furent, de père en fils, les amis des Anglais et faillirent perdre le royaume. Charles le Téméraire reniait son titre de Français, se disait Portugais, traitait pour démembrer la France. A la fin du seizième siècle, ils furent les soudoyés de Philippe II, et manquèrent de lui soumettre leur pays. Pendant les deux règnes suivants, ils ont sans cesse la main dans les coffres de l'Espagne. Il ne se fait pas un complot qui n'ait son centre ou sa succursale à Madrid. Condé finit par devenir général du roi d'Espagne, comme plus tard les émigrés devinrent officiers des souverains étrangers. Au dedans, ils n'ont de pouvoir que pour ruiner le peuple et piller le trésor. Ils sont les ennemis de la civilisation, du bon ordre, de la paix publique. Toutes les blessures qu'ils reçoivent sont des bienfaits pour le pays. Empiéter sur leur juridiction, c'est prévenir les guerres privées, réprimer le vol armé, imposer la justice, diminuer l'oppression, alléger la misère. C'est par leur défaite que les rois deviennent populaires. Quand Louis le Gros prend un château,

c'est un repaire qu'il détruit. Sa vie se passe à
« punir l'audace des grands qui déchirent l'État par
des guerres sans fin, désolent les pauvres, abattent
les églises, et la méchanceté des brigands séditieux
ennemis des voyageurs et des faibles [1]. » S'ils se ré-
voltent sous Charles VII, c'est contre une réforme
utile, l'établissement d'une armée pacifique; s'ils
forment sous Louis XI la ligue du *bien public*, ils
ne s'attachent dans le traité qu'à « butiner le
royaume [2], » et ne disent pas un mot du bien public. S'ils refusent de reconnaître Henri IV, c'est
pour se faire inscrire au livre des pension ; s'ils
complotent sous Louis XIII, c'est « pour se bien
faire valoir [3]. » S'ils obéissent sous Louis XIV, c'est
pour obtenir des confiscations, des assignations,
des survivances. Ils étaient jadis les ennemis de
l'ordre public, ils sont maintenant les ennemis de
la caisse publique. Au temps féodal, ils exploitaient
les grands chemins par l'épée; aux temps modernes, ils exploitent le Trésor par des courbettes [4]. Ils
gardent jusqu'au bout le naturel qu'ils ont reçu de
leur origine. Leur situation primitive a fait leur caractère définitif. Petits despotes épars, ils n'ont

---

1. Suger.
2. Commines.
3. Sully.
4. Il y a partout de belles exceptions; il y en a eu même sous
Louis XV. D'ailleurs le *chevalier* est tout français.

songé qu'à conserver les injustes honneurs et les injustes profits du despotisme; faibles et nuisibles d'abord, ils sont restés nuisibles autant que faibles; dispersés et impopulaires, égoïstes contre leurs égaux, égoïstes contre leurs inférieurs, ils n'ont point trouvé de force en eux-mêmes ni d'appui dans la nation.

Cette nation en trouvera-t-elle en elle-même? Le tiers état n'avait ni la volonté ni la force d'instituer contre le roi des libertés publiques. Tandis qu'en Angleterre il avait les barons pour protecteurs contre le roi, il avait ici le roi pour protecteur contre les barons. Là-bas il favorisait les empiétements des seigneurs; ici il se réjouissait des empiétements du prince. Là-bas il était fortifié par l'orgueil de tant de *franklins* saxons que la conquête avait fait descendre dans ses rangs, et de tant de chevaliers normands que le dédoublement du Parlement avait assis sur ses bancs; ici, réduit à lui-même, privé par la chute successive des communes de l'esprit indépendant qu'il eût pu tirer d'elles, composé de bourgeois timides qui avaient reçu du roi le bienfait de la paix et les priviléges municipaux, divisé par l'antique hostilité des provinces, il pliait dans les assemblées, rebuté du clergé et de la noblesse qui votaient à part, ne songeant qu'à alléger ses impôts et à complaire au prince. Celui-ci, d'ailleurs, y pourvoyait par ses prévôts en dirigeant les élections. Ordinairement les convocations sont des cérémonies que le roi emploie contre un grand vassal ou contre un étranger, en manière de manifeste et pour se donner l'apparence de l'assentiment public. Quand l'embarras du gouvernement ou l'excès de la misère leur met le pouvoir aux mains, ils entrent en discorde et ne sont point soutenus par le public. S'ils nomment pour gouverner, en 1353, un conseil de trente-six hommes, « les nobles et les prélats, qui commençaient à se tanner de leur entreprise et ordonnance[1], » refusent de payer l'impôt qu'ils ont voté. En 1484, « l'argent nous désunit, dit l'historien de l'assemblée. Il nous rendit presque ennemis les uns des autres, chacun luttant pour sa province et cherchant à lui faire supporter la moindre part d'impôt. » En 1614, les trois ordres sont en désaccord, et la noblesse, indignée de ce que le tiers état ait osé se dire son frère cadet, va se plaindre au roi, et le prie de déclarer que la différence des bourgeois aux gentilshommes est celle de valets à maîtres. Étranges assemblées souveraines dont le caractère est d'obéir, de se disputer et de n'être point obéies! Le public se soucie peu qu'on les respecte; quand les rois, par une usurpation énorme, rendent perpétuelle la taille votée pour un an, il réclame à peine. Le tiers état,

---

1. Froissard.

comme la noblesse, garde l'empreinte de ses origines. Dispersée, sans appui, tyrannique, elle ne pouvait gouverner et voulait vivre. Divisé, sans appui, pacifique, il ne pouvait gouverner et voulait vivre tranquille [1]. L'une eut les honneurs et les grâces, l'autre la paix et l'ordre, et l'une et l'autre laissèrent prendre le gouvernement au roi.

Le caractère national poussait le courant des faits dans le même sens que les situations primitives, et les circonstances extérieures avaient pour aide les inclinations innées. Dès l'origine, le génie indépendant, passionné, concentré, qui assura chez nos voisins la liberté politique, nous a manqué. La langue et la littérature, à peine naissante, annoncent ici, dès le onzième siècle, une race légère et sociable. Ce caractère ne prend point les choses à cœur, d'un désir ardent et persistant, avec une réflexion intense; il les effleure et court à d'autres. On aperçoit dès l'abord ce manque d'at-

[1]. Fortescue, légiste du xv⁰ siècle, et peu poli, écrivait : « C'est la lâcheté et le manque de cœur et de courage qui empêche les Français de se soulever. — En effet, il y a plus d'hommes pendus en un an en Angleterre pour meurtre et vol à main armée qu'il n'y en a de pendus en France pour la même cause en sept ans. — Quelques-uns ont dit qu'il serait bon pour le roi que les communes d'Angleterre fussent pauvres comme sont les communes de France, car elles ne se révolteraient pas comme elles font souvent; ce que les communes de France ne font pas et ne peuvent faire, n'ayant ni arme offensive, ni armure, ni bien pour en acheter. »

tention passionnée et profonde dans la clarté des longues épopées prosaïques, dans l'abondance des poëmes didactiques et des froides allégories, dans la popularité des fabliaux malins, dans la modération éternelle du style, dans la perfection subite de la prose. On l'aperçoit aux deux grands siècles dans le développement de la raison oratoire et de l'art d'écrire, dans la nullité de l'ode, dans la tranquillité de la tragédie, dans l'excellence classique de l'exposition, de la dissertation et du récit, dans la vivacité piquante du style moqueur. On l'aperçoit à tous les âges dans le goût du tempéré et de l'agréable, dans l'aversion pour le violent et le sérieux, dans la domination de la raison et de la gaieté. Ce caractère n'est pas propre à l'invention solitaire des opinions personnelles et des actions indépendantes ; il est trop bien fourni des facultés qu'emploie la société pour n'être pas sociable; il est trop sociable pour ne pas agir et penser d'après autrui. Vous apercevez ces facultés dans l'habileté involontaire des premiers conteurs, comme dans l'art calculé des derniers maîtres, dans les *soties* comme dans la comédie, dans les *moralités* comme dans la tragédie, dans les vers de Rutebeuf comme dans la prose de Voltaire, dans l'épopée de Turold comme dans l'analyse de Condillac. Expliquer, raconter, prouver, causer, toutes ces actions aboutissent à un auditoire; c'est pourquoi toutes ces actions se font aisément et bien dans notre pays. Vous y découvrez à tous les âges le don d'être clair et d'être agréable, l'art de se faire entendre et de se faire écouter. Cette légèreté empêche de vouloir fortement; cette sociabilité empêche de vouloir par soi-même. L'une affaiblit l'énergie des volontés, l'autre ôte aux volontés l'initiative. L'homme ainsi doué ne sait ni ouvrir la résistance, ni persévérer dans la résistance. Il change facilement de conviction et reçoit facilement sa conviction des autres. Il est disposé sinon à servir, du moins à obéir. Il accepte volontiers sinon la tyrannie, du moins la discipline. Quoiqu'il aime la moquerie, il est resté catholique. Quoiqu'il ait horreur de l'ennui, il a vénéré la régularité littéraire. Un peuple ainsi composé ressemble à un troupeau de chevaux fringants mais dociles[1]. Ils ne vont qu'ensemble et sur les pas d'un chef.

Ainsi soutenu par les événements généraux et par les inclinations publiques, le pouvoir central s'est fondé et s'est accru. Tous les progrès de la nation l'ont développé. Au quatorzième siècle, la soumission des petits tyrans féodaux, l'achèvement du royaume et la naissance de la paix inté-

---

1. Les animaux sociables (chevaux, chiens, moutons) suivent toujours un conducteur. D'où il arrive qu'ils peuvent devenir soumis et domestiques. (Flourens, *De l'instinct et de l'intelligence.*)

rieure ont rendu les Valois tout-puissants. Au quinzième siècle, l'expulsion des Anglais et la ruine de la grande féodalité donnent au roi une taille perpétuelle, une armée permanente et la souveraineté sans contrôle. Au seizième siècle, l'expulsion des Espagnols, la pacification du pays, le développement soudain de la prospérité publique amènent la monarchie absolue. La civilisation générale et l'autorité centrale, comme les deux chevaux d'un char, ont toujours marché de front. Et cet étrange mouvement ne s'est point arrêté. Les révolutions libérales ont augmenté la souveraineté du centre et la docilité des extrémités. Sous Louis XIV, les États des provinces, les coutumes et les priviléges des villes, des corporations, des chapitres, les Parlements, les débris de l'antique indépendance provinciale[1], ralentissaient, modifiaient, gênaient l'action du roi. Dijon était un centre. On voit par les lettres du président Des Brosses qu'il y a cent ans à peine un chef-lieu de province était une capitale, que ses dignités suffisaient aux ambitions, qu'on trouvait naturel d'y borner sa carrière et d'y enfermer sa vie, qu'on osait y penser, et qu'on ne recevait pas de Paris des opinions toutes faites. La Révolution et l'Empire ont supprimé ces libertés et ces entraves. Au lieu

---

1. M. Alexandre Thomas, *Une Province sous Louis XIV*.

des cités et des provinces, on a fait des communes collections d'habitants, et des départements collections de communes. Dorénavant, pour percer une porte ou couper un arbre, il fallut une permission d'en haut. Le gouvernement roula sur toutes les volontés comme sur une route unie, traîné par un attelage innombrable et régulier de fonctionnaires. Paris devint l'atelier unique chargé de la fabrication de toutes les pensées et de tous les ordres. Une révolution s'y fait, tout le monde l'accepte; une dynastie en est chassée, elle est chassée de la France. Qui tient la tête a le corps. L'idée d'obéir vient à tout le monde; l'idée de résister ne vient à personne. Lorsqu'en 1848, un hasard imprévu jeta dix hommes à l'hôtel de ville, chacun se rangea sous leurs ordres; quels que fussent les chefs, peu importait, il fallait des chefs; sinon, il semblait que tout allait se dissoudre. La machine est si vaste, si compliquée, si profondément introduite dans toutes les parties de la vie et de la fortune des citoyens, que les citoyens croient périr lorsqu'ils cessent d'apercevoir le machiniste debout auprès du premier rouage. Ils sont si habitués à voir le mouvement venir d'en haut, qu'ils n'osent toucher eux-mêmes aux pièces dont ils sont proches. Envoyez-nous des préfets, des magistrats des professeurs, des commissaires, des ingénieurs, des percepteurs, des vérificateurs et surtout des gendarmes. Nous les appelons comme les Juifs demandaient la manne. Notre plus grande peur est de sentir que le gouvernement défaille; notre premier besoin est d'être gouvernés.

Mais les événements historiques et les qualités morales qui semblent avoir détruit en nous l'esprit d'indépendance l'ont rétabli sous une autre forme. Il l'ont ôté à l'individu, ils l'ont donné à la masse. Ils ont accablé les citoyens sous le pouvoir central : ils ont soumis le pouvoir central au public.

Ce qui a développé ce pouvoir, ce sont ses bienfaits; c'est pourquoi sa propre augmentation lui a préparé un maître, la classe moyenne accrue sous sa main, incessamment recrutée par le peuple, enrichie, éclairée, enhardie. Des hommes intelligents que n'énerve point la misère peuvent se laisser gouverner, ils ne se laissent point opprimer; ils peuvent manquer d'indépendance, ils ne manquent point d'égoïsme ; ils supporteront d'être taxés sans leur consentement, ils ne supporteront pas d'être ruinés par les taxes ; ils sont peut-être incapables de se révolter chacun dans sa commune, ils sont très-capables d'être mécontents tous ensemble, et il n'est point de force qu'un tel mécontentement ne fasse plier.

D'autre part, le caractère national, qui fournissait des armes au pouvoir central, en fournissait contre lui. S'il n'avait pas la force de concentration passionnée et la puissance de réflexion solitaire qui donnent l'indépendance durable et la volonté personnelle, il avait la puissance d'analyse, et l'analyse [1] est hardie, philosophique, destructive; elle consiste à décomposer les idées en elles-mêmes sans tenir compte de l'expérience; elle impose le goût de ce qui est raisonnable et non de ce qui est pratique; elle sacrifie volontiers les faits aux déductions. Armée de la moquerie, elle dissout aisément tout ce qu'elle touche, et elle touche d'abord aux gouvernements qu'elle subit. Les attaques qu'au moyen âge elle entassa contre le clergé sont innombrables, et Jean de Meug expliquait déjà comment à l'origine le peuple avait fait un roi en élisant « un grand vilain, le plus osseux, le plus corsu » qui fût dans la bande. Après l'âge d'enfance et de malices naïves vint l'âge de virilité et de théories raisonnées. On considéra l'homme abstrait, le gouvernement en soi, la société en général; on fit des systèmes philosophiques très-bien déduits et parfaitement ordonnés sur les droits de l'homme et sur le contrat social. On s'éprit de cette théorie philosophique, et on prétendit l'appliquer telle quelle, non-seulement à soi, mais aux voisins et à tous les peuples. Rien de plus curieux que les discours des clubs et des assemblées de la

---

1. Entendue au sens de Condillac.

fin du siècle, discours de politiques spéculatifs qui ont la dialectique de Rousseau pour expérience, qui croient qu'un gouvernement s'établit comme un raisonnement, et pensent comme Sieyès qu'avec une jolie combinaison d'institutions ingénieuses on fonde une Constitution éternelle. D'autres plus prudents, plus instruits, aussi proches du vrai qu'on peut l'être, apercevant en Angleterre un gouvernement tempéré qui durait, l'importèrent en France et le crurent définitif, oubliant que des institutions légales ne sont pas une constitution sociale, que la liberté durable est fondée par un caractère et des mœurs, non par une loi et un vote; bref, que l'âme d'un Français n'est point l'âme d'un Anglais. D'autres, et les plus audacieux de tous, examinèrent bientôt la propriété en soi, l'association en général, la valeur abstraite, déclarèrent qu'ils avaient découvert la vraie nature de la justice et du bonheur, et demandèrent qu'à l'instant on refondît la société de fond en comble pour mettre en pratique les théorèmes trouvés. Toujours, sous le règne « des faits accomplis, » une théorie quelconque a saisi l'imagination publique. Privés de l'habitude d'agir et munis de l'habitude de raisonner, nous nous éprenons de politique spéculative, et nous voulons régler les choses d'après de pures conceptions. Armés de l'analyse et accoutumés à tirer d'un principe ses conséquences, nous découvrons aisément en quoi les faits présents choquent la raison philosophique, et nous sommes très-enclins à les mettre à bas. Nous regardons rarement le passé, le possible, le praticable ; nous considérons assidûment le beau, le bien, le juste en soi ; nous aimons mieux ce qui est conséquent que ce qui est applicable ; nous apercevons plus volontiers ce qui doit être que ce qui peut être ; nous ne songeons pas à faire un gouvernement pour le Français que nous sommes, mais pour l'homme abstrait qui est en nous. Comme d'ailleurs nous avons le mépris facile, la moquerie prompte et la main leste, les actions suivent les pensées, et au bout d'un instant nous sommes au bord d'une révolution.

Au bout d'un instant nous sommes au fond d'une révolution. Car le pouvoir central, en ôtant tout ce qui lui faisait obstacle, a ôté tout ce qui lui donnait appui. Le nivellement des classes et des provinces, en préparant l'obéissance simultanée et facile, a préparé la défection simultanée et facile. On se soumettait à lui sans difficulté ; sans difficulté on se soumet à son successeur. Les fonctionnaires étant dociles, sont dociles envers tout le monde. L'armée, étant nationale et recrutée incessamment dans le public, suit à quelques pas en arrière la marche de l'opinion publique. Au bout de quelque temps, la chance a tourné. L'assentiment universel qui semblait rendre le gouvernement invincible s'est retiré. Il reste seul avec ses employés et ses soldats. Insensiblement, employés et soldats s'attiédissent; dorénavant un combat dans la rue suffit pour l'abattre. On voit s'établir une force ou une théorie qui se croit éternelle; nous vivions à son abri, un peu lassés, assez tranquilles, et très-dociles, en attendant l'accès d'impatience ou d'enthousiasme prochain.

C'est ainsi que la force des situations primitives et l'ascendant des inclinations innées ont accru à l'excès chez nous la puissance du gouvernement central et la fragilité du gouvernement central, l'esprit de révolution et l'esprit d'obéissance. Il n'est presque aucun parti qui ne maudisse l'un ou l'autre, croyant au premier aspect que, pour extirper la plante détestée, il suffira de remuer un pied de terre. La vérité est qu'elle plonge par ses racines entre-croisées et infinies jusqu'au fond du sol et jusqu'aux extrémités du champ où elle croît, attachée aux plus anciens et aux plus vastes événements de notre histoire, aux plus intimes et aux plus puissants de nos penchants et de nos facultés. Si nous obéissons volontiers, c'est que la division et l'impopularité de l'aristocratie, l'isolement, la timidité, l'humble condition de la bourgeoisie, les bienfaits du pouvoir central, le manque de volonté solitaire et personnelle, ont pendant sept cents ans effacé les libertés publiques, aboli les habitudes de résistance individuelle ou locale, fortifié le gouvernement général et central. Si nous faisons aisément des révolutions, c'est que le progrès continu de la classe moyenne, le nivellement universel, l'abolition de toutes les forces subordonnées, la puissance destructive de l'analyse, la confiance aux théories politiques, le goût de la logique pure, ont donné autorité à la philosophie politique, et ont laissé le gouvernement sans défense contre les accidents de la rue qui viennent aider la souveraineté de l'opinion. Il en est ici comme en Angleterre. L'histoire et la nature ont travaillé de tout leur effort à établir la constitution des deux pays : ici la souveraineté du pouvoir central tempérée par l'ascendant de l'opinion et la menace de la révolution prochaine; là-bas le gouvernement d'une aristocratie recrutée, continuée, et appuyée par la nation. Ici, comme là-bas, vous trouveriez dans la littérature, dans la morale, dans la philosophie, dans les arts, dans la conversation, dans les goûts, dans les moindres détails et dans les moindres habitudes de la vie, dans le costume, dans les gestes, les traces des causes qui instituent chez les uns et chez les autres des formes de société et de gouvernement différentes; vous songeriez alors que la grandeur et le nombre des effets mesurent la puissance des causes; que, pour supprimer les effets, il faut supprimer les causes; que, pour abattre les obstacles qui empêchent chez nous l'avénement d'une aristocratie comme celle de l'Angleterre, il faudrait renverser cette prodigieuse légion de différences, et par conséquent refondre le Français jusque dans les plus minutieux détails de ses inclinations et de sa vie; vous concluriez contre M. de Montalembert, comme contre M. Troplong, que si nous pouvons observer les autres peuples comme des objets d'étude et de science, si nous devons les admirer comme des modèles de prospérité et de puissance, nous ne pouvons importer chez nous leur histoire ou leur caractère, ni chercher notre gouvernement ailleurs que dans notre nature et dans notre passé.

Placé sur ce terrain, on a plus de chance de bien voir et plus de plaisir à voir. Chaque nation apparaît comme une grande expérience instituée par la nature. Chaque pays est un creuset où des substances distinctes en des proportions différentes sont jetées dans des conditions spéciales. Ces substances sont les tempéraments et les caractères. Ces conditions sont les climats et la situation originelle des classes. Le mélange fermente d'après des lois fixes, insensiblement, pendant des siècles, et aboutit ici à des matières stables, là-bas à des composés qui font explosion. On aime à apercevoir le sourd travail qui fait bouillonner lentement et incessamment ces gigantesques masses. On se pénètre des incalculables forces qui broient ou éparpillent ou soudent ensemble la multitude des particules vivantes asservies à leur effort. On sent le progrès régulier qui, par une série comptée de transformations prévues, les amène à l'état défini et marqué. On jouit par sympathie de la toute-puissance de la nature, et l'on sourit en voyant la chimiste éternelle, par une mince altération des proportions des conditions ou des substances, imposer des révolutions, fabriquer des destinées, instituer la grandeur ou la décadence, et fixer d'avance à chaque peuple les œuvres qu'il doit faire et les misères qu'il doit porter. C'est un noble spectacle que celui du laboratoire infini, étendu dans le temps et dans l'espace, où tant de vases divers, les uns éteints et remplis de cendres stériles, les autres agissants et rougis de flammes fécondes, manifestent la diversité de la vie ondoyante et l'uniformité des lois immortelles. Confinés dans un coin de l'espace et de la durée, éphémères, abrégés demain peut-être par le contre-coup d'une explosion ou par le hasard d'un mélange, nous pouvons cependant découvrir plusieurs de ces lois et concevoir l'ensemble de cette vie. Cela vaut la peine de vivre ; la fortune et la nature nous ont bien traités.

Avril 1857.

FIN.

TABLE.

Préface... I

Fléchier. — *Les Grands jours d'Auvergne*................ 1
    Les mœurs féodales. — Les mœurs de cour.

Stendhal (Beyle). — *Rouge et noir*....................... 23
    Les caractères. — Le style.

M. Guizot. — *Histoire de la Révolution d'Angleterre*..... 61
    La curiosité et l'art en histoire. — Le sens politique et philosophique en histoire.

C. Selden. — *Daniel Vlady. — L'esprit des femmes de notre temps*... 87
    Le romancier. — La critique.

Xénophon. — *L'anabase*.................................. 127
    L'esprit grec. — Les mœurs grecques.

M. Michelet. — *Histoire de France. — L'oiseau*........... 175
    L'imagination sympathique. — Son effet dans l'histoire, la philosophie et l'art.

Platon. — *Les dialogues*................................. 235
    Les jeunes gens en Grèce. — Leur esprit et leur caractère.

SAINT-SIMON. — *Les Mémoires*............................ 279
    Le siècle. — L'homme. — L'écrivain.

MADAME DE LA FAYETTE. — *La princesse de Clèves*........ 335
    Le style. — Les sentiments.

M. TROPLONG ET M. DE MONTALEMBERT. — *Chute de la République romaine. — De l'avenir politique de l'Angleterre*... 351
Les Révolutions à Rome et en France. — La race, la société et le gouvernement en France et en Angleterre.

FIN DE LA TABLE DES MATIÈRES.

8322. — IMPRIMERIE GÉNÉRALE DE CH. LAHURE
Rue de Fleurus, 9, à Paris

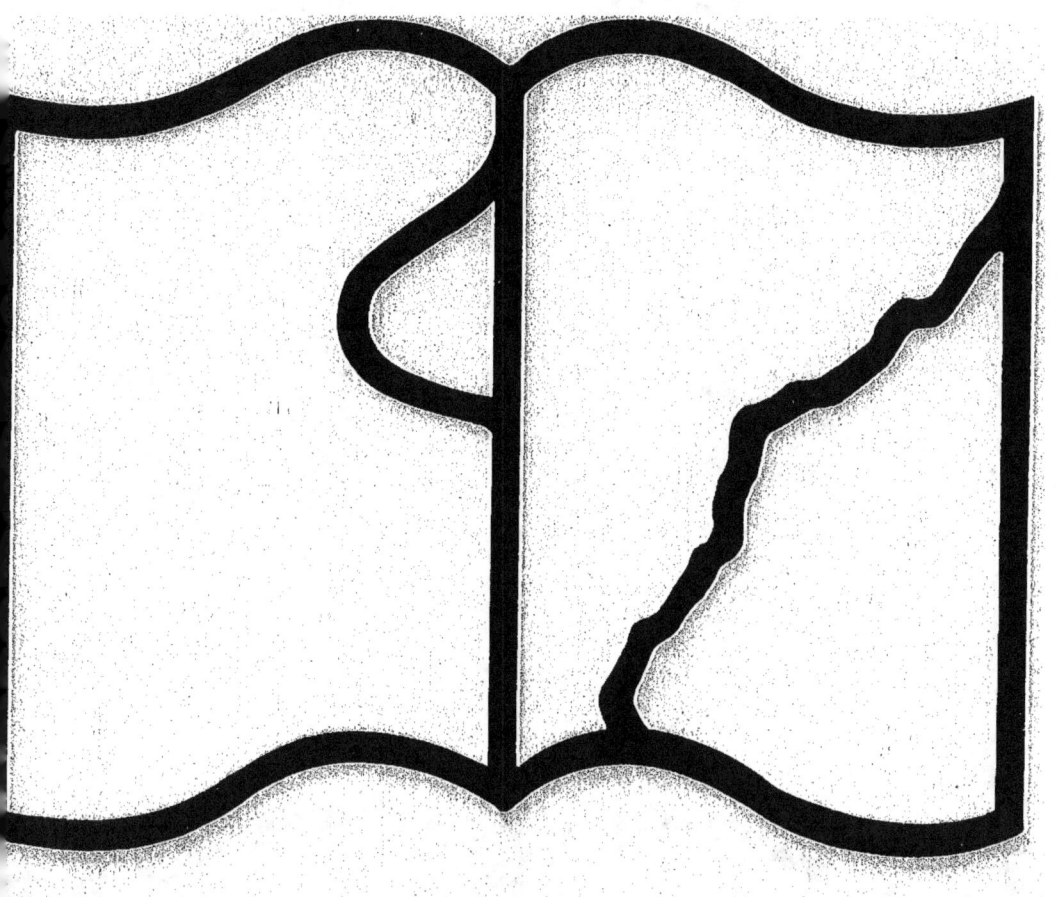

Texte détérioré — reliure défectueuse
NF Z 43-120-11

Contraste insuffisant
NF Z 43-120-14

www.ingramcontent.com/pod-product-compliance
Lightning Source LLC
Chambersburg PA
CBHW071100230426
43666CB00009B/1775